理论与实践结合下的
高校图书馆服务研究

梁宏伟　著

吉林文史出版社

图书在版编目（CIP）数据

理论与实践结合下的高校图书馆服务研究 / 梁宏伟

著 . — 长春 : 吉林文史出版社 , 2024.5

ISBN 978-7-5752-0266-4

Ⅰ . ①理… Ⅱ . ①梁… Ⅲ . ①院校图书馆 – 图书馆服

务 – 研究 Ⅳ . ① G258.6

中国国家版本馆 CIP 数据核字 (2024) 第 109760 号

理论与实践结合下的高校图书馆服务研究

LILUN YU SHIJIAN JIEHE XIA DE GAOXIAO TUSHUGUAN FUWU YANJIU

著　　者：梁宏伟
责任编辑：李　丽
出版发行：吉林文史出版社
电　　话：0431-81629359
地　　址：长春市福祉大路 5788 号
邮　　编：130117
网　　址：www.jlws.com.cn
印　　刷：河北万卷印刷有限公司
开　　本：710mm×1000mm　1/16
印　　张：18
字　　数：240 千字
版　　次：2024 年 5 月第 1 版
印　　次：2025 年 1 月第 1 次印刷
书　　号：ISBN 978-7-5752-0266-4
定　　价：98.00 元

前　言

高校图书馆作为学术研究和学习的核心，长久以来扮演着知识的守护者和传递者的角色。随着时代的发展和技术的进步，高校图书馆面临着诸多挑战和机遇，这为其服务模式和功能提供了新的研究方向。

本书共分为八章，多角度、多方法研究了高校图书馆的服务，具体体现在：

第一章高校图书馆服务的相关概念，以理论为立足点，对图书馆、高校图书馆服务、高校图书馆服务手段进行逐一分析，有助于读者增加对图书馆服务的认识。

第二章主题为现代图书馆服务理念，内容主要包括服务理念与图书馆服务理念、现代图书馆服务理念的演变、现代图书馆服务理念的内容。

第三章主题为高校图书馆学科化服务，包括高校图书馆学科化服务认识、高校图书馆学科化服务模式、高校图书馆学科化服务平台的构建三部分内容。

第四章主题为高校图书馆社会化服务，其内容主要有高校图书馆社会化服务概述、高校图书馆社会化服务模式、高校图书馆社会化服务途径及保障。

第五章主题为高校图书馆"微"服务体系，包括高校图书馆"微"服务体系概述、高校图书馆"微"服务体系内容、高校图书馆"微"服务实践应用。

第六章主题为高校图书馆创客空间服务，内容包括高校图书馆创客空间服务相关概述、高校图书馆创客空间服务实证分析、高校图书馆创客空间服务优化建议。

　　第七章主题为智慧时代高校图书馆服务的创新，主要内容有智慧时代高校图书馆服务创新的认识、智慧时代高校图书馆服务创新体系及模式探索、智慧时代高校图书馆服务创新基本路径。

　　第八章主题为高校图书馆服务营销，内容主要包括高校图书馆服务营销诠释、高校图书馆服务营销策略以及高校图书馆服务营销实证。

　　本书适用于高校图书馆从业人员，能够起到一定的学习与参考价值。由于作者水平有限，书中可能存有疏漏之处，望广大读者批评指正。

目 录

第一章　高校图书馆服务的相关概念 …………………………………… 001

  第一节　图书馆的认识 ………………………………………………… 001

  第二节　高校图书馆服务概述 ……………………………………… 014

  第三节　高校图书馆服务手段 ……………………………………… 028

第二章　现代图书馆服务理念 ………………………………………… 035

  第一节　服务理念与图书馆服务理念 ……………………………… 035

  第二节　现代图书馆服务理念的演变 ……………………………… 046

  第三节　现代图书馆服务理念的内容 ……………………………… 052

第三章　高校图书馆学科化服务 ……………………………………… 058

  第一节　高校图书馆学科化服务认识 ……………………………… 058

  第二节　高校图书馆学科化服务模式 ……………………………… 067

  第三节　高校图书馆学科化服务平台的构建 …………………… 082

第四章　高校图书馆社会化服务 ……………………………………… 104

  第一节　高校图书馆社会化服务概述 ……………………………… 104

  第二节　高校图书馆社会化服务模式 ……………………………… 113

  第三节　高校图书馆社会化服务途径及保障 …………………… 124

第五章　高校图书馆"微"服务体系 ···················· 134

　　第一节　高校图书馆"微"服务体系概述 ·············· 134
　　第二节　高校图书馆"微"服务体系内容 ·············· 148
　　第三节　高校图书馆"微"服务实践应用 ·············· 158

第六章　高校图书馆创客空间服务 ···················· 173

　　第一节　高校图书馆创客空间服务相关概述 ············ 173
　　第二节　高校图书馆创客空间服务实证分析 ············ 184
　　第三节　高校图书馆创客空间服务优化建议 ············ 198

第七章　智慧时代高校图书馆服务的创新 ················ 213

　　第一节　智慧时代高校图书馆服务创新认识 ············ 213
　　第二节　智慧时代高校图书馆服务创新体系及模式探索 ······ 225
　　第三节　智慧时代高校图书馆服务创新基本路径 ·········· 238

第八章　高校图书馆服务营销 ······················ 249

　　第一节　高校图书馆服务营销诠释 ················· 249
　　第二节　高校图书馆服务营销策略 ················· 257
　　第三节　高校图书馆服务营销案例 ················· 271

参考文献 ································· 275

第一章　高校图书馆服务的相关概念

第一节　图书馆的认识

图书馆是收藏、整理、保存和提供各种文献资料供人们阅读或参考的机构。它是知识的宝库，为人们提供了一个学习、研究和休闲的好地方。

一、图书馆的定义及特性

图书馆，作为一个古老而又不断发展的机构，始终在人类文明历程中扮演着重要的角色。其核心概念和特性，虽然随着时代的变迁而发生了某些调整，但其根本宗旨——收集、整理、存储和传播知识这些功能始终未变。

（一）图书馆的定义

英文中的"library"一词，源于拉丁文的"liber"，意为图书，直译为"藏书之所"，准确地捕捉了图书馆的本质。关于图书馆的科学定义，历史上有过多种解读。不同的学者根据其研究背景、文化传统和时代背景，对图书馆的定义进行了深入的探讨和阐述。这些定义不仅涉及图书馆的功能和服务，还涉及其在社会、文化和教育中的角色。尽管各种定义在细节上有所不同，但它们都强调了图书馆在知识保存和传播中的核心作用。

德国学者马丁·施莱廷格（Martin Schrettinger）在 1808 年出版的《试用图书馆学教科书大全》中首次为图书馆下了一个严密的定义。即图书馆的主要功能是将大量收集的图书进行整理，并根据求知者的需求迅速提供给他们。这一定义强调了图书馆的服务性质和效率，为后来的图书馆学研究奠定了基础。施莱廷格的定义虽然具有开创性，但随着社会的发展和图书馆学的深入研究，许多学者对其进行了补充和修正，他们从不同的角度对图书馆的定义进行了深入的探讨。希雅里·拉马里塔·阮冈纳赞（S. R. Ranganathan）在 1931 年的《图书馆学五定律》中明确指出图书馆在全球教育中的核心地位。阮冈纳赞强调，图书馆不仅是知识的集散地，更是教育工具的汇聚和流通中心。这种观点突破了传统的图书馆定义，将其定位为知识的传播者，而非仅仅是知识的存储者。[①] 杰西·H.谢拉（Jesse H.Shera）在其《图书馆学引论》中深化了对图书馆的理解。谢拉提出，图书的集合本身并不能构成图书馆。真正的图书馆是一个有组织的系统，它保存并便于利用的文字记载。更为重要的是，谢拉将图书馆视为一种社会工具，强调其在社会和文化交流中的桥梁作用。[②] 美国学者贝克（J.Baker）在其出版的《情报学浅说》中强调了图书馆在情报资料收集、整理和提供方面的功能。他认为图书馆是一个系统地整理各种类型的情报资料并根据需求提供使用的场所。这一定义突出了图书馆在信息管理和服务方面的核心职能。[③] 苏联图书馆学家丘巴良（O.S.Chubaryan）在《普通图书馆学》中则从思想教育和科学情报交流的角度对图书馆进行了定义。他认为图书馆是进行思想教育和交流科学情报的重要机构。这一观点强调了图书馆在文化传播和知识交流中的作用，体现了图书馆

---

① 阮冈纳赞.图书馆学五定律[M].夏云,译.北京:书目文献出版社,1988: 337.

② 谢拉.图书馆学引论[M].张沙丽,译.兰州:兰州大学出版社,1986:276.

③ 贝克.情报学浅说[M].刘昭东,译.北京:科学出版社,1979:6.

在社会文化和教育领域的重要地位。① 进入 20 世纪 80 年代，美国图书馆学研究者哈里斯（M.H.Harris）在其《西方图书馆史》中对"什么是图书馆"进行了深入的探讨。他提出，图书馆的定义应当强调其对图书文字资料的编排、使用和管理。他指出，图书馆是一批经过精心编排、易于使用的图书文字资料，这些资料由熟悉编排的人员保管，并适用于满足大众的需求。② 这一定义明确了图书馆在知识组织和服务方面的职责。

我国学者对于图书馆的定义也有不同的见解。刘国钧在《图书馆学要旨》中对图书馆的定义强调了其收集功能，认为图书馆的作用是收集人类所有的思想和活动的记载，并用最科学、最经济的方法保存它们，以供社会上的所有人使用。③ 这一定义突出了图书馆的全面性和普及性，强调了图书馆在知识保存和传播中的核心地位。俞爽迷在《图书馆学通论》中的定义注重图书馆的实用性和效率。他认为，图书馆应该收集有益的图书，满足大众的知识欲望，并确保人们能够在最短的时间内自由使用这些资源。④ 这一定义强调了图书馆与大众的紧密联系，以及图书馆在满足人们知识需求中的重要作用。而吴慰慈等在《图书馆学概论》中提出的定义全面和深入。他们认为，图书馆不仅要收集、整理、保管书刊资料，还要为一定社会的政治、经济服务，同时也是一种文化机构。⑤ 这一定义不仅看到了图书馆在知识保存和传播中的作用，还看到了图书馆在社会文化、政治、经济中的重要地位。笔者认为，图书馆是一个专门收集、整理、存储和传播文献资料的机构，旨在为社会提供知识、信息、文化和教育服务。它不仅是知识的宝库，也是文化和学术研

① 丘巴良.普通图书馆学 [M].徐克敏，译.北京：书目文献出版社，1983：49.
② 哈里斯.西方图书馆史 [M].吴晞，勒评，译.北京：书目文献出版社，1989：1.
③ 刘国钧.图书馆学要旨 [M].上海：上海书店出版社，1989：3.
④ 俞爽迷.图书馆学通论 [M].南京：正中书局，1936：1.
⑤ 吴慰慈，邵巍.图书馆学概论 [M].北京：书目文献出版社，1985：42.

究的中心。

（二）图书馆的特性

图书馆，作为一种独特的社会机构，承载着人类历史与文化的深厚底蕴。纵向看，它继承并发展了历代的智慧结晶，为后人提供了宝贵的知识传承。横向看，它构建了知识创造与知识利用之间的桥梁，为社会各界提供了一个交流和学习的平台。如图1-1。

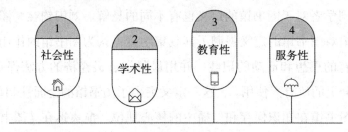

图1-1　图书馆的特征

1.社会性

社会性体现在图书馆为社会公众提供开放的知识资源和服务。图书馆作为一个公共空间，为各类读者提供了一个自由获取和分享知识的平台。这一平台不受年龄、性别、职业或社会地位的限制，确保了知识的民主化和普及化。每一个进入图书馆的人都可以在这里找到所需的信息，满足其学习、研究或休闲的需求。此外，图书馆所提供的知识资源和服务是多元化的，涵盖了各个领域和学科。从古代的经典文献到现代的科技报告，从文学作品到科学研究，图书馆为读者提供了丰富的选择。这不仅满足了读者的多样化需求，更反映了社会的文化、历史和价值观。图书馆还是社会进步和文明的重要标志。在历史的长河中，图书馆一直是知识的宝库和文化的中心。它见证了人类文明的发展，也为其提供了动力。每一个时代，图书馆都与社会的变革和进步紧密相连，为人们提供了前进的方向和力量。

2. 学术性

学术性则突显了图书馆在学术研究和知识创新中的关键角色。作为知识的宝库，图书馆汇聚了众多学术文献，为学术界提供了深厚的研究基础。

学术文献的收藏和整理是图书馆的基本职能。通过系统化、专业化的管理，图书馆确保文献的完整性和可获取性，为学者和研究者提供了全面而精准的资料检索服务。这些文献资料涵盖了各个学科领域，从古代经典到现代研究，从基础理论到前沿探索，为学术研究提供了广泛的视野和深入的洞见。图书馆在学术交流中也起到了桥梁的作用。通过与各大学和研究机构的合作，图书馆促进了学术资源的共享和利用。例如，许多图书馆参与了学术联盟和合作项目，实现了文献资源的互借互访，为学者提供了便捷的研究条件。此外，图书馆定期举办学术讲座、研讨会和展览，为学者提供了交流思想、探讨问题的平台。图书馆与学术研究之间的关系是相辅相成的：一方面，图书馆为学术研究提供了必要的资料支持和服务保障；另一方面，学术研究的成果也为图书馆的收藏和发展提供了新的内容和方向。这种互动关系确保了图书馆在学术领域的持续活跃和发展。

3. 教育性

图书馆的教育性质体现在其在培养公众阅读和学习习惯中所扮演的核心角色。作为一个科学、文化和教育的综合机构，图书馆拥有丰富的教育资源，满足各年龄段读者的学习需求。

教育资源的多样性是图书馆教育功能的一个显著特点。从传统的纸质教科书到现代的教育软件，再到在线课程，图书馆为读者提供了一个全面的学习平台。这些资源不仅涵盖了各个学科领域，还适应了不同的学习方式和习惯，确保每位读者都能找到合适的学习材料。除了提供教育资源，图书馆还通过组织各种活动来促进公众的学习兴趣和能力。读书活动、讲座和培训班都是图书馆教育功能的重要组成部分。这些活动旨在帮助读者更好地利用图书馆的资源，提高他们的阅读和学习效果。例如，读书活动可以帮助读者培养阅读兴趣，讲座可以为读者提供专家的学术见解，而培训班可以提高读者的技能和能力。终身学习是现代社会的一个重要理念，而图书馆正是实现这一理念的理想场所。无论是学前儿童、在校学生，还是普通成年人，都可以在图书馆找到合适的学习资源和活动。通过提供这些服务，图书馆为公众创造了一个持续学习和成长的环境。

4. 服务性

服务性强调了图书馆以满足用户需求为核心的服务理念。在知识经济时代，信息的获取与传播速度日益加快，人们对信息的需求变得复杂。为了满足这些需求，图书馆不断地创新其服务方式和内容。

数字资源的提供是图书馆服务创新的明显标志。随着数字技术的发展，图书馆开始数字化其藏书和文献，使用户可以在线访问。这种服务方式不仅扩大了图书馆的服务范围，还使用户可以随时随地获取信息，大大提高了服务的便利性。多媒体资料的提供则反映了图书馆对现代信息技术的充分利用。多媒体资料，如视频、音频和动画，为用户提供了直观和生动的信息体验。这种资料形式丰富了图书馆的信息资源，满足了用户对多种信息形式的需求。研究咨询服务体现了图书馆对学术研究的支持。图书馆不仅提供文献资料，还为学者和研究者提供研究咨询，帮助他们找到所需的资料和信息。这种服务方式增强了图书馆与学术界的联系，促进了学术研究的深入发展。服务质量和效率的提高是图书馆不断追求的目标。为了确保用户能够快速、方便地获取所需的知识和信息，图书馆采取了一系列措施，如优化藏书结构、完善检索系统和提高服务人员的专业水平。

二、图书馆的职能与类型

图书馆的职能和类型是在其发展历程中形成的，它们体现了图书馆在知识传承、文化传播和社会服务中的重要作用。随着社会的发展和技术的进步，图书馆的职能和类型还会继续发展和变化，以满足人们日益增长的信息需求。

（一）图书馆的职能

图书馆，作为一个专门收集、整理、存储和传播文献的机构，历史悠久，其核心职能与社会的发展和人类文明的进步紧密相连。随着社会的变迁和科技的进步，图书馆的职能在不断地深化。

1. 知识的收藏与保存

图书馆作为一个专门的机构，主要承担着知识的收藏与保存的重要任务。在这一职能中，图书馆确保各种文献资料得到妥善的管理和保护。这些文献资料包括传统的图书、手稿，以及现代的电子文献、多媒体资料等。

对于传统的图书和手稿，图书馆采用特定的方法进行分类、编目和存储，使得读者能够方便地查找和使用。对于这些物质载体的文献，图书馆还需考虑其保存环境，如温度、湿度和光照等，以确保其长期的保存。与此同时，现代的电子文献和多媒体资料成为图书馆收藏的重要组成部分。这些资料的特点是信息量大、更新速度快、格式多样。因此，图书馆需要采用先进的技术手段进行管理和存储，如数字化、数据库管理和云存储等。通过对各种文献资料的收藏和保存，图书馆为社会提供了一个知识的宝库。这一职能不仅满足了人们的学习和研究需求，还为文化、科技和教育的发展提供了支持。更为重要的是，图书馆通过对知识的收藏与保存，确保了人类文明的传承。在这个过程中，图书馆起到了桥梁和纽带的作用，连接了过去、现在和未来。

2. 知识的组织与检索

图书馆作为知识和信息的中心，其核心职能之一是知识的组织与检索。这一职能确保文献资料得到有效的分类、整理和存储，从而方便用户快速、准确地找到所需的信息。

在知识的组织方面，图书馆采用各种分类法，如杜威十进制分类法、国际标准书号（ISBN）和国际标准连续出版物号（ISSN）等，对文献资料进行系统的分类。此外，图书馆采用编目，即对每一本书或每一份文献资料进行详细的描述，包括作者、出版日期、主题和关键词等，从而为用户提供精确检索的依据。在知识的检索方面，图书馆提供了多种检索工具，如图书目录、索引和数据库等。这些工具使用户可以根据不同的检索词，如题名、作者或主题等，快速找到相关的文献资料。随着技术的发展，许多图书馆还引入了计算机检索系统，如在线公共检索目录（OPAC），使知识检索高效和便捷。知识的组织与检索不仅满足了用户的信息需求，还为学术研究、教育和文化传播提供了重要的支持。通过有效的组织和检索，图书馆确保了其藏书的价值得到充分发挥，同时为用户创造了便捷、高效的学习和研究环境。

3. 知识的传播与推广

图书馆不仅是知识的宝库，还是知识的传播与推广中心。在这一职能下，图书馆不只是被动地为读者提供文献资源，还积极地将知识传递给社会各界。

在知识的传播方面，图书馆通过各种方式，如图书借阅、电子资源访问和参考咨询，使读者能够直接接触到所需的知识。现代图书馆还利用数字化技术，如在线数据库和电子书，为读者提供远程访问的可能，使知识的传播不受时空限制。而在知识的推广方面，图书馆通过组织各种文化和学术活动，如讲座、研讨会和展览，将知识带出图书馆的四墙，与社会各界进行互动。这些活动不只是为了宣传图书馆的资源，更是为了推动知识的交流和创新。图书馆在知识的传播与推广中，还扮演着桥梁的角色，连接知识的创造者和使用者。通过图书馆的服务，学者可以将其研究成果分享给公众，而公众也可以通过图书馆了解到最新的学术动态。这种双向的交流，有助于知识的更新和完善。此外，图书馆致力于提高公众的信息素养，帮助读者学会如何有效地检索、评估和使用信息。这不只是为了满足读者的即时需求，更是为了培养公众的终身学习能力，使其能够适应快速变化的信息时代。

4. 教育与研究支持

图书馆在教育与研究领域中扮演着至关重要的角色。作为知识的中心和信息的宝库，图书馆为学者、学生和研究人员提供了丰富的资源和高效的服务，从而支持他们的学术活动。

在教育方面，图书馆为学生提供了各种学习材料，如教科书、参考书、期刊和多媒体资料。这些资源帮助学生深化对课程内容的理解，培养他们的独立学习能力和批判性思维。图书馆提供了各种培训和指导服务，如信息检索、文献引用和学术写作，帮助学生提高他们的研究技能和学术素养。在研究方面，图书馆为研究人员提供了大量的学术文献和数据库，支持他们的研究项目。这些资源为研究人员提供了最新的研究成果和学术动态，帮助他们跟踪学术前沿，确保他们的研究工作始终与时俱进。此外，图书馆提供了各种研究支持服务，如文献检索、数据管理和学术出版，帮助研究人员高效地开展研究工作。图书馆还与各学科部门紧密合作，确保其资源和服务能够满足学术社区的需求。通过与教师和研究人员的沟通和合作，图书馆能够及时获取他们的反馈，不断更新其资源和服务，从而更好地支持教育与研究工作。

（二）图书馆的类型

图书馆根据其服务对象和功能，可以划分为多种类型。每一种图书馆都有其独特的任务和功能，为社会提供了丰富的文化和知识资源。

1. 公共图书馆

公共图书馆是为所有人服务的非营利性机构，其主要任务是为公众提供免费的文献资料和信息服务。这种图书馆通常由政府或公共机构资助，旨在促进文化、教育和休闲活动。公共图书馆的核心宗旨在于为大众提供开放、平等、免费的信息和知识服务。它们为当地居民提供各种文献资料，包括图书、期刊、报纸、音频、视频等。公共图书馆的核心功能是收集、整理、存储和提供文献资料。除此之外，它还承担着推广阅读、提高公众文化素养、支持终身学习和促进社区发展的任务。为了实现这些功能，公共图书馆通常提供阅览、借阅、参考咨询、文化活动和培训课程等服务。

公共图书馆的资源不仅包括传统的图书、期刊和报纸，还包括电子书、数据库、多媒体资料和网络资源。为了满足公众的多样化需求，公共图书馆通常会定期更新和扩充其藏书，确保资源的时效性和全面性。公共图书馆的管理涉及藏书的采购、分类、编目、借阅和维护等多个环节。为了提高服务质量，公共图书馆通常会采用现代化的技术和方法，如计算机化的管理系统、自助借还机和 RFID（射频识别）技术等。公共图书馆在社会文化和教育中发挥着重要作用。它为公众提供了一个自由获取和分享知识的平台，促进了文化交流和创新。此外，公共图书馆支持社区的发展，通过举办各种活动和项目，如读书会、讲座和展览等，增强了社区的凝聚力和活力。

2. 学术图书馆

学术图书馆，作为图书馆的一种重要类型，主要服务于高等教育和科研机构。这类图书馆的核心任务是支持学术研究、教学活动以及学术交流。

学术图书馆的收藏特点是深度与广度并重。为了满足学术研究的需求，这类图书馆通常收藏大量的专业书、学术期刊、论文集、会议录等。这些资料不仅涵盖了各个学科的基础理论，还包括了最新的研究成果和发展动态。此外，学术图书馆还会根据其所在学校或研究机构的特点，重点收藏某些学科或领域的资料。除了传统的纸质资料，学术图书馆还积极发展数字资源。这包括电子书、电子期刊、数据库、多媒体资料等。这些数字资源为学者提供了方便的在线访问和检索服务，大大提高了学术研究的效率。学术图书馆的服务内容丰富。除了基本的借阅服务，还提供文献检索、文献传递、参考咨询、培训教育等服务。这些服务旨在帮助学者更好地利用图书馆资源，提高研究水平。学术图书馆在学术交流方面也发挥着重要作用。许多学术图书馆会定期举办学术讲座、研讨会、展览等活动，为学者提供了一个交流思想、分享研究成果的平台。学术图书馆的管理和运营也有其特点。为了满足学术研究的高要求，学术图书馆通常会采用先进的图书馆管理系统、自动化设备和技术。此外，学术图书馆的工作人员通常都具有一定的学术背景和较高专业素养，能够为学者提供专业的咨询和指导。

3. 专业图书馆

专业图书馆，作为图书馆的一种特殊类型，主要服务于特定的学科、行业或领域。与公共图书馆或学术图书馆相比，它们更加注重深度而非广度，为特定的用户群体提供专业化的资料和服务。

专业图书馆的核心特点在于其专业性。这种图书馆通常收藏与其服务领域直接相关的文献资料，这些资料可能包括图书、期刊、报告、手册、标准、专利等。例如，医学图书馆可能主要收藏医学和生物医学相关的资料，而法律图书馆可能重点收藏法律文献和判例。专业图书馆的用户通常是该领域的专家、研究者、学者和从业者。这些用户对信息的需求非常具体和专业，因此，专业图书馆需要提供高质量、准确和及时的资料来满足他们的需求。除了提供文献资料外，专业图书馆还提供一系列与其领域相关的服务。这些服务可能包括文献检索、参考咨询、培训、文献传递、专题研究等。例如，工程图书馆可能提供与特定工程项目相关的资料检索服务，而艺术图书馆可能提供艺术品鉴定和研究服务。由于其专业性，专业图书馆在组织和管理上也有其独特之处。它们通常采用与其领域相关的分类法进行文献分类，如医学图书馆可能采用医学主题词表。此外，专业图书馆的图书馆员通常也需要具备与其服务领域相关的专业背景和知识。虽然专业图书馆主要服务于特定的领域，但它们与其他图书馆之间仍然存在紧密的合作关系。许多专业图书馆与学术图书馆、公共图书馆等进行资源共享，以提供全面和丰富的服务。

4. 数字图书馆

数字图书馆，作为 21 世纪的新型图书馆形态，代表了图书馆与信息技术的深度融合。不同于传统的实体图书馆，它主要依赖于计算机技术和网络技术，为用户提供数字化的文献资源和在线服务。

数字图书馆是一个集成的、由计算机和网络技术支持的、为用户提供信息检索和访问的系统。它的核心是数字化的文献资源，这些资源可以是文本、图像、声音或视频等多种格式。数字图书馆的出现，为图书馆学带来了革命性的变化。在存储方面，数字图书馆采用了电子存储技术，如硬盘、光盘和云存储等。这种存储方式不仅节省了空间，还大大提高了文献的保存效率和安全性。与此同时，数字化技术使得图书馆可以收藏各种格式的文献，如文本、图片、音频和视频等。检索方面，数字图书馆的用户可以利用搜索引擎和数据库技术，快速、准确地找到所需的文献资料。这种检索方式大大提高了用户的搜索效率，也为用户提供了个性化的检索服务。在传播方面，数字图书馆打破了时间和空间的限制，使得用户可以在任何时间、任何地点访问文献资料。这种传播方式不仅满足了现代人快节奏生活的需求，还为偏远地区的用户提供了方便的信息服务。服务方式上，数字图书馆提供了多种创新的服务，如在线咨询、远程教育和虚拟参观等。这些服务不仅丰富了用户的信息体验，还为用户提供了广泛和深入的学习资源。在资源管理方面，数字图书馆采用了先进的计算机技术，如数据库管理系统、信息检索系统和数字版权管理系统等。这些技术不仅提高了图书馆的管理效率，还为用户提供了精确和快速的检索服务。数字图书馆还具有很强的互动性。用户可以通过网络参与图书馆的各种活动，如在线咨询、电子阅读和虚拟参观等。这使得图书馆与用户之间的关系紧密。

5. 儿童图书馆

儿童图书馆，专为儿童设计和服务。它的存在不仅满足了儿童的阅读需求，还为儿童提供了一个学习、成长和交流的空间。儿童图书馆是为 0 ~ 14 岁的儿童提供服务的专门机构。与其他类型的图书馆相比，它更注重儿童的成长需求，提供适合儿童阅读和学习的资料。此外，儿童图书馆的环境设计色彩鲜艳，充满童趣。儿童图书馆的藏书主要包括儿童文学、科普读物、绘本、童话等。这些资料都是为儿童量身定制的，语言简单、内容有趣、富有教育意义。除了传统的纸质图书，许多儿童图书馆还提供电子书、有声读物和多媒体资料。除了提供阅读资料，儿童图书馆还经常组织各种活动，如故事会、绘画比赛、科学实验等。这些活动旨在培养儿童的兴趣爱好，提高其创造力和社交能力。同时，图书馆会举办讲座，邀请专家和作家参加，为儿童提供更多的学习机会。儿童图书馆的设计往往考虑开放和互动。除了传统的阅览区，还会设有绘画区、手工区、表演区等。这些区域都是为儿童提供一个自由发挥的空间，让他们在玩耍中学习，在学习中成长。儿童图书馆在社会文化教育中占有重要的地位。它不仅培养了儿童的阅读习惯，还为儿童提供了一个与同龄人交流和合作的平台。通过图书馆的服务和活动，儿童可以更好地了解世界，培养独立思考的能力和批判性思维。

第二节　高校图书馆服务概述

一、服务与高校图书馆服务

在历史背景中，随着高等教育的发展和社会的进步，高校图书馆的角色也发生了变化。早期的高校图书馆主要是为了保存和收藏书，而现代的高校图书馆注重服务和用户体验。

（一）服务的概念与特征

1.服务的概念

服务，作为一种经济活动，涉及为满足客户或用户需求而提供的非物质性的商品或活动。与传统的产品销售不同，服务更注重过程和体验，其价值往往体现在为用户带来的便利、满足和效益上。在经济学中，服务被定义为一种不可存储、不可转移的非物质性商品。它的产生和消费往往是同时进行的，用户在接受服务的同时是服务的参与者。因此，服务的质量和效果往往受到提供者和接受者双方的影响。服务的另一个显著点是其异质性。由于服务的非物质性和与用户的互动性，每次提供的服务都可能有所不同，难以标准化。这也意味着服务的质量和满意度很难量化，需要根据用户的反馈和评价来调整和完善。

在高校图书馆服务中，"服务"是指以满足读者需求为目的，为读者提供各种信息资源和服务的活动。服务的概念是一个广泛的概念，它包括满足他人需求的各种活动。在高校图书馆中，服务的目标是为读者提供满足其信息需求的各种资源和服务，帮助他们进行学习和研究。这些服务包括但不限于借阅、咨询、参考咨询、文献传递、信息咨询、教育培训、数字资源利用等方面。高校图书馆作为学术文化传承的重要场所，服务不仅仅是提供图书借阅等基本服务，更重要的是要将服务精神体现在每一个服务环节，不断提升服务质量和服务水平，满足读者多样化的需求。

2. 服务的特征

（1）以用户为中心、以用户满意为目标。在现代服务行业中，用户已经成为服务提供的核心。所有的服务活动都围绕用户的需求和期望进行，目的是提升用户的满意度。这种以用户为中心、以用户满意为目标的服务特征，已经成为服务行业的主导思想和行动准则。

以用户为中心意味着服务的所有环节都要围绕用户的需求进行。从服务的设计、提供到后期的维护，都要考虑到用户的实际需求和期望。这要求服务提供者深入了解用户的需求，不断地进行市场调查和用户访谈，确保服务能够真正满足用户的需求。以用户满意为目标，则要求服务提供者不仅要满足用户的基本需求，还要超出用户的期望，提供超越期望的服务。这需要服务提供者不断地创新服务内容和方式，提高服务质量和效率，确保每一次的服务都能给用户带来满意的体验。在这种服务模式下，用户的反馈和评价成为服务提供者的重要参考。任何对服务的不满和建议都要被认真对待，作为改进服务的依据。这不仅可以提高用户的满意度，还可以为服务提供者带来更多的忠实用户和口碑传播。此外，以用户为中心、以用户满意为目标的服务特征，还要求服务提供者建立完善的用户关系管理系统。通过这个系统，服务提供者可以更好地了解用户的历史记录、偏好和需求，为用户提供个性化服务。

（2）面向解决方案，贯穿用户信息活动的始终。服务的特征在现代社会中呈现出多样化和复杂性，其中"面向解决方案，贯穿用户信息活动的始终"是一个重要的维度。这一特征强调了服务不仅仅是满足用户的即时需求，更是深入了解用户的整体信息活动，从而提供全面、持续和有针对性的解决方案。在信息化社会中，用户的信息需求变得复杂。他们不再满足于简单的查询和获取信息，而是希望能够得到深入、系统和个性化的服务。这就要求服务提供者不仅要掌握专业知识和技能，还要具备深入了解用户需求、分析问题和提供解决方案的能力。

面向解决方案的服务意味着服务提供者要从用户的角度出发，全面了解用户的信息活动，包括他们的信息需求、信息搜索行为、信息使用习惯等。只有这样，服务提供者才能够为用户提供真正有价值的服务，帮助他们解决实际问题。贯穿用户信息活动的始终是另一个重要的维度。这意味着服务不仅仅是一次性的，更是一个持续的过程。从用户开始产生信息需求，到他们搜索、获取、使用和反馈信息，服务都应该伴随其左右，为用户提供持续、有针对性的支持。这种服务模式要求服务提供者具备高度的敏感性和反应能力。他们需要不断地与用户互动，了解用户的反馈，及时调整服务策略，确保服务始终与用户的需求保持一致。同时，服务提供者需要具备跨学科的知识和技能，能够为用户提供多元化、综合性的解决方案。

（3）服务内容个性化。在现代社会，随着消费者需求的多样化和个性化，服务的个性化已成为一个重要的趋势。服务内容个性化意味着服务提供者根据每个消费者的特定需求和偏好，为其提供量身定制的服务。这种服务模式不仅能够满足消费者的独特需求，还能增强消费者的满意度和忠诚度。

服务内容个性化的核心在于深入了解消费者。通过对消费者的行为、偏好、需求和反馈进行深入的分析和研究，服务提供者可以准确地判断消费者的真实需求。基于这些信息，服务提供者可以为消费者设计和提供符合其期望的服务。技术的进步为服务内容的个性化提供了强大的支持。例如，大数据技术可以帮助服务提供者收集和分析大量的消费者数据，从而准确地了解消费者的需求和偏好。人工智能技术可以帮助服务提供者自动化地为消费者提供个性化的服务建议和方案。此外，云计算、物联网和移动互联网等技术也为服务内容的个性化提供了新的可能性。服务内容个性化的实施需要服务提供者具备一定的灵活性和创新能力。因为每个消费者的需求都是独特的，服务提供者需要不断地调整和优化其服务内容，以满足消费者不断变化的需求。这要求服务提供者具备高度的市场敏感性和快速响应能力。

（二）高校图书馆服务概述

1. 高校图书馆服务的概念

高校图书馆服务是针对高等教育机构中的师生和研究者提供的一系列专业化、系统化的服务。高校图书馆服务的核心在于运用图书馆资源，满足特定读者群体在文献信息上的需求。这种服务不仅体现在图书的借阅上，还包括各种电子资源、学术数据库、研究工具等多种形式的信息资源。在高等教育机构中，图书馆担任着重要的角色，它不仅是知识的仓库，更是学术研究和教学活动的重要支持。高校图书馆的资源丰富多样，包括但不限于图书、期刊、学术论文、电子资源等。这些资源为学者、研究人员、学生提供了宝贵的学术资料，支持他们进行深入的研究和学习。而图书馆服务的目的，就是确保这些资源能够被有效地利用，满足用户的实际需求。

2. 高校图书馆服务的特征

（1）以读者为中心，以读者满意为目标。读者是图书馆的核心利益相关者，他们的需求和满意度直接关系到图书馆的生存和发展。因此，高校图书馆在提供服务时，必须充分考虑到读者的实际需求，确保服务内容、方式和质量都能够满足读者的期望。

以读者为中心，意味着图书馆需要不断地了解和掌握读者的需求变化，及时调整服务内容和方式，确保服务始终与读者的需求保持一致。这需要图书馆建立一套完善的需求调查和反馈机制，通过各种方式收集读者的意见和建议，为服务提供有力的依据。以读者满意为目标，则要求图书馆在提供服务时，不仅要确保服务的质量，还要注重服务的效率和便捷性。只有当读者在使用图书馆服务时感到轻松、愉悦和满意，才能真正实现以读者满意为目标的宗旨。

（2）面向知识内容，实现知识价值。高校图书馆服务的核心在于其面向知识内容的特性。这种特性不仅标志着图书馆的基本功能，也代表了其在知识传播和文化传承中的重要地位。高校图书馆不同于其他类型的图书馆，它服务的主体是大学生、教师和研究者。这些人群对知识有着强烈的渴望和需求，他们追求的不只是简单的信息，更多的是深入的、系统的知识。因此，高校图书馆需要提供的不仅是丰富的藏书，更要有针对性的服务，如专业书目推荐、学术研究辅导等，以满足这些特定用户的需求。

面向知识内容的服务意味着高校图书馆不仅是一个存放图书的地方，更是一个知识的中心，一个学术交流的平台。在这里，知识不再是静态的，而是动态的，它在不断地被传播、被分享、被创新。图书馆提供的各种服务，如阅读推荐、学术讲座、研究咨询等，都是为了促进知识的流动和传播。实现知识价值是高校图书馆服务的另一个重要特征。知识本身是有价值的，但如果不能被有效地利用和传播，那么这种价值就会大打折扣。高校图书馆通过其专业化的服务，使知识得到了充分利用，从而实现了其价值。例如，图书馆会定期举办各种学术活动，邀请专家学者来分享他们的研究成果，这不仅为读者提供了一个了解前沿学术动态的机会，也为学者提供了一个展示自己研究成果的平台。这种活动不仅促进了知识的传播，也实现了知识的价值。此外，高校图书馆还会与各学院、研究所等单位合作，共同开展各种学术项目。这些项目往往需要大量的资料和信息，图书馆就成为这些项目的重要支持。通过这种合作，图书馆为学术研究提供了有力支持，也使自己的藏书和资源得到了更好利用。

（3）服务内容个性化。高校图书馆在当今的信息时代，正逐渐从传统的信息提供者转变为知识服务的提供者。这种转变的背后，是对读者需求的深入理解和对服务内容的个性化追求。高校图书馆的服务特征之一就是服务内容的个性化。这种个性化服务是站在读者的角度，以读者为中心，面向科研过程，面向教学、学习、研究，面向读者的具体问题。这种服务不仅仅是提供信息，更是帮助读者解决实际问题。为了实现这一目标，图书馆采用了适合读者用户个体的多样化服务过程和个性化服务行为，设计开发个性化信息产品，开展学科化、专业化知识服务。这种服务方式支持读者基于个人需求的服务选择，为读者量身定做满足需求的知识信息。在这种服务模式下，学科馆员得到了更大的创新空间。他们不再构建单一标准的产品，而是根据每一次学科知识服务的具体情况，动态地查询、选择、分析、利用相关知识，设计、创新知识产品形态以及服务组织、安排、协调方式等内容。这种方式为用户提供了创新服务，使得服务贴近用户的实际需求。

（4）服务具有集成性。高校图书馆在开展服务时，面临着多种资源整合的挑战，包括知识资源、人力资源和技术资源。这些资源的有效整合是确保服务质量和满足读者需求的关键。为了达到这一目标，高校图书馆采用了系统集成、服务集成、知识集成和人才集成等手段。系统集成是将各种不同的系统和技术整合到一个统一的平台上，使其能够协同工作，为读者提供一站式的服务。这种集成不仅提高了服务的效率，还使得读者可以在一个平台上获得所需的所有信息，无须在多个系统之间跳转。服务集成则是将各种服务项目整合到一个统一的服务体系中，使其能够相互支持，为读者提供高效和完善的服务。例如，图书馆可以将借阅服务、电子资源服务和咨询服务整合到一个服务体系中，使读者可以在一个地方获得所有的服务。知识集成是将各种知识资源整合到一个统一的知识库中，使其能够为读者提供丰富和深入的知识服务。这种集成不仅提高了知识服务的质量，还使得读者可以在一个知识库中获得所需的所有知识，无须在多个知识资源之间跳转。人才集成则是将各种人才资源整合到一个统一的团队中，使其能够为读者提供专业和高效的服务。这种集成不仅提高了服务的质量，还使得读者可以获得专业咨询和指导。通过这些集成手段，高校图书馆能够将人力资源、信息资源和技术资源有机地整合起来，为读者提供高效和专业的服务。这种服务不仅能够满足读者的基本需求，还能够解决读者的复杂化问题或知识需求。此外，这种集成服务能够提升读者对于服务智力内涵的认可度。当读者在图书馆获得高效和专业的服务时，他们会更加认可图书馆的服务价值，从而提高他们对图书馆的满意度和忠诚度。

（三）高校图书馆服务定位

高校图书馆在当代教育体系中占据着重要的地位。作为知识的宝库和学术的中心，高校图书馆为学生、教师和研究者提供了丰富的资源和服务。为了更好地满足用户的需求，高校图书馆需要明确其服务定位，确保其资源、设施和人员都能为用户提供最大的价值。如图 1-2。

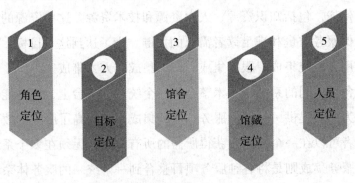

图 1-2　高校图书馆服务定位的内容

（1）角色定位。高校图书馆不仅是知识的仓库，更是学术交流的中心和创新研究的基地。它为学生提供了一个学习和研究的环境，为教师提供了教学和研究所需的资源，为研究者提供了一个与同行交流的平台。因此，图书馆的角色定位应该是一个综合性的学术中心，旨在支持和促进学术研究、教学和学习。

（2）目标定位。高校图书馆的主要目标是支持学术研究和教育活动。为了实现这一目标，图书馆需要提供最新、最相关的资源，包括图书、期刊、数据库和其他电子资源。此外，图书馆还应该提供各种服务，如咨询、培训和技术支持，帮助用户有效地利用这些资源。

（3）馆舍定位。图书馆的物理空间应该满足用户的各种需求。这包括安静的个人学习空间、合作的团队空间和高科技的研究空间。图书馆还应该考虑到用户的舒适性和便利性，提供足够的座位、电源插座和无线网络。此外，图书馆的设计和布局应该反映其学术和文化价值，为用户创造有利于学习和研究的环境。

（4）馆藏定位。高校图书馆的馆藏应该反映学校的学术特色和研究重点。这意味着图书馆需要与学校的各个学院和部门紧密合作，确保其馆藏能够满足他们的需求。此外，图书馆应该关注新兴的学科和研究领域，及时更新其馆藏，确保其资源始终最新和最相关。

（5）人员定位。高校图书馆的人员是其宝贵的资源。他们不仅要为用户提供信息检索、咨询和培训服务，还要参与图书馆的管理和决策，确保图书馆的资源和服务能够满足用户的需求。因此，图书馆的人员定位应该是专业、热情和用户导向的，他们应该具备相关的专业知识和技能，以及良好的沟通和服务意识。

二、高校图书馆服务的内容

高校图书馆是高等教育机构的重要组成部分，它为学术研究和教学提供了必要的支持。随着信息技术的发展和社会的进步，高校图书馆的服务内容在深化。

（一）外借服务

高校图书馆作为学术研究和学习的重要场所，为广大师生提供了丰富的学术资源和便捷的服务。其中，外借服务是图书馆最基本也是最常用的服务之一。它允许师生将图书馆的藏书带回家或者带到其他地方进行深入的阅读和研究。

1. 个人外借

个人外借服务的核心是为用户提供方便，使其能够自由地安排学习和研究的时间和地点。通过这种服务，用户可以将所需的资料长时间地保留在自己身边，不受图书馆开放时间的限制。

为了确保外借服务的顺利进行，高校图书馆通常会为每位用户设定一定的借书限额和借书期限。这些规定旨在确保更多的用户能够公平、合理地使用图书馆的资源。借书限额是指每位用户在同一时间内可以借阅的图书数量。这个数量通常会根据用户的身份和需求进行设定。例如，研究生和教职工可能会有更高的借书限额，因为他们的研究和教学需要更多的资料支持。而本科生和其他用户可能会有相对较低的借书限额，以确保图书馆的资源能够公平地分配给更多的用户。借书期限则是指用户可以保留图书的时间长度。这个期限通常会根据图书的种类和需求进行设定。例如，一些热门和新入库的图书可能会有较短的借书期限，以确保更多的用户能够及时地获取这些资料。而一些较为冷门或者数量较多的图书可能会有较长的借书期限，给予用户更多的时间进行深入的阅读和研究。

2. 预约外借

在日常的学习和研究中，学生和教职工经常会遇到所需图书已被其他用户借走的情况。这时，传统的做法是等待图书被归还后再去图书馆查找。但这种方法既不方便，也无法保证能够及时借到所需的图书。为了解决这一问题，图书馆推出了预约外借服务。通过这一服务，用户可以在图书被借走时通过图书馆的在线系统进行预约。一旦图书被归还，系统会自动通知预约者来图书馆借阅。这样，用户就不再需要每天去图书馆查找所需的图书，也不用担心图书被其他用户再次借走。预约外借服务的推出，极大地提高了图书的流通效率。学生和教职工可以方便地获取所需的图书。同时，这一服务减少了图书馆的工作压力，提高了工作效率。在图书馆的在线系统中，用户可以轻松查找所需的图书，看到图书的借阅状态，进行预约。系统会自动记录预约信息，确保每位用户都能够按照预约的顺序借到图书。此外，预约外借服务有助于提高图书的利用率。在传统的借阅模式下，热门的图书经常被长时间借走，其他用户很难借到。而通过预约外借服务，用户可以提前预约，确保在图书归还后能够及时借到。这样，每本图书都能够得到充分利用，满足更多用户的需求。

3. 馆际互借

馆际互借是高校图书馆外借服务中的一项重要服务。它打破了单一图书馆资源的局限性，使读者可以广泛地获取所需的资料。每个图书馆的藏书量和种类都有其局限性，难以满足所有用户的需求。为了更好地服务于读者，图书馆之间建立了合作关系，允许读者从其他图书馆借阅图书。这种服务模式，使得读者可以广泛地获取所需的资料，不受本馆藏书量和种类的限制。当然，馆际互借并不是即时的。由于涉及不同图书馆之间的协调和物流，这一服务通常需要一定的时间。图书从申请到到达，可能需要数天甚至数周的时间。因此，使用馆际互借服务的读者需要有耐心等待。但考虑到可以借阅到其他图书馆的宝贵资源，这一等待是值得的。除了时间成本，馆际互借可能涉及一定的费用。这些费用可能包括运输费、保险费等。但相对于购买一本新书，这些费用通常较低。而且，对于一些难以购买或价格昂贵的专业书，通过馆际互借服务借阅是一个经济实惠的选择。

4.通借通还

为了满足读者的多样化需求，图书馆不断创新服务模式，其中"通借通还"是近年来受到广大读者欢迎的一种新型服务模式。"通借通还"是指读者可以在任意一个分馆借阅图书，然后在其他分馆归还。这种服务模式打破了传统的借书和还书必须在同一图书馆完成的限制，为读者提供了便捷服务。例如，一个学生在工学院的图书馆借了一本书，但他住在文学院的宿舍，他可以选择在文学院的图书馆归还这本书，而不必再走到工学院的图书馆。这种服务模式的出现，是基于对读者需求的深入了解和对图书馆服务流程的优化。在高校中，由于各学院和部门分布在不同的地方，学生和教师在日常学习和工作中，可能需要频繁地往返于不同的图书馆。传统的借还书服务模式，往往会给他们带来不便。而"通借通还"服务模式的出现，正好解决了这一问题，使得读者可以灵活地选择借书和还书的地点。此外，"通借通还"服务模式有助于提高图书的流通率。在传统的服务模式下，某些图书馆的图书可能长时间未被借出，而其他图书馆的同类图书面临借阅短缺的情况。而在"通借通还"服务模式下，读者可以在任意一个图书馆借阅图书，这样就可以更好地调配图书资源，使得图书的流通均衡。目前高校的"通借通还"服务一般指的是在同一所高校的多个校区之间展开的此项服务。

（二）阅览服务

阅览服务是图书馆的核心服务之一，它为读者提供了一个安静、舒适的环境，使他们可以专心地研读图书和资料。

1. 图书阅览

图书阅览是高校图书馆阅览服务的主要内容之一。为了满足不同读者的需求，图书馆通常会提供三种不同的阅览方式：闭架阅览、半开架阅览和开架阅览。

（1）闭架阅览。闭架阅览是指图书被存放在一个封闭的区域，读者不能直接进入这个区域选择图书。当读者需要某本书时，需要到服务台提交申请，由图书馆工作人员从闭架区取出图书并交给读者。这种方式的优点是可以保护珍贵或者不常用的图书不被损坏或遗失，确保图书的安全。但是，这种方式也有其局限性，因为读者不能直接浏览图书，可能会增加他们选择图书的时间和难度。

（2）半开架阅览。半开架阅览则是介于闭架阅览和开架阅览之间的一种形式。部分图书被放置在开放的书架上，供读者自由浏览和选择，而另一部分图书被存放在闭架区。这种方式结合了闭架阅览和开架阅览的优点，既可以保护珍贵的图书，又可以为读者提供更多的选择自由。

（3）开架阅览。开架阅览是目前高校图书馆常见的阅览方式。所有的图书都被放置在开放的书架上，读者可以自由地浏览、选择和借阅。这种方式为读者提供了最大的选择自由和便利，他们可以直接浏览图书，更容易找到自己需要的资料。

2. 多媒体阅览

多媒体阅览是现代高校图书馆服务的一个重要组成部分。与传统的纸质图书阅览相比，多媒体阅览为读者提供了音频、视频、动画等多种形式的内容，使得阅读不再局限于文字，而是变得生动和有趣。这种形式的阅览可以更好地吸引读者的注意力，帮助他们深入地理解和掌握知识。

（1）电子图书阅览。电子图书阅览是多媒体阅览的一个重要方面。

随着电子书的普及，越来越多的读者选择在线阅读或下载电子书进行阅读。电子图书不仅方便携带，还可以随时随地进行阅读，不受制于图书馆的开放时间。此外，电子图书具有搜索、标注、分享等功能，使得阅读变得便捷和高效。

（2）网络服务。网络服务也是高校图书馆不可或缺的一部分。通过网络服务，读者可以远程访问图书馆的资源，进行在线检索、下载和阅读。这种服务模式打破了时间和空间的限制，使得读者可以在任何地点、任何时间获取所需的信息和知识。

（3）馆藏文献检索。馆藏文献检索是图书馆服务的基础。通过高效的检索系统，读者可以快速找到所需的图书和资料，无需在书架上逐一查找。现代的检索系统还具有推荐、分类、标签等功能，可以为读者提供个性化的阅读建议。

（三）参考咨询服务

参考咨询服务的目的是为读者提供准确、及时和相关的信息，帮助他们完成学术研究、论文写作、项目报告等任务。为了满足不同读者的需求，高校图书馆提供了多种参考咨询服务形式。

1.口头咨询

口头咨询是传统的参考咨询服务形式。读者可以直接到图书馆的参考台，与参考馆员面对面交流，提出自己的问题或需求。这种形式的优势在于，读者可以即时得到答案，而馆员也可以根据读者的反映，调整答案或提供更多的信息。这种互动性使得口头咨询在很多情况下都能得到满意的结果。

2.电话咨询

电话咨询是另一种常见的参考咨询服务形式。与口头咨询相比，电话咨询更加便捷，读者无需到图书馆，只需拨打电话，就可以得到所需的信息。这种形式特别适合那些因为各种原因不能到图书馆的读者，如身体不便、时间紧张等。

3. 虚拟参考咨询服务形式

随着互联网和数字技术的发展，虚拟参考咨询服务逐渐成为高校图书馆的重要组成部分。

（1）实时问答咨询。实时问答咨询允许读者通过在线聊天工具，与馆员进行实时交流。这种形式结合了口头咨询的互动性和电话咨询的便捷性，为读者提供了一个新的选择。

（2）电子邮件咨询。电子邮件咨询则为读者提供了一个非实时的交流方式。读者可以随时发送邮件，描述自己的问题或需求，然后等待馆员的回复。这种形式的优势在于，馆员有更多的时间来查找和整理信息，从而提供详细和准确的答案。

（3）学科咨询。学科咨询是针对特定学科或领域的咨询服务。高校图书馆通常会有专门的学科馆员，他们对某一学科或领域有深入的了解和研究。读者可以向他们咨询与特定学科相关的问题，得到专业和权威的答案。

（4）合作数字参考咨询服务。合作数字参考咨询服务则是多个图书馆之间的合作项目。通过这种服务，读者可以得到其他图书馆的资源和信息。这种跨图书馆的合作，极大地扩展了读者的信息获取范围，提高了服务的效率和质量。

第三节　高校图书馆服务手段

一、服务手段现代化

高校图书馆服务手段的现代化是当今图书馆发展的必然趋势。在这个信息化、数字化的时代，图书馆如何更好地为读者提供服务，满足其学术研究和学习的需求，是每个图书馆都需要思考的问题。现代化的服务手段不仅可以提高图书馆的工作效率，还可以为读者带来便捷、高效的服务体验。

（一）利用计算机进行目录检索

计算机检索目录的出现，使得图书馆的服务质量得到了显著提升。传统的纸质目录检索方式，往往需要读者花费大量的时间和精力，而且难以找到最新的图书信息。而计算机检索目录彻底改变了这一现状。图书馆员将馆藏图书的信息存入计算机，形成一个完整的馆藏书目库。这个书目库不仅包含了图书的基本信息，如书名、作者、出版社等，还包括了图书的实时状态，如是否被借阅、何时归还等。读者在使用计算机检索目录时，只需在终端上输入所需图书的书名、作者姓名或关键词，短短几秒钟，相关的图书信息就会呈现在眼前。这种检索方式不仅快速、准确，还能为读者提供更多的选择。例如，当读者查找某一本书时，计算机不仅会显示这本书的信息，还会推荐与之相关的其他图书，为读者提供了更多的阅读选择。此外，计算机检索目录还具有很强的实时性。当一本书被借阅或归还时，其在书目库中的状态会立即更新，确保读者获取到的信息是最新的。这种实时性不仅提高了图书馆的服务效率，还避免了因为信息滞后而导致的误借或漏借的情况。

1. 题名途径

题名途径是计算机目录检索的一个重要功能。通过题名途径，读者可以直接输入书的名称，迅速找到所需的图书。这种方式特别适合那些已经知道书名的读者。而对于那些只知道部分书名或者不太确定书名的读者，题名途径也提供了模糊检索的功能，可以帮助读者找到与输入的关键词相关的书。此外，题名途径还可以显示图书的详细信息，如作者、出版社、出版年份等，帮助读者全面地了解图书。

2. 题名拼音码途径

题名拼音码检索是一种独特的方法，它基于图书或期刊名的汉语拼音首字母进行检索，大大简化了输入的过程。题名拼音码检索的核心是将图书或期刊的标题转化为其汉语拼音的首字母，从而为读者提供一个简化的检索途径。例如，要检索名为《计算机安全》的图书，只需在检索框内输入"JSJAQ"，系统便会自动匹配出与这几个字母对应的馆藏信息。这种方法的明显优势在于避免了因为输入错误而导致的检索失败。在快速查找图书时，这种方法无疑为读者节省了大量时间。

3. 著者途径

在传统的纸质卡片目录中，读者需要逐一查找卡片，才能找到某一著者所著之书的书目信息。这种方法不仅耗时，而且容易出错。而现代化的计算机检索系统为读者提供了一个简单、快速的解决方案。只需在责任者检索框内输入著者的姓名，系统便会自动列出该著者所著之书的所有书目信息。这种方式大大缩短了检索时间，提高了检索的准确性。

4. 中图法分类途径

中图法分类号的设计是为了满足图书馆的分类和检索需求。每一个

理论与实践结合下的高校图书馆服务研究

分类号都代表了一个特定的学科或领域，这使得读者可以根据自己的需求，快速找到相关的图书。例如，当读者想要查找"计算机软件设计"的相关图书时，可以使用分类号 TP31 进行检索。这个分类号专门代表了计算机软件设计的领域，因此，通过这个分类号检索到的图书都与计算机软件设计相关。但是，中图法分类号的灵活性不止于此。通过调整分类号的详略程度，读者可以根据自己的需求，扩大或缩小检索范围。例如，当读者只输入 TP3 进行检索时，检索到的图书会比输入 TP31 时更多。这是因为 TP3 代表了所有计算机类的图书，它的范围比 TP31 更宽。这种检索方式适合那些对计算机领域有广泛兴趣，但不限定于某一个子领域的读者。相反，当读者输入详细的分类号，如 TP133，检索到的图书范围就会狭窄。TP133 代表了计算机实验指导类的图书，这意味着通过这个分类号检索到的图书都与计算机实验指导相关。这种检索方式适合那些对计算机实验指导有特定需求的读者。

5. 主题词途径

通过输入相关的主题词，可以迅速查找到与该主题词相关的图书或期刊信息。这种方式大大提高了检索的效率和准确性，为读者提供了便捷的服务。主题词途径的优势在于它能够精确地反映出图书或期刊的核心内容。与标题、作者或其他检索途径相比，主题词更能够准确地描述文献的内容。因此，当读者对某一特定主题有研究或阅读需求时，可以直接输入相关的主题词进行检索，从而迅速找到所需的资料。

6. 核对借书信息

在现代的高校图书馆中，读者可以使用 ID 卡进行借书。这种方式不仅安全，而且方便快捷。读者只需将 ID 卡放在专门的读卡器上，系统就会自动记录借书信息。这样，图书馆工作人员无需手工登记，大大提高了工作效率。随着借书数量的增加，读者可能会忘记自己借了哪些书，以及何时应该归还。为了解决这个问题，图书馆提供了专门的查询终端，供读者查询自己的借书情况。通过这种方式，读者可以随时了解自己的借阅记录，避免逾期不还的情况发生。除了在图书馆内部使用查询终端，读者还可以在家中、宿舍等通过大学图书馆的主页进行查询。只需点击"信息查询"选项，选择读者借阅查询，进入系统后按照提示操作，就可以查看自己的借阅情况。这种方式为读者提供了灵活的查询方式，使得读者无论身处何地，都可以随时了解自己的借阅情况。

（二）利用现代复制和传递技术进行信息服务

在当今的信息时代，文献信息交流的需求日益增长，而满足这一需求的关键在于方便快捷的文献复制技术和远距离传递手段。传统的文献获取方式，如复制、邮递或传真，虽然在某种程度上满足了用户的需求，但在速度和效率上仍有所欠缺。而网络环境下的文献传递服务，特别是电子文献传递，为文献资源共享提供了高效和便捷的技术支持。电子文献传递服务的优势在于其可以通过电子邮件或在线数据库等方式进行文献的输送。这种方式不仅节省了时间，还避免了因邮递或传真而产生的额外费用。用户在申请全文文献时，可以直接通过在线平台完成，从申请到文献传递，再到费用支付，整个过程高效流畅，确保了文献的传递具有时效性。中国国家图书馆文献提供中心就是利用这种技术的典型代表。通过 Ariel 系统，该中心能够利用互联网将资料传输到指定的 IP 地址，实现了扫描、传输和复印的一体化服务。这种方式不仅提供了快速和方便的文献传递服务，还确保了文献的高质量。这种服务模式为用户节省了大量的时间和费用，同时为文献资源的共享和传递提供了强大的技术支持。除了中国国家图书馆文献提供中心外，中国高等教育文献保障系统和中国科学文献情报中心也是提供此类服务的大型机构。这些机构都认识到现代复制和传递技术在信息服务中的重要性，并积极采用这些技术，为用户提供高效和便捷的服务。现代复制和传递技术的应用，为高校图书馆的信息服务带来了革命性的变革。在这种技术的支持下，高校图书馆不再受限于传统的文献传递方式，而是能够为用户提供更为快速和高效的服务。这不仅满足了用户的需求，还为文献资源的共享和传递提供了强大的技术支持。

（三）自动化借阅系统

自动化借阅系统以计算机为核心，为读者提供了一个快速、高效和便捷的借阅体验。在这个系统中，传统的手工借书、还书、预约和超期通知等流程都已被数字化。这种转变不仅提高了工作效率，还大大减少了人为错误的可能性。条形码技术在这个系统中起到关键的作用。每一本图书和每一张借书证都被赋予了一个独特的条形码。这些条形码由不同粗细的黑色条纹组成，代表着不同的数字、符号和字母信息。当读者想要借书或还书时，工作人员只需使用光笔或扫描器扫描相应的条形码，相关的数据就会立刻被输入计算机。这种方式不仅大大简化了数据录入的过程，还确保了数据的准确性。

此外，自动化借阅系统还为图书馆提供了强大的数据处理能力。当读者借书时，系统会自动记录下借书的时间、图书的信息以及读者的身份信息。当图书到期时，系统会自动发送超期通知给读者，提醒其及时归还。这种自动化的流程不仅为读者提供了便捷的服务，还大大提高了图书馆的管理效率。自动化借阅系统的引入，也意味着图书馆的工作人员可以从烦琐的手工操作中解放出来，将更多的时间和精力投入其他更为重要的工作，如图书采购、分类、整理以及读者服务等。这不仅提高了图书馆的工作效率，还提升了读者质量。

二、服务手段网络化

高校图书馆在现代教育体系中占据着举足轻重的地位。随着信息技术的飞速发展，图书馆的服务手段也逐渐网络化，以满足日益增长的学术需求。在这一转型过程中，图书的馆际互借和资料的共享成为服务网络主要开展的服务形式。

（一）馆际互借

馆际互借是指不同的图书馆之间，通过网络化手段，实现图书或其他学术资料的相互借阅。这种方式打破了单一图书馆的资源限制，使得读者可以借阅到其他图书馆的藏书，大大扩展了读者的选择范围。例如，某一高校图书馆可能没有某一专业的某一本书，但通过馆际互借，学生可以从其他高校图书馆借阅到这本书，从而满足其学术需求。

网络化的馆际互借系统为读者提供了便捷的服务。传统的馆际互借需要通过人工操作，效率较低，而网络化的馆际互借系统可以实现自动化操作，提高了服务效率。读者只需要在电脑或移动设备上，通过图书馆的在线系统提交借阅申请，系统会自动匹配其他图书馆的藏书，完成借阅手续。这种方式不仅节省了读者的时间，也提高了图书馆的工作效率。此外，馆际互借的网络化还为读者提供了丰富的学术资源。除了图书之外，许多图书馆还提供了电子书、期刊、论文等电子资源的互借服务。这些电子资源可以实现在线阅读，为读者提供了更为便捷的学术研究手段。例如，某一学生正在进行某一课题的研究，需要查阅大量的学术资料，通过馆际互借，他可以迅速获取到所需的电子资源，从而提高研究效率。

（二）资料的共享

在这个数字化时代，网络化的服务手段不仅为学生和教师提供了便捷的资源获取方式，更重要的是，它为资料的共享创造了可能。

资料的共享意味着高校图书馆之间可以互相借鉴、交流和分享各自的资源。这种共享不受地域、时间和空间的限制，使得学生和教师可以更为方便地获取到所需的学术资料和研究数据。例如，某一高校的图书馆收藏了一本稀缺的古籍或某一篇重要的学术论文，其他高校的学生和教师也可以通过网络化的服务手段迅速地获取到这些资料，而无需亲自前往该高校图书馆。此外，资料的共享还为高校图书馆的资源整合提供了新的思路。在传统的图书馆服务中，每个图书馆都需要独立采购、整理和管理自己的藏书和资料。但在网络化的服务体系下，高校图书馆可以通过资料共享的方式，实现资源的整合和优化。这不仅可以节省图书馆的采购和管理成本，还可以避免资源的重复和浪费。同时，资料的共享也为高校图书馆的数字化和现代化建设提供了有力支撑。在网络化的服务体系下，图书馆不再仅仅是一个实体的藏书空间，而是成了一个数字化的学术资源中心。这种转变不仅提高了图书馆的服务效率和质量，还为学生和教师提供了丰富和多样的学习和研究资源。

第二章　现代图书馆服务理念

第一节　服务理念与图书馆服务理念

一、服务理念

理念，源于西方哲学史和美学史中的概念，蕴含着广泛的意义。在日常生活中，人们常常提及理念，但真正理解其深层含义的并不多。理念，可以被看作是由理性产生的概念，是为了追求和实现某个目标而持续奋斗的思想信念。在众多的理念中，服务理念尤为重要。它是人们从事服务活动时的主导思想，是对服务活动的理性认识的体现。服务理念不仅仅是一个抽象的概念，它具有实际的意义和价值。它体现了对客户或服务对象的服务原则、服务态度和服务方式。这些原则和态度，决定了服务的质量和效果，也影响了客户的满意度和忠诚度。

（一）服务理念的内容与特征

1.服务理念的内容

服务理念，作为一个组织或企业的核心信仰，为其提供了明确的方向和目标。它是一个综合性的概念，涵盖了服务宗旨、服务原则、服务目标、服务方针、服务精神、服务使命和服务政策等多个方面。

服务宗旨是服务理念的核心，它定义了为什么要提供服务。是为了满足客户的需求，还是为了实现某个更高的目标？这个宗旨为服务提供了方向和目的，确保所有的努力都是为了达到这个目标。

服务原则则是在提供服务时应遵循的基本规则和标准。无论是在什么情况下，它确保服务的质量和一致性。这些原则可能包括诚信、公正、透明和效率等。

服务目标是具体的、可衡量的成果，它们为服务提供了明确的期望。这些目标可以是短期的，也可以是长期的，但它们都应该是明确和具体的，这样可以确保所有的努力都是为了达到这些目标。

服务方针是为了实现服务目标而制定的策略和方法。它为如何提供服务提供了明确的指导，确保服务是有效和高效的。

服务精神是提供服务时的态度和信仰。它可能包括对客户的尊重、对工作的热情和对质量的追求等。这种精神激励着提供服务的人，确保他们始终为客户提供最好的服务。

服务使命是服务的最终目的和意义。它定义了服务存在的意义，为什么要提供这种服务，以及这种服务带来的价值。

服务政策则是为了实现服务使命而制定的具体规则和指导。它为如何提供服务提供了明确的指导，确保服务是一致和高质量的。

2. 服务理念的特征

服务理念，作为企业或组织的核心信念，确立了为顾客提供的服务的价值和标准。它具有以下特征：

（1）前瞻性。服务理念不仅关注当前的需求和期望，还要预见未来的变化和挑战。这种前瞻性使组织能够提前做好准备，确保在变革中始终保持领先地位。

（2）继承性。尽管服务理念需要与时俱进，但它也应该反映出组织的历史和传统。这种继承性确保了组织的连续性和稳定性，同时为新的创新和变革提供了基础。

（3）传播性。一个强大的服务理念应该能够被广泛传播和接受。这意味着它不仅要简洁明了，还要能够激发人们的共鸣，使其成为组织内外的共同信念。

（4）公开性。服务理念应该是公开的，这样顾客和其他利益相关者都能了解组织的价值观和期望。这种透明度建立了信任，确保了组织的行为与其声明的理念一致。

（5）一贯独特性。服务理念应该是独特的，反映出组织的特色和差异化。这种独特性使组织在竞争中脱颖而出，为顾客提供独特的价值。

（6）顾客导向性。服务理念的核心应该是顾客的需求和期望。这确保了组织始终以顾客为中心，努力满足或超越他们的期望。

（7）挑战竞争性。服务理念应该鼓励组织面对挑战和竞争，而不是回避它们。这种竞争意识使组织始终保持敏锐和活跃，努力提高自己的服务水平。

（8）深刻性。服务理念不应该是肤浅的或仅仅是为了迎合市场而制定的。它应该反映出组织深入的思考和对服务的真正理解。

（二）服务理念在服务活动中的作用

1. 有利于服务有形化

服务理念的"有形化"意味着将无形的服务活动转化为具体、可感知的行动。这种有形化的表现形式，如语言、文字或符号，为顾客提供了明确的服务承诺和期望。图书馆，作为典型的服务组织，其服务理念的表现形式可以分为"外显"和"内隐"两种。外显形式的服务理念，如"用户至上，服务第一"和"一切为了读者"，为读者提供了明确的服务承诺。这些有形化的信息，是图书馆服务活动的依据，也是读者对图书馆服务质量的期望。而内隐形式的服务理念，则是图书馆工作人员内心深处的思想意识。这种没有外显的思想意识，是工作人员在日常工作中的行为准则和价值观。它影响着工作人员的服务态度、服务方法和服务质量。只有当这种内隐的服务理念与外显的服务理念相结合，图书馆才能为读者提供高质量的服务。服务理念的"有形化"和"内化"是服务质量的两个重要保障。有形化的服务理念为读者提供了明确的服务承诺，使读者对图书馆的服务有了明确期望。而内化的服务理念，是工作人员在日常工作中的行为准则和价值观，它影响着工作人员的服务态度、服务方法和服务质量。

2.有利于体现和建立服务特色

服务特色是服务企业或组织与众不同的标志，是其在市场中脱颖而出的关键。而服务理念正是塑造这一特色的基石。一个明确、独特的服务理念可以帮助企业或组织更好地理解顾客的需求，从而提供个性化、差异化的服务。例如，一家酒店可能强调"家一般的温馨"，而另一家可能强调"尊贵的体验"。这些不同的服务理念将直接影响到服务的内容、形式和方式，从而形成各自独特的服务特色。此外，服务理念还可以帮助企业或组织更好地组织和管理服务活动。当所有员工都明确并认同企业或组织的服务理念时，他们的行为和决策将一致，更能够体现出该服务理念所要传达的价值和意义。这不仅可以提高服务的效率和质量，还可以增强顾客的信任和忠诚度。服务特色的建立也与服务理念的传播和推广密不可分。一个独特的服务理念，如果得到了有效地传播和推广，将更容易为企业或组织赢得顾客的关注和认同。例如，通过广告、公关活动、社交媒体等方式，企业或组织可以将其服务理念传达给广泛的顾客群体，从而吸引更多的潜在顾客。同时，服务特色的建立也需要时间和持续的努力。服务理念的确立只是第一步，真正的挑战在于如何将这一理念转化为实际的服务活动，并确保这些活动能够持续、稳定地为顾客带来满意的体验。这需要企业或组织不断地学习、创新和改进，确保其服务始终能够满足或超越顾客的期望。

3. 有利于发挥服务组织人员的工作主动性和创造性

服务理念是一个明确的指导思想，为服务提供者提供了一个明确的方向。当服务人员明确知道组织的服务目标和期望，他们更容易为客户提供满意的服务。更为关键的是，服务理念能够激发服务人员的工作主动性。当服务人员明确知道他们的工作目标和方向，他们更容易主动地为客户提供服务，而不是被动地等待客户的需求。这种主动性不仅可以提高服务的效率，还可以提高服务质量。因为服务人员在主动为客户提供服务时，他们更容易发现客户的真正需求，从而为客户提供满意服务。除了提高服务人员的工作主动性，服务理念还可以激发服务人员的创造性。当服务人员明确知道组织的服务目标和期望，他们更容易思考如何为客户提供更好服务。这种创造性不仅可以为客户提供个性化服务，还可以为组织创造更多的价值。因为在竞争激烈的市场中，能够为客户提供独特和创新的服务的组织更容易获得竞争的优势。

4. 有利于监督服务组织人员的服务行为

服务理念是一个组织或个人对服务的核心信仰和价值观。它定义了如何为客户提供服务，以及什么样的服务可以被认为是优质的。当一个组织有了明确的服务理念后，这个理念就成为评估服务质量的标准和准则。因此，它为服务组织提供了一个明确的方向，使得组织内部的人员都能明确知道应该如何为客户提供服务。服务组织人员的行为是服务质量的直接体现。如果服务人员的行为与组织的服务理念不一致，那么很可能会导致客户的不满和投诉。而一个明确的服务理念可以为服务人员提供一个明确的行为指南，使得他们在为客户提供服务时，都能够按照这个理念来行事。这样，不仅可以确保服务的质量，还可以减少因为服务人员的行为不当而导致的问题。此外，服务理念还可以作为评估服务人员表现的工具。当服务人员的行为与服务理念不一致时，组织可以通过对比服务理念来找出问题所在，及时进行纠正。这样，组织就可以确保每一位服务人员都能够为客户提供高质量的服务。同时，服务理念可以作为培训新员工的工具。新员工在加入组织时，可能对组织的服务标准和要求并不了解。而服务理念可以为他们提供明确的方向，使得他们在为客户提供服务时，都能够按照组织的要求来行事。这样，新员工就可以更快地融入组织，为客户提供高质量服务。

二、图书馆服务理念

图书馆的服务理念，不仅仅是一种口号或标语，更是图书馆工作人员的行为准则和价值观。它影响着图书馆的服务质量、服务态度和服务方法。只有当图书馆的服务理念与工作人员的服务理念相一致，图书馆才能为读者提供高质量的服务。

（一）图书馆服务理念的转变

1.为读者服务的模式从"以藏书为中心"转变为"以读者为中心"

图书馆，作为知识的殿堂，历来都是学术研究、文化传承和社会教育的重要场所。随着时代的发展，图书馆的服务理念在不断地进化。过去，图书馆的服务模式主要是"以藏书为中心"，而现在，这一模式已经转变为"以读者为中心"。

在"以藏书为中心"的模式下，图书馆的主要任务是收藏、整理和保存图书。图书馆的价值主要体现在其藏书的数量和质量上。图书馆的工作重点是如何获取更多的图书，如何对图书进行分类和整理，以及如何保护图书不受损坏。在这一模式下，读者往往是被动的接受者，他们需要根据图书馆的规定和流程来借阅图书。然而，随着社会的发展和科技的进步，人们对图书馆的需求和期望在不断地变化。人们不再满足于简单地借阅图书，他们希望图书馆能够提供个性化、便捷和高效的服务。因此，"以读者为中心"的服务模式应运而生。在"以读者为中心"的模式下，图书馆的主要任务是满足读者的需求和期望。图书馆的价值不再仅仅体现在其藏书上，而是体现在其为读者提供的服务上。图书馆的工作重点是如何了解读者的需求，如何为读者提供个性化的服务，以及如何提高服务质量和效率。在这一模式下，读者成为图书馆的主体，他们可以主动地参与图书馆的服务，与图书馆建立紧密的合作关系。这一转变不仅仅是图书馆服务模式的转变，更是图书馆与读者关系的转变。在"以藏书为中心"的模式下，图书馆与读者之间是供应和需求的关系，而在"以读者为中心"的模式下，图书馆与读者之间是合作和共创的关系。图书馆不再是单纯的知识供应者，而是成为读者的伙伴和助手。

2. 读者服务的对象由"图书馆读者"向"社会读者"发展

在传统观念中，图书馆主要服务于其注册的读者，这些读者通常是学者、研究者或学生，他们因特定的学术研究或学习需求而来到图书馆。这种服务模式下，图书馆的资源和服务往往是为这一特定群体量身定制的。而大部分社会公众，尤其是非学术界的人士，很少有机会享受到图书馆的服务。但现今，随着信息技术的飞速发展和社会对知识的普及需求，图书馆开始意识到，仅仅服务于图书馆内部的读者已经不能满足社会的需求。因此，图书馆开始将其服务对象扩展到社会的各个角落，不再局限于图书馆的四墙之内。这种转变意味着图书馆的服务内容和形式都需要进行相应的调整。例如，图书馆开始提供更多的公共文化活动，如讲座、展览和工作坊，吸引更多的社会公众参与。同时，图书馆开始加强与社区的合作，如设立社区图书馆或提供流动图书馆服务，使得更多的人可以方便地获取图书馆的资源和服务。

此外，图书馆也开始利用现代信息技术，如数字化、云计算和移动互联网，为社会读者提供便捷和个性化的服务。例如，许多图书馆已经建立了自己的数字资源库，使得读者可以在线访问和下载图书馆的资源，无需亲临图书馆。同时，图书馆开始提供更多的在线服务，如电子书借阅、在线咨询和远程教育，满足社会读者的多样化需求。这种转变不仅使得图书馆的服务对象得到了扩展，也使得图书馆的社会价值得到了提升。图书馆不再是一个封闭的学术机构，而是成了一个开放的公共文化空间，为社会的各个群体提供知识和文化的服务。这不仅有助于提高公众的文化素养和知识水平，也有助于促进社会的发展。

3. 读者服务的范围由"图书馆服务"向"资源共享服务"转变

在数字化和网络化的背景下，图书馆不再仅仅是一个实体的图书收藏地，而是变成了一个信息资源的集散地。这种转变使得读者服务的范围从传统的"图书馆服务"扩展到"资源共享服务"。

在传统的图书馆服务中，读者通常需要亲自到图书馆借阅或查阅资料。这种服务模式有其局限性，因为它受到物理空间和时间的限制。而且，由于图书馆的藏书量和种类有限，读者可能无法找到所需的资料。但在"资源共享服务"的理念下，图书馆开始与其他图书馆或信息机构建立合作关系，共同分享和提供资源。这种服务模式打破了地域和时间的限制，使得读者可以随时随地访问到所需的资料。例如，通过数字化技术，图书馆可以将其藏书扫描成电子版，然后通过网络提供给读者在线阅读或下载。此外，图书馆还可以与其他图书馆建立资源共享平台，使得读者可以在一个平台上搜索和访问到多个图书馆的藏书。资源共享服务不仅提高了图书馆的服务效率，还大大扩展了服务的范围。在这种服务模式下，图书馆不再是一个孤立的知识库，而是成了一个开放的信息网络。读者不再受限于图书馆的物理空间，可以在家中、办公室或任何有网络的地方访问到图书馆的资源。这种便捷性和高效性使得图书馆的新服务受到读者的欢迎。

4.读者服务的内容由"图书馆藏提供"向"电子信息资源存取"发展

现代社会，信息技术的飞速发展使得电子信息资源变得日益丰富和易于获取。图书馆不再仅仅是一个实体图书的收藏和提供中心，而是逐渐转变为电子信息资源的存取中心。这种转变不是简单的技术升级，而是对图书馆服务理念的全面重塑。在这种新的服务理念下，图书馆更加注重满足读者的多元化信息需求，不再局限于提供实体图书，而是提供各种形式的电子信息资源，如电子书、电子期刊、数据库、多媒体资料等。这些资源不仅丰富了图书馆的藏品，还为读者提供了便捷、高效的信息检索和获取方式。此外，电子信息资源的存取也对图书馆的空间布局和管理模式提出了新的要求。传统的书架和阅览室可能不再是图书馆的主要功能区，而是需要为读者提供更多的电子阅览区、多媒体学习区等。同时，图书馆需要加强对电子资源的管理和维护，确保其稳定、安全地运行。

5.读者服务的手段由"手工操作方法"逐渐转变为"综合文献技术应用"

在早期，图书馆的服务主要依赖于手工操作方法，而现代图书馆则逐渐采用综合文献技术应用作为其主要的服务手段。

在传统的图书馆中，读者服务的每一个环节，无论是图书的分类、编目、借阅还是归还，都需要图书馆员手工完成。这种方法虽然简单，但效率低下，容易出错。例如，图书的分类和编目需要图书馆员根据图书的内容和特点进行人工判断，这不仅耗时，而且可能因为人为因素导致分类和编目的不准确。此外，手工操作方法还限制了图书馆的服务能力。由于手工操作的烦琐和低效，图书馆的服务对象和范围受到很大限制。随着科技的发展，综合文献技术应用开始在图书馆中得到广泛应用。这种技术集成计算机技术、网络技术、数据库技术等多种先进技术，为图书馆提供了高效、准确、便捷的服务手段。通过综合文献技术应用，图书馆可以实现自动化的图书分类、编目、借阅和归还，大大提高了服务的效率和准确性。例如，通过计算机技术，图书馆可以自动为图书生成分类号和编目信息，确保分类和编目的准确性。通过网络技术，图书馆可以为读者提供在线借阅和归还服务，使读者可以随时随地享受图书馆的服务。

（二）图书馆服务理念的特征

1. 选择性

随着时代的发展，图书馆的服务理念也在不断地进化，以满足读者日益增长的需求。其中，选择性成为图书馆服务理念的突出特征。

选择性意味着多样性和个性化。在图书馆的实际运行中，为了满足不同读者的需求，图书馆提供了丰富多样的服务产品。这些服务产品包括但不限于图书、期刊、电子资源、培训课程、讲座、展览等。每一种服务产品都有其特定的目标群体和功能。因此，读者可以根据自己的需求和兴趣，选择最适合自己的服务产品。选择性还意味着竞争。在当今的信息时代，图书馆不再是读者获取信息的唯一渠道。互联网、电子书、在线课程等新兴的信息获取方式，都为读者提供了更为便捷和丰富的选择。因此，图书馆必须提供高质量、有特色的服务，才能吸引和留住读者。这种竞争不仅存在于图书馆与其他信息提供者之间，也存在于图书馆内部。例如，不同的图书馆部门、不同的服务项目，都在争取更多的资源和支持，以提供更好的服务。选择性还体现了读者的权利。在传统的图书馆服务模式中，图书馆往往是信息的守门人，决定哪些信息可以提供，哪些信息不可以提供。而在现代的图书馆服务理念中，读者被视为服务的中心，他们有权利对图书馆的服务进行选择。这种选择不仅仅是选择哪种服务，还包括选择如何使用、何时使用、在哪里使用等。这种选择的权利，使得图书馆的服务贴近读者的实际需求，更加人性化。

2.层次性

每个读者进入图书馆的目的、需求和期望都是不同的。这就要求图书馆在提供服务时，必须具备层次性，以满足不同读者的多样化需求。

层次性意味着图书馆需要对读者进行细分，根据他们的特点和需求，提供有针对性的服务。例如，学生读者可能需要参考书、学术论文或是学习空间；而专业研究者可能更加关注专业书、数据库和研究资料；普通市民可能倾向于寻找休闲读物或参与图书馆的文化活动。这就要求图书馆在资源采购、活动策划和服务提供上，都要有所侧重，确保每一类读者的需求都能在图书馆中得到满足。层次性还体现在图书馆的空间布局和功能区划分上。现代图书馆不再仅仅是图书的存放地，它还需要提供学习、研究、交流和休闲的空间。这就要求图书馆在空间设计上，要考虑到不同读者的使用习惯和需求。例如，学生读者可能需要安静的自习室或是小组讨论室；而专业研究者可能更加需要研究室或是数据库查询区；普通市民则可能倾向于休闲阅读区或是文化活动区。这样的空间布局和功能区划分，能够确保每一类读者都能在图书馆中找到适合自己的空间和服务。层次性还要求图书馆在服务提供上要有所侧重和创新。不同的读者，对图书馆的期望和满意度标准是不同的。这就要求图书馆在服务提供上，既要确保基本服务的高效和完善，也要不断地创新和优化，以满足不同读者的新需求。

第二节　现代图书馆服务理念的演变

图书馆，自古以来就是知识的殿堂，是文化传承与学术交流的重要场所。但在时代的洪流中，它并非一成不变，而是像一个有机体一样，不断生长、不断进化。随着时代的发展与技术的进步，图书馆的现代化服务理念内涵也在不断地更新。元宇宙等新智技术的涌现，为现代化图书馆管理与服务注入了新的内涵，同时带来了新的挑战。如图 2-1。

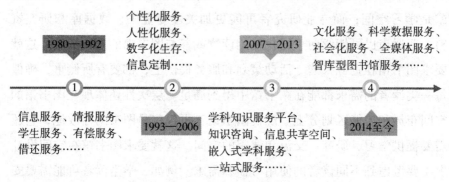

图 2-1　图书馆现代化服务理念演变阶段

一、文献序化时期（1980—1992）

在文献序化时期，图书馆的馆藏载体以纸本文献为主，这一特点决定了图书馆服务的基本形态。纸本文献的物质性质使得图书馆服务在这一时期主要围绕着文献的实体展开，如何有效地管理和提供这些实体资源成为图书馆的核心任务。在这一时期，图书馆的服务理念主要围绕着借还服务、有偿服务、情报服务、学生服务、文献服务和信息服务等展开。每一种服务都有其独特的价值和意义，共同构建了图书馆的核心功能。

借还服务，作为图书馆最基本的服务，满足了读者获取知识的基础需求。读者可以根据自己的兴趣和需要，选择合适的图书进行借阅，然后在规定的时间内归还。这种服务模式确保了图书的流通，使更多的读者能够分享到有限的资源；有偿服务则是图书馆适应 80 年代发展商品经济的产物。在这一时期，随着商品经济的发展，图书馆开始向用户提供有偿服务，即在向用户提供服务的过程中向其收取费用的服务方式。① 这种服务方式不仅为图书馆带来了一定的经济效益，也满足了部分用户对于特定服务的需求；情报服务和信息服务则是情报学尤其是科技情报学理论与方法技术在图书馆服务中应用的典型体现。在这一时期，随着科技的发展和信息化的推进，图书馆开始提供如科技查新、代查代检、定题服务等专业化的服务。② 这些服务不仅满足了用户对于专业信息的需求，也提高了图书馆的服务质量和水平；学生服务和文献服务则是针对特定用户群体的服务。学生服务主要针对学生群体，提供了一系列针对学生学习和研究的服务，如学习指导、研究辅导等。文献服务则是针对研究者和学者的服务，提供了一系列的文献检索、文献提供等服务。

二、基于 Web1.0 的信息导向时期（1993—2006）

在《信息产业"十五"规划纲要》的指引下，图书馆开始与互联网技术紧密结合，开启了数字化的新篇章。这一时期，图书馆不再仅仅是传统的图书收藏和借阅中心，而是逐渐转型为信息中心，为读者提供更为丰富和多样的服务。数字图书馆的发展理念被广泛引入，个性化服务、人性化服务、数字化生存和信息定制等新的服务模式和发展理念应运而生。

---

① 魏克智.高校图书馆深化改革的必由之路：有偿服务 [J].图书馆学研究，1994（3）：4.

② 薛贞芳，林增铨.高校图书馆情报特色化服务探讨 [J].大学图书馆学报，1995（5）：2.

图书馆与互联网技术的结合，使得图书馆的服务理念发生了深刻的变革。在这一时期，图书馆的服务不再局限于实体图书的借阅，而是扩展到电子资源的提供、在线查询、远程访问等多种形式。这些新的服务模式，使得读者可以方便地获取和使用信息，满足了他们多样化和个性化的需求。为读者服务，始终是图书馆的核心宗旨。在这一时期，图书馆注重服务的人性化，努力为读者创造舒适、便捷和友好的服务环境。无论是服务理念、服务环境还是服务方式，都体现了"读者第一"的服务发展理念。这一变革，标志着图书馆从"以书为本"转向"以人为本"的服务理念，注重满足读者的实际需求，提供贴心和高效的服务。这一时期的图书馆服务理念的变革，与国家倡导的"以人为本"的发展理念是相互呼应的。在国家大力推动信息产业发展的背景下，图书馆也积极响应，努力与时俱进，不断创新服务模式和服务理念。

三、基于Web2.0的知识导向时期（2007—2013年）

在2007—2013年，图书馆的现代化服务理念经历了显著变革。这一时期，随着Web2.0技术的普及和应用，图书馆开始从传统的信息存储中心转型为知识服务中心。这种转变不仅标志着图书馆服务的深度和广度的扩展，还意味着图书馆开始更加注重用户的需求和体验。在这一阶段，知识服务成为图书馆服务的核心。图书馆不再仅仅是提供图书和资料的地方，而是成为知识的组织者和传播者。数字化知识资源的分类、组织、描述和开发成为图书馆的主要工作内容。这种工作方式使得图书馆能够深入地揭示学科的知识结构，为用户提供精准和深入的知识服务。为了更好地为用户提供知识服务，图书馆开始采用可视化、多媒体等多种方式呈现知识内容。这些方式不仅使得知识的传播直观和生动，还能够帮助用户更加容易地理解和掌握知识。这种服务方式对于大学图书馆用户尤为重要，因为它们可以帮助学者和学生高效地进行学术研究，满足他们的知识需求。除了知识服务，嵌入式学科服务成为这一时期图书馆服务的一个重要方向。这种服务方式是指图书馆将其服务嵌入学科的教学和研究，与学科教师和学者紧密合作，为他们提供定制化的知识服务。这种服务方式使得图书馆能够更加深入地了解学科的知识需求。为了满足用户对于便捷性的需求，图书馆开始提供一站式服务。这种服务模式允许用户在一个统一的平台上完成各种任务，如检索、借阅、续借、咨询等，大大提高了用户的使用体验。Web2.0时代的图书馆不再是一个静态的信息存储场所，而是一个动态的信息共享空间。在这里，读者不仅可以获取信息，还可以与其他读者分享、交流和合作，共同创造新的知识。学科知识服务平台的构建，意味着图书馆不再仅仅是图书和资料的存放地，而是转型为知识的中心和学科研究的核心。这种转变要求图书馆深入地了解用户的需求，为他们提供精准的知识服务。例如，对于医学专业的学者和研究者，图书馆可以为其提供专业的医学数据库、研究报告、学术论文等资源，帮助他们高效地进行学术研究。

这一时期，图书馆学中的"知识资源说"和知识理论受到了广泛关注，为图书馆的服务理念带来了新的启示。"知识资源说"强调了知识不仅是图书馆的核心资源，更是其核心价值。在这一背景下，图书馆不再仅仅是一个存储和提供信息的场所，而是转型为知识的中心，为用户提供深度的、有针对性的知识服务。这种转变意味着图书馆需要注重用户的需求，精准地为其提供服务。知识咨询服务的出现，正是基于这一理念。[1] 与传统的信息咨询服务不同，知识咨询服务注重深度和专业性，旨在帮助用户解决实际问题，而不仅仅是提供信息。这种服务模式要求图书馆工作人员不仅要具备丰富的知识储备，还需要具备一定的专业技能，以便为用户提供更加专业、更加有针对性的服务。

---

① 杨熹连.图书馆知识服务模式的实践与设想[J].图书馆工作与研究,2009（5）:4.

四、大数据导向时期（2014 至今）

随着数智时代的到来，图书馆的服务理念也经历了深刻的变革。在这一时期，图书馆不再仅仅是传统意义上的图书收藏和借阅中心，而是逐渐转型为信息和知识的综合服务提供者。在这一背景下，文化服务、科学数据服务、社会化服务、全媒体服务、智库型图书馆服务等新的现代化服务理念应运而生。

文化服务成为图书馆服务的核心之一。图书馆不再仅仅是一个提供信息的场所，而是成了一个促进文化素养发展的中心。通过提供各种文化活动、展览、讲座等，图书馆为读者提供了一个了解和体验文化的平台。这种服务理念的提出，是对文化自信自强的有力支持，也是对传统图书馆服务理念的重大突破。[1] 科学数据服务不是简单地提供信息和知识，而是关注于科学数据资源的共享、开发和利用。在这个时代，数据被视为一种宝贵的资源，它可以为研究者提供洞察，为决策者提供有力支持，为公众提供有价值的信息。因此，图书馆开始重视科学数据的收集、整理和分析，并为读者提供相关的服务。[2] 这一时期，图书馆不再仅仅是一个静态的、存放图书的场所，而是变成了一个动态的、与社会紧密相连的信息中心。这种转变的背后，是国家对公共文化服务均等化的强烈倡导和大数据技术的广泛应用。在这个时代背景下，图书馆开始承担更多的社会责任，开展了一系列的社会化服务。这些服务的核心是将馆藏的信息资源向社会公众开放。这意味着，不论是学者、研究者，还是普通市民，都可以轻松地获取到图书馆的丰富资源。这种开放性不仅提高了图书馆的使用率，也使得更多的人能够受益于图书馆的宝贵资

① 郭琪，都平平，李雨珂，等．高校图书馆服务地方文化的实践与创新模式探析：以徐州高校图书馆服务本地文化为例 [J]．图书情报工作，2014（12）：6.

② 张娟．基于用户需求的高校图书馆科学数据服务研究 [J]．图书馆学研究，2015（19）：6.

源。除了开放馆藏资源,图书馆还提供了免费的借阅服务和网络信息服务。这些服务使得读者不必亲自到图书馆,也可以远程访问和借阅图书馆的资源。这种便利性大大提高了图书馆的服务水平,也满足了现代人快节奏生活的需求。更为重要的是,图书馆开始与社会机构进行资源共建。这种合作模式不仅可以充分利用社会机构的资源,还可以为图书馆带来更多的资金和技术支持。这种合作关系使得图书馆能够更好地服务于社会,也为图书馆的长远发展提供了坚实的基础。[①] 全媒体服务理念的核心在于,图书馆不再局限于传统的实体空间,而是通过各种数字化手段,将服务延伸到用户的日常生活中。这种服务模式的出现,与社交媒体的普及有着密切的关系。微信、抖音等社交媒体平台,成为图书馆与用户之间的新型连接桥梁。通过这些平台,图书馆能够更加直接、快速地与用户互动,了解他们的需求,为他们提供加个性化、智慧化的服务。[②] 智库型图书馆服务理念与国家的智库发展战略相得益彰。智库型图书馆不仅是图书馆的新形态,更是一个集知识、信息和数据于一身的综合性知识服务平台。智库型图书馆的核心理念是将图书馆打造成一个知识创新和决策咨询的中心。它不再仅仅是一个存放图书和资料的地方,而是一个能够为用户提供深度分析、研究和咨询服务的机构。这种转变,使得图书馆能够更好地服务于社会,为政府、企业和公众提供有针对性的决策支持。[③]

---

① 陈丽萍,车晓燕.中外高校图书馆社会化服务比较研究[J].图书情报工作,2014(8):6.

② 周玮璐,张君香.全媒体时代完善高校图书馆读者服务工作的思考[J].图书馆工作与研究,2018(4):4.

③ 王波,李静.高校美国研究智库建设优化路径与未来展望[J].社会科学文摘,2021(10):3.

第三节　现代图书馆服务理念的内容

一、现代图书馆服务理念的基本内容

随着社会的进步和科技的发展，图书馆不再仅仅是一个存放图书的地方，而是成了一个综合性的信息资源中心。现代图书馆服务理念的基本内容，是对图书馆的功能、角色和服务方式的全新认识和定位。

（一）"以人为本"服务理念

"以人为本"这一理念的核心在于将服务的焦点放在人上。这意味着图书馆的每一个服务、每一个项目、每一个活动都应该围绕读者的需求和利益来设计和实施。这种理念鼓励图书馆工作人员从读者的角度出发，深入了解他们的需求、兴趣和期望，从而提供贴心、高效和有针对性的服务。人文关怀在这一理念中占据了重要的位置。图书馆不仅要为读者提供知识和信息，还要为他们创造舒适、友好的环境，让他们在这里感受到温暖和关心。这种人文关怀不仅体现在图书馆的硬件设施上，如舒适的阅读空间、先进的技术设备等，更体现在图书馆的软件服务上，如读者培训、文化活动、阅读推广等。弘扬人文精神是"以人为本"服务理念的另一个重要方面。图书馆应该成为一个传播文化、普及知识、促进人文交流的平台。通过组织各种文化活动、讲座、展览等，图书馆可以为读者提供一个了解世界、拓宽视野、增进人与人之间理解的机会。尊重人的发展和满足人的需求是这一服务理念的基石。图书馆应该为读者提供各种学习资源和机会，帮助他们实现自我提升和发展。无论是学生、教师、研究者还是普通市民，图书馆都应该为他们提供所需的资料、工具和服务，帮助他们实现知识的获取、技能的提升和人生的发展。

"以人为本"的服务理念包含两方面的内容。对于图书馆员来说，提高馆员的综合素质、素养水平和专业技能水平是重要的。在知识经济时代，图书馆员不仅要具备丰富的知识和专业技能，还要具备良好的沟通能力、服务意识和创新思维。只有这样，馆员才能更好地为用户提供高质量的服务，满足用户的多样化需求。对于用户来说，图书馆在为用户提供服务的同时，也要适当对用户开展培训工作。这是因为，随着科技的发展，图书馆的服务方式和工具也在不断地更新和变化。用户如果不了解这些新的服务方式和工具，就很难充分利用图书馆的资源。因此，图书馆有责任对用户进行培训，帮助他们掌握这些新的服务方式和工具，提高他们对图书馆的利用能力。

图书馆的每一个服务，无论是实体图书的借阅，还是数字资源的提供，都是为了满足读者的需求。读者的需求是多样的，有的人需要寻找专业资料，有的人想要阅读休闲书，有的人需要一个安静的学习环境，有的人希望能够在图书馆中与他人交流和讨论。因此，图书馆必须提供多样化的服务，满足不同读者的需求。为了更好地服务读者，图书馆必须不断地更新和完善其服务内容和方式。例如，随着数字技术的发展，图书馆可以提供更多的电子资源，如电子书、电子期刊、数据库等，让读者在家中或任何地方都可以方便地获取所需的信息。同时，图书馆也可以利用现代技术，如人工智能、虚拟现实等，为读者提供丰富和有趣的阅读体验。但是，无论技术如何发展，图书馆的核心任务始终是服务读者。因此，图书馆必须时刻关注读者的需求和反馈，不断调整和完善服务内容和方式，确保每一位读者都能在图书馆中找到所需的资源，得到满意的服务。

（二）竞争理念

图书馆服务的微观特征具有相互替代性。这意味着，当用户在选择图书馆服务时，他们可能会考虑其他的替代服务。例如，当用户想要查找某个特定的信息时，他们可能会选择使用搜索引擎、在线数据库或其他数字资源，而不是直接去图书馆。因此，图书馆需要认识到这一点，并努力提供更高质量、更具吸引力的服务，以吸引和留住用户。此外，图书馆和其他社会服务活动之间的关系紧密。在许多情况下，图书馆的服务可以与其他服务活动相互补充。例如，图书馆可以与学校、研究机构或企业合作，提供专业的研究资料和资源。同时，图书馆也可以与文化和娱乐机构合作，举办各种活动和展览，吸引更多的公众参与。

在信息时代，图书馆不仅面临着传统的竞争对手，还要面对网络这一新的挑战者。网络的出现，为人们提供了一个巨大的信息资源库。这个资源库不仅内容丰富，而且更新速度快，用户可以随时随地访问，不受时间和空间的限制。这种便捷性，使得网络成为许多人获取信息的首选途径。与此同时，图书馆的传统服务模式，如实体书的借阅、阅览室的使用等，相对来说显得有些落后和不便。但图书馆并非没有优势。与网络相比，图书馆拥有更为权威和系统的知识资源。图书馆的藏书，经过了专业的筛选和整理，其内容更具真实性和权威性。此外，图书馆还提供了一系列的专业服务，如文献检索、知识咨询、学术交流等，这些服务是网络难以替代的。为了应对网络的挑战，图书馆需要进行一系列的改革和创新。在服务模式上，图书馆可以考虑推出更多的数字化服务，如电子书的借阅、在线知识咨询、虚拟阅览室等。这些服务不仅可以满足用户的需求，还可以扩大图书馆的影响力。在资源建设上，图书馆可以与网络进行合作，共同建设一个更为完善的知识资源库。这样，用户既可以享受到网络的便捷性，又可以获得图书馆的权威资源。除了改革和创新，图书馆还需要加强与用户的沟通和交流。了解用户的需求，是提供优质服务的前提。图书馆可以通过问卷调查、用户反馈、线上线下交流会等方式，深入了解用户的需求和期望，进而调整自己的服务策略。

二、现代图书馆特色服务理念

现代图书馆的服务理念已经发生了深刻变革。传统的图书馆服务模式已经不能满足现代读者的多样化需求。随着社会的发展和科技的进步,图书馆的服务理念也应该与时俱进,适应新的社会环境和读者需求。

(一)多元化和多样化的服务理念

在科技飞速发展的时代,图书馆的角色和功能也在不断地演变。传统的图书馆主要是提供纸质书和资料的借阅服务,但在数字化和信息化的今天,图书馆需要注重其服务理念的创新升级,以满足读者多元化和多样化的需求。科技的进步为人们提供了更多获取信息和知识的途径。从纸质书到电子书,从实体阅览室到在线数据库,从手工检索到智能搜索,信息的获取方式已经发生了深刻的变革。这种变革不仅改变了人们的阅读习惯,也使得读者对图书馆的期望和需求发生了变化。在这样的背景下,图书馆需要积极应对,形成与时俱进的服务理念。多元化和多样化的服务理念是其中的核心。这意味着图书馆不再仅仅是一个存放书的地方,而是一个综合性的知识服务中心,为读者提供各种形式的信息和知识资源。

多元化的服务理念强调图书馆应该提供多种类型的资源和服务。除了传统的纸质图书,图书馆还应该提供电子书、音频、视频、数据库、专题研究资料等多种资源。同时,图书馆还应该提供各种辅助服务,如知识咨询、技能培训、文献检索等,以帮助读者更好地利用这些资源。多样化的服务理念则强调图书馆应该根据不同读者的需求提供个性化的服务。每个读者都有自己的兴趣和需求,图书馆应该能够为每个读者提供合适的资源和服务。这可能需要图书馆进行细致的读者分析,了解读者的兴趣和需求,然后提供相应的资源和服务。

(二)"3A 新理念"

现代图书馆在追求服务升级和创新中,提出了"3A 服务理念",

即 anytime（何时）、anywhere（何地）、anyway（何种方式）。这一理念的核心是为读者提供无时无刻、多种方式的服务，确保读者在任何地点、任何时候、通过任何方式都能享受到图书馆的优质服务。

为了实现这一理念，图书馆需要依托于两大用户服务系统，分别是"虚"和"实"。其中，"虚"代表基于网络的虚拟用户服务系统或称为虚拟参考咨询服务系统。在这个系统中，图书馆网站为读者提供了"网上参考咨询台"，使其能够随时与图书馆工作人员进行沟通，获取文献和信息检索的专业指导。此外，读者可以查阅网上的在线词典、百科全书、地图集等资源，丰富其知识储备。更重要的是，这个系统还为读者提供了"学习中心"，在这里，他们可以学习如何使用电子信息资源，掌握各种电子资源的使用技巧。而"实"代表了图书馆的实体服务部门，如流通、阅览、声像等业务部门，以及遍布各个部门的实体参考咨询台。这些实体部门为读者提供了更为传统的、面对面的服务，满足了那些更喜欢实地体验和亲自操作的读者的需求。

"虚"与"实"的结合，为图书馆的服务提供了无限的空间和时间。通过网络服务，图书馆可以突破传统的开放时间和地点的限制，为读者提供 7×24 小时不间断服务。而实体部门为读者提供了真实、触手可及的服务体验。这种双轨制的服务模式，确保了图书馆能够满足不同读者的不同需求。

（三）信息无障碍服务理念

在当今社会，知识和信息的获取已经成为每个人的基本需求。为了满足这一需求，图书馆不仅要为普通读者提供服务，更要为残障群体提供无障碍的信息服务。这种服务理念不仅体现了对残障群体的关怀，更是对人权的尊重和维护。残障群体在日常生活中面临着各种各样的困难，其中之一就是获取知识和信息的困难。由于身体或心理上的障碍，他们可能无法像普通人那样轻松地阅读图书、浏览网页或听取讲座。但这并不意味着他们没有获取知识和信息的权利。相反，作为社会的一部分，他们同样有权利获得知识，实现自己的潜能。

信息无障碍服务理念强调为所有读者提供平等、方便的服务。在图书馆建筑设计中，这种理念体现为为残障人士提供专用通道和相关卫生设施。这些设施确保残障人士能够轻松进入图书馆，使用图书馆的各种服务。除了物理设施，现代图书馆还为残障人士提供了其他方便的服务。例如，送书上门服务可以确保那些不能亲自到图书馆的残障人士也能够借阅图书。这种服务不仅方便了残障人士，也为其他因各种原因不能到图书馆的读者提供了便利。随着信息技术的发展，图书馆也开始利用这些技术为读者提供网络服务和信息咨询服务。这些服务使得读者可以在家中或其他地方轻松地获取图书馆的资源和信息。对于那些因为身体原因不能到图书馆的残障人士来说，这种服务无疑是一大福音。为了进一步方便读者，现代图书馆开始改变传统的布局模式。在过去，图书馆的布局往往是按照文献的载体和类型来进行的，这意味着读者需要在不同的区域之间来回穿梭，以找到所需的信息。这种布局方式对于残疾读者来说，无疑增加了他们的困难。因此，现代图书馆开始按照文献的内容主题来划分空间，这样可以使读者更容易地找到所需的信息，而无需在图书馆内部来回奔波。另外，根据残疾读者的具体服务需求，提供个性化的服务。每个人的需求都是独特的，特别是残疾读者。他们可能需要特殊的阅读工具、辅助设备或其他特定的服务。因此，图书馆开始为这些读者定制服务，确保他们可以像其他读者一样轻松地获取信息。上海图书馆是国内在信息无障碍服务方面开展工作较早的图书馆之一。早在1996年，上海图书馆就在新建成的图书馆内部开始实施这一理念。这不仅仅是对空间和资源布局的改革，更是对图书馆服务理念的一次重大转变。这种转变不仅提高了图书馆的服务质量，还使得更多的读者能够享受到图书馆的资源和服务。

第三章　高校图书馆学科化服务

第一节　高校图书馆学科化服务认识

一、高校图书馆学科化服务的内涵与特点

随着信息技术的迅速发展和知识经济时代的到来，高校图书馆面临着前所未有的挑战和机遇。传统的图书馆服务模式已经难以满足现代高校教学和科研的需求。为了更好地服务于学科教学和科研，高校图书馆开始转型。

（一）高校图书馆学科化服务的内涵

高校图书馆学科化服务是近年来图书馆服务模式的一种创新。这种服务模式强调根据学科特点和需求，为学者和学生提供个性化、专业化的信息服务。它不同于传统的图书馆服务，更加注重用户的实际需求，以及如何更好地满足这些需求。

高校图书馆学科化服务的核心是学科。每一个学科都有其独特的知识结构、研究方法和信息需求。因此，图书馆需要根据不同学科的特点，提供相应的资源和服务。例如，历史学科可能需要大量的原始资料和档案，而自然科学学科可能重视最新的研究报告和实验数据。因此，图书馆需要为不同学科提供不同的资源和服务，以满足学者和学生的需

求。此外，高校图书馆学科化服务还强调个性化和专业化。这意味着图书馆不仅要提供丰富的资源，还要提供专业的咨询和指导服务。例如，图书馆可以设立学科专家，为学者和学生提供研究咨询、文献检索和资源推荐等服务。这样，学者和学生可以高效地获取和利用信息，从而提高研究和学习的效果。高校图书馆学科化服务还有助于提高图书馆的资源利用率。传统的图书馆服务往往重视资源的数量，而忽视了资源的质量和实际效果。而学科化服务强调如何更好地利用现有资源，满足用户的实际需求。例如，图书馆可以根据学科的特点，进行资源的筛选和整合，提供精准和高效的信息服务。高校图书馆学科化服务还有助于提高图书馆的社会价值。在知识经济时代，信息和知识成为最重要的资源。高校图书馆作为知识的宝库，有责任为学者和学生提供高质量的信息服务。通过学科化服务，图书馆可以更好地满足社会的信息需求，从而提高其社会价值。

（二）高校图书馆学科化服务的特点

学科化服务作为一种新型的服务模式，与传统服务有着显著的不同，其特点主要体现在以下几个方面：

1. 学科化服务是主动式服务

学科化服务的核心理念是主动性，它强调图书馆应该主动地与用户建立联系，了解他们的需求，并为他们提供有针对性的信息服务。

学科化服务的主动性体现在三个方面：其一，它要求图书馆主动地与用户进行持续有效的沟通与交流。这种沟通不是单向的，而是双向的。图书馆不仅要听取用户的需求，还要主动地为用户提供有价值的信息和建议。这种沟通可以帮助图书馆更好地了解用户的需求，从而为他们提供针对性服务。其二，学科化服务要求图书馆主动地建立起畅通的信息需求与供应渠道。这意味着图书馆不仅要有丰富的信息资源，还要有高效的信息检索和传递系统。这样，当用户有信息需求时，图书馆可以迅速地为他们提供所需的信息，而不是让他们在海量的信息中盲目地寻找。其三，学科化服务的主动性体现在图书馆对自身信息服务能力的不断提高上。图书馆应该时刻关注信息技术的发展，不断地学习和掌握新的技术和方法，从而提高自身的信息服务能力。这样，图书馆可以为用户提供高效、便捷、有针对性的服务。

2. 学科化服务是一种动态式服务

动态性是学科化服务的一个显著特点。这种动态性体现在服务的提供方式上。传统的图书馆服务往往是被动的，等待用户来图书馆查找和借阅书。而学科化服务是主动的，它会根据用户的需求，主动提供相关的资源和服务。例如，当一个学生正在进行某个学科的研究时，图书馆可以主动为其提供相关的资料、工具和服务，帮助其更好地完成研究。此外，学科化服务体现了一种交互式的服务模式。这种交互式服务模式意味着图书馆与用户之间的关系紧密，双方可以进行深入的交流和合作。例如，图书馆可以根据用户的反馈，不断地调整和完善服务的内容和方式，使其符合用户的需求。学科化服务是基于分布式的动态资源。这意味着图书馆不再仅仅依赖于自己的资源，而是可以利用外部的资源，如网络资源、其他图书馆的资源等，为用户提供服务。这种服务模式的出现，打破了图书馆的物理界限，使其成为一个真正的信息中心。

3. 学科化服务是面向个别用户的服务

高校图书馆学科化服务的特点之一是其面向个别用户的服务模式。这种服务模式的核心在于提供个性化的信息服务，确保每位用户都能获得最符合其需求的信息和资源。学科化服务的出现，是对传统图书馆服务模式的一种创新和拓展。传统的图书馆服务往往是面向大众的，提供的是一种标准化、统一化的服务。而学科化服务则是基于每个用户的独特需求，提供精准、专业的服务。这种服务模式注重用户的个性化需求，而不是简单地提供一种"一刀切"的服务。在高校环境中，学科化服务尤为重要。因为高校中有众多的研究项目组、研究人员，他们的研究方向和需求都是独特的。例如，生物学研究人员可能需要关于某一特定生物的详细资料，而物理学研究人员可能需要关于某一物理现象的深入研究。这些独特的需求，需要图书馆提供专业、精准的服务。学科化服务是一种以用户为中心的服务理念。这意味着图书馆不再是一个简单的信息提供者，而是成了一个与用户深度合作的伙伴。图书馆需要深入了解每位用户的需求，与他们建立长期的合作关系，确保提供的服务能够满足他们的实际需求。

4. 学科化服务是增值服务

高校图书馆在现代教育体系中扮演着至关重要的角色。它们不仅是知识的宝库，更是学术研究和学生学习的重要场所。在众多的服务中，学科化服务逐渐显现出其独特的价值，成为图书馆提供的一种高知识含量的服务。这种服务体现了工作人员的创新性工作，为使用者带来了实质性的增值。学科化服务的核心在于为特定学科或研究领域提供专门化的服务。这意味着图书馆工作人员需要对特定学科有深入了解，能够为学者和学生精准提供资料推荐、研究指导和学术咨询。这种服务的提供，超越了传统图书馆的基础服务，如图书借阅和参考咨询，进一步满足了使用者的深层次需求。

在高校环境中，学科化服务的提供与学术研究紧密相连。图书馆工作人员通过与教师、研究者以及学生的深度合作，能够更好地了解他们的研究方向和需求。这样，图书馆可以更有针对性地采购相关资料、组织学术活动，甚至为特定的研究项目提供专门的支持。这种深度的合作不仅提高了图书馆的服务质量，也为学术研究创造了有利的环境。此外，学科化服务为学生提供了丰富的学习资源。在学术研究和写作过程中，学生往往需要查找大量的资料和信息。传统的图书馆服务可能难以满足这些需求，但学科化服务可以为学生精准提供资料推荐和研究指导。这不仅帮助学生提高学术水平，也为他们的学习和研究带来了实质性帮助。

二、高校图书馆学科化服务的形式与内容

学科化服务，简而言之，是基于特定学科或领域的需求，为用户提供有针对性的信息服务。这种服务模式不同于传统的图书馆服务，它注重用户的实际需求，精准地为用户提供所需的信息资源。通过学科化服务，图书馆能够更好地满足用户的信息需求，提高服务的效率和质量。

（一）高校图书馆学科化服务的形式

1.面向科研的服务

高校图书馆学科化服务在当今的学术研究中扮演着越来越重要的角色。这种服务不仅仅是为了满足学者的基本信息需求，更是为了支持和推进科研活动的深入进行。面对科研的多样化和复杂化，学科化服务应该全面覆盖科研活动的各个阶段，为研究者提供有针对性的支持。例如，在科研项目的立项阶段，学科馆员的角色显得尤为关键。他们需要为项目小组收集相关的研究资料，深入挖掘以往的研究理论与实践，为项目小组明确研究的意义和方向。这一阶段的工作不仅要确保项目的研究基础坚实，还要为后续的研究活动提供方向和动力。随着项目的进行，学科馆员的工作重点也会相应地发生变化。他们需要密切关注项目组的研究进展，及时为研究者提供所需的数据支持，确保研究活动的顺利进行。此外，为了确保项目的连续性和完整性，学科馆员需要为研究者准备下一阶段研究所需的资料，确保研究活动的连续性。当项目接近尾声时，学科馆员的工作重点再次发生变化。此时，他们需要为研究者

提供查新服务，确保研究成果的新颖性和独创性。同时，通过引证分析，学科馆员可以为研究者提供关于研究成果的市场竞争力的预测，为研究成果的推广和应用提供有力支持。

2. 直接参与教学活动，提供直接的学科化服务

为了更好地满足学科专业教师与学生的学科信息需求，学科馆员必须直接参与教学活动，提供直接的学科化服务。这种参与不仅能够帮助馆员更好地与师生沟通，还能准确地进行需求分析，主动、提早地掌握学科化信息需求。例如，高校图书馆中的学科馆员可以为学生讲授文献检索课程，这样的授课不只是丰富了其他专业的教学体系，更是高校图书馆进行大学生信息素质教育的关键环节。文献检索课程的开设，使得学生能够系统、深入地了解如何检索、评估和使用各种信息资源。这种教育方式有助于培养学生的独立思考能力和批判性思维，使他们在面对海量的信息时，能够迅速、准确地找到所需的资料。信息素养是当今社会的一项基本技能，尤其是在数字化、网络化的时代。高校学生作为未来的社会主体，他们的信息素养直接关系到未来的工作和生活。因此，高校图书馆有责任和义务为学生提供这方面的教育和培训。通过文献检索课程，学生不仅能够掌握检索技能，还能培养出对信息的敏感度和鉴别度，这对于他们未来的学术研究和职业生涯都是非常有益的。此外，学科馆员的介入也为教学活动带来了新的活力。他们与学生的互动，使得学生能够从不同的角度和层面理解和掌握知识。学科馆员的专业背景和经验，使得他们能够为学生提供具体的指导和深入的帮助。这种直接的学科化服务，使得学生能够更好地理解和应用所学的知识，提高了学习的效率。同时，高校图书馆的这种服务方式也为学生提供了一个与学科馆员直接交流的平台。学生可以直接向学科馆员提问，获得他们的建议和帮助。这种直接的交流方式不仅可以帮助学生快速地找到他们需要的资料，还可以帮助他们深入地了解某个学科领域的研究动态和趋势。

（二）高校图书馆学科化服务的内容

1. 开展各种形式的咨询服务

作为高校图书馆学科化服务的核心，学科馆员肩负着为读者提供多种形式的咨询服务的责任。这些咨询服务不仅满足了读者的实际需求，还为图书馆创造了与读者紧密互动的机会。学科馆员在日常工作中，经常面对各种咨询需求。这些咨询可能来自学生、教师或其他研究人员，涉及的问题也可能是关于某一学科的研究资料、图书馆的资源使用方法，或是其他与学术研究相关的问题。为了满足这些需求，学科馆员需要提供多种形式的咨询服务，如当面咨询、电话咨询、表单咨询、电子邮件咨询和实时咨询等。这些服务形式的多样性确保了读者可以根据自己的实际情况和需求选择最合适的咨询方式。

2. 联系对口院系，提供有针对性的综合信息服务

通过与对口院系教师建立固定联系，图书馆能够准确地了解学术活动和科研动态，从而为教职工和学生提供精准服务。

与对口院系建立联系，意味着图书馆需要深入地了解学科的建设与发展规划。这种了解不限于图书和资料的收藏，还包括对学科的研究方向、科研项目、学术活动等方面的深入了解。这样，图书馆就能够为学者提供贴切服务，如推荐相关的学术资料、组织学术讲座和研讨会等。同时，图书馆还需要与科研院所等进行沟通，了解其需求和期望。这种沟通可以帮助图书馆更好地满足学者的需求，提供精准服务。例如，图书馆可以根据学者的研究方向，为其推荐相关的学术资料，或者为其组织学术讲座和研讨会。走访学术带头人是另一种有效的沟通方式，通过这种方式，图书馆可以深入地了解学科的研究方向和需求。这样，图书馆就能够为学者提供贴切服务，如推荐相关的学术资料、组织学术讲座

和研讨会等。在与对口院系建立联系的基础上，图书馆还需要为其提供有针对性的全面信息服务。这种服务不仅包括图书和资料的推荐，还包括对学术活动和科研动态的及时通知。这样，教职工和学生就能够及时地了解图书馆的最新动态和情况，从而更好地利用图书馆的资源。

3. 宣传图书馆资源与服务

高校图书馆拥有丰富的馆藏资源、电子资源和信息工具。这些资源不仅涵盖了各个学科领域的知识体系，还包括了最新的科研成果和学术动态。为了让用户更好地利用这些资源，图书馆需要加强对外宣传，培养用户对信息资源的全方位把握。这样，用户在面对海量的信息资源时，可以更加迅速、准确地找到所需的资料，提高资源选择和利用的全面性。除了传统的馆藏资源，高校图书馆还可以在其学科化服务门户网站上及时更新图书馆处理、挖掘的各种信息资源。这些信息资源可能是图书馆根据学科特点和用户需求，经过筛选、整理和加工的。例如，某一学科的最新研究报告、学术会议资料、专家访谈等。通过这种方式，图书馆不仅为用户提供了精准和有针对性的信息服务，还展示了其在学科信息研究中的成果。同时，图书馆可以邀请与其合作的科研人员，在学科化服务门户网站上发布他们利用学科化服务所取得的成果。他们的分享不仅可以为其他用户提供参考，还可以为图书馆提供宝贵的建议和反馈，帮助图书馆完善其学科化服务。为了更好地宣传图书馆的学科化服务，学科馆员与学科用户之间的联系显得尤为重要。学科馆员需要主动与用户进行沟通和交流，了解他们的需求和期望。这样，图书馆可以根据用户的反馈，及时调整服务内容和方式，确保其服务贴近用户的实际需求。此外，通过与用户的沟通和交流，图书馆还可以建立起畅通的信息需求与供应渠道，使图书馆的学科化信息服务高效而精准。

4. 参与多层次的读者教育活动

学科化服务中的读者教育活动涵盖了多个方面。馆舍参观讲解为读者提供了一个直观的了解图书馆的机会。通过参观，读者可以清晰地知道图书馆的布局、藏书分类、电子资源的位置等。这样，他们在日后的学习和研究中可以高效地利用图书馆资源。新生入学教育是为刚刚进入大学的学生提供的。新生往往对大学的图书馆系统不太了解，通过这样的教育活动，他们可以更快地熟悉图书馆的各项服务，为未来的学习打下坚实的基础。学分课程教学是针对特定学科或者研究方向的。通过这样的课程，读者可以深入地了解某一学科的研究方法、资料检索技巧等。这对于他们日后的学术研究无疑是大有裨益的。专题讲座是为了满足读者对某一特定领域的兴趣。图书馆可以邀请相关领域的专家学者来进行讲座，为读者提供最新的研究动态和资讯。编写读者指南和"初步使用图书馆指南"光盘是为了帮助读者更好地利用图书馆资源。这些指南通常会包括图书馆的基本信息、使用方法、资料检索技巧等。开设"新生专栏"网页和电子资源专题培训是为了满足读者在数字化时代的需求。随着科技的发展，电子资源已经成为图书馆不可或缺的一部分。为了帮助读者更好地利用这些资源，图书馆需要更新和完善其培训内容。

5. 学科网络资源导航

学科网络资源导航在高校图书馆中扮演着重要的角色。它通过汇集网络信息资源，为重点学科的师生提供快捷、方便的网络学术资源咨询服务。这种服务的核心在于为用户提供一个集中、有组织的平台，使他们能够轻松地访问和利用所需的学术资源。学科馆员在这一过程中起到桥梁的作用。他们不仅要负责建立"学科信息服务网页"，还要确保这些网页能够满足师生的需求。这些网页应该包含各种与特定学科相关的信息资源，如研究论文、学术期刊、数据库、电子书等。这样，师生可以在一个地方找到所有他们需要的资源，而不是在互联网上四处搜索。除了提供这些资源，学科馆员还要负责"学科信息资源门户"中相关资源的描述。他们需要对每一个资源进行详细的描述，以便用户能够了解资源的内容、来源和适用性。这种描述不仅可以帮助用户更快地找到他们需要的资源，还可以帮助他们避免使用不相关或不可靠的资源。快速检索及整理也是学科馆员的重要职责之一。他们需要确保所有的资源都能够被轻松地检索到，并且整理这些资源，使其按照某种逻辑或分类进行排列。这样，当用户访问"学科信息服务网页"时，可以轻松地找到他们需要的资源，而不是在大量的信息中迷失方向。学科网络资源导航的成功在很大程度上取决于学科馆员的专业知识和技能。他们需要对所服务的学科有深入了解，以便他们能够为师生提供最相关、最新、最有价值的资源。此外，他们还需要具备一定的技术知识，以便他们能够有效地管理和维护"学科信息服务网页"。

第二节　高校图书馆学科化服务模式

一、基于服务形式的学科化服务

基于服务形式的学科化服务是近年来逐渐受到重视的一种模式，它强调根据不同学科的特点和需求，提供个性化、专业化服务。如图3-1。

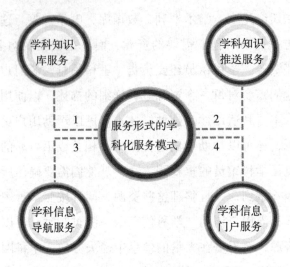

图 3-1　基于服务形式的学科化服务

（一）学科知识库服务

在高校图书馆中，学科知识库服务已经成为一个不可或缺的组成部分。学科知识库以特定学科专题的经验丰富的领域专家、纸质文献、数据库数据和互联网上的资料等为知识来源。这种服务的核心在于利用知识单元作为基础存储对象，通过计算机技术来表达、存储和管理特定领域的知识。更为重要的是，它可以利用这些知识来解决该领域的实际问题。学科知识库不仅是一个存储知识的地方，更是一个知识应用系统。它的目标是为用户提供所需的特定知识，从而节省用户的大量时间。这种服务模式的优势在于提高知识的针对性和利用率。当用户能够直接获得他们所需的知识时，他们可以高效地进行学术研究或解决实际问题。学科专题知识库的建立对于知识的有序化具有重要意义。它可以促进学科知识的共享与交流，从而加强学术界的合作与沟通。当知识被有序地存储和管理时，知识使用者可以更容易地找到他们需要的信息，从而实现高效协作与沟通。此外，学科知识库服务还对图书馆的服务模式产生了深远影响。它帮助图书馆实现对用户知识的有效管理，从而推动图书馆服务从传统的被动服务向网络化、个性化、自助式的服务方式过渡。这种转变意味着图书馆的服务模式更加注重用户的需求，更加以用户为中心。以用户为中心的服务模式是现代图书馆发展的趋势。在这种模式下，图书馆不再仅仅是一个存储图书和资料的地方，而是一个能够为用户提供所需知识和信息的中心。学科知识库服务正是这种转变的一个重要体现。它不仅提供了一个高效的知识管理和应用系统，还为用户提供了一个与其他使用者交流和合作的平台。

（二）学科知识推送服务

高校图书馆中学科知识推送服务的核心理念是"信息找人"，它旨在将最相关、最新的学术资源直接推送到用户面前，从而提高信息的获取效率和满足用户的个性化需求。

学科知识推送服务的工作原理相对简单。它是根据用户的学科分类，按照用户提供的检索条件，利用先进的信息推送技术，自动将信息送到用户面前。这种方法避免了用户在大量的信息中进行烦琐的搜索，而直接为用户提供其需要的信息。例如，一个化学专业的学生可能对最新的化学研究成果感兴趣。通过学科知识推送服务，图书馆可以自动将与化学相关的最新研究论文、学术期刊或其他资源推送给这位学生，从而为他提供了一个快速、方便的获取信息的途径。除了按照学科分类进行推送，学科知识推送服务还可以根据用户的兴趣和需求进行个性化推送。这意味着图书馆可以根据用户的浏览历史、下载记录或其他数据，推荐用户可能感兴趣的信息。这种推荐系统可以提高信息的获取效率，确保用户能够得到他们真正需要的信息。学科知识推送服务的另一个重要特点是它的实时性。随着学术研究的快速发展，每天都有大量的新的研究成果被发布。通过这种服务，图书馆可以确保用户能够及时地获取到最新的学术资源，从而保持与学术前沿的同步。同时，为了确保学科知识推送服务的有效性和准确性，图书馆需要进行维护和更新。这包括定期更新数据库、优化推送算法、收集用户反馈等。只有这样，图书馆才能确保为用户提供的信息是最相关、最新、最有价值的。学科知识推送服务为高校图书馆的用户提供了高效、个性化的获取信息的途径。它不仅提高了信息的获取效率，还确保了用户能够得到他们真正需要的信息。这种服务模式无疑加强了图书馆与用户之间的联系，使图书馆贴近用户的需求。

（三）学科信息导航服务

在当今的数字化时代，高校图书馆面临着为其用户提供精准、高效的信息服务的挑战。学科信息导航服务正是为了满足这一需求应运而生。这种服务模式以学科为主题，由学科馆员负责将互联网上的相关资源进行收集、分类、描述、组织和有序化。这样的服务旨在为重点学科用户提供一个集中、有组织的平台，使他们能够轻松地访问和利用所需的学术资源。

学科信息导航服务的核心在于满足重点学科用户的信息需求。为了达到这一目标，学科馆员需要对所服务的学科有深入的了解，以便他们能够为用户提供最相关、最新、最有价值的资源。收集范围主要包括国内外的学术信息、科研动态信息和综述信息。这些信息来源于各种专业的网站、报纸，以及被 SCI、EI 收录的核心期刊。这样的收集范围确保了所提供的资源既全面又权威。为了使用户能够轻松地访问和利用这些资源，学科馆员需要对这些资源进行分类、描述和组织。这意味着他们需要为每一个资源提供详细描述，以便用户能够了解资源的内容、来源和适用性。此外，他们还需要将这些资源按照某种逻辑或分类进行排列，使其有序化。这样，当用户访问学科信息导航服务时，他们可以轻松地找到所需要的资源，而不是在大量的信息中迷失方向。学科信息导航服务的另一个重要特点是其与图书馆网站的紧密结合。学科馆员需要建立一个全方位、多层次的相关信息资源导航系统，并将其链接到图书馆网站主页上。这样，当用户访问图书馆网站时，他们可以直接访问学科信息导航服务，从而迅速找到他们想要的文献信息。

（四）学科信息门户服务

学科信息门户服务的核心在于为用户提供一个专门针对某一学科的信息资源集合。这些资源可能包括研究论文、学术期刊、数据库、电子书、视频教程等。通过这个门户，师生可以轻松地访问和利用与他们研究领域相关的所有资源，而无需在互联网上四处搜索。为了确保这个门户的有效性和实用性，高校图书馆需要对所提供的资源进行精心筛选和整理。这意味着图书馆需要与各个学科的专家和教师紧密合作，以确定哪些资源是最相关、最有价值的。此外，图书馆还需要定期更新这些资源，以确保它们始终保持最新状态。除了提供信息资源，学科信息门户服务还可以为师生提供其他与学术研究相关的服务。例如，门户可以包含一个在线咨询功能，允许师生与图书馆员或其他专家进行实时交流，以获取关于资源使用或研究方法的建议。此外，门户还可以提供在线培训或研讨会，帮助师生更好地利用所提供的资源。学科信息门户服务的成功在很大程度上取决于其用户友好性和可访问性。这意味着图书馆需要确保门户的设计是直观的，使用户能够轻松地找到和访问他们需要的资源。此外，图书馆还需要确保门户在各种设备上都可以正常工作，包括台式机、笔记本电脑、平板电脑和智能手机。

二、基于组织方式的学科化服务

高校图书馆作为学术研究的中心，其服务模式的选择直接影响到师生的研究效率和图书馆的使用率。基于组织方式的学科化服务模式正是为了满足这一需求而生。如图 3-2。

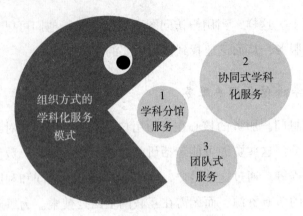

图 3-2　基于组织方式的学科化服务

（一）学科分馆服务

学科分馆服务以学科为单元，为学者和学生提供了一个专门的平台，集中展示与特定学科相关的资源。这种模式的出现，使得图书馆的服务细化，从而满足了不同学科领域的特定需求。学科分馆主页上的学科链接是这种服务的核心。通过这些链接，用户可以轻松地访问与特定学科相关的各种资源，无论这些资源是图书馆内部的，还是外部的。这种集中的方式不仅方便了用户，还提高了资源的利用率，因为用户不再需要在大量的信息中寻找他们需要的资源。为了使这些资源有序和系统，学科分馆还对它们进行了组织和序化。这意味着所有的资源都按照某种逻辑或分类进行排列，使得用户可以根据自己的需求快速找到所需的资源。例如，一个历史学科的分馆可能会按照时间、地区或主题对资源进行分类，而一个化学学科的分馆可能会按照化合物、反应或实验方法进行分类。目录式资源体系是学科分馆的一个显著特点。这种体系为用户提供了一个清晰、结构化的资源列表，使他们可以轻松地浏览和选择所需的资源。这种体系不仅提高了资源的可见性，还使得资源的管理和维护变得简单。学科资源导引和学科导航系统是学科分馆服务的延伸。这些系统为用户提供了一个指南，帮助他们更好地利用学科资源。

例如，一个学科导航系统可能会为用户提供一系列的关键词或主题，使他们可以根据这些关键词或主题快速找到相关的资源。而学科资源导引可能会为用户提供一些背景信息或参考资料，帮助他们更好地理解和利用资源。

在现代高校图书馆中，"学科分馆—学科馆员"组合模式已逐渐成为一种主流的学科化服务方式。这种模式强调了学科馆员在学科服务中的核心地位，他们的工作职责涵盖了从信息收集、整理、分析到资源购置、链接和维护的全过程。学科馆员的一个重要职责是定期收集、整理和分析本学科不同层次读者的需求信息。这意味着他们需要与读者保持紧密的联系，了解他们的学术需求和兴趣。这种联系可以通过各种方式建立，如问卷调查、面对面的交流或在线反馈系统。通过这些方式，学科馆员可以更好地了解读者的需求，从而为他们提供精准服务。除了了解读者的需求，学科馆员还需要及时了解对口院系的课程设置和学科建设情况。这可以帮助他们更好地为读者提供与课程相关的资源和服务。例如，如果某个院系新增了一个课程，学科馆员可以根据这个课程的内容为读者推荐相关的图书、期刊和数据库。为了满足读者的学术需求，学科馆员还需要为图书馆购置相关的图书、刊物和电子资源。他们的工作不仅包括选择和推荐资源，还需要确保这些资源是最新的、最有价值的，并且与本学科的研究方向和课程设置相匹配。这样，读者可以在图书馆中找到他们所需要的所有资源，而不是在其他地方寻找。学科馆员还负责在因特网上对本学科的资源进行收集、整理和链接。这意味着他们需要定期浏览互联网，找到与本学科相关的高质量资源，并将这些资源以目录形式展示在学科分馆的电脑终端主页上。这样，读者可以在一个地方找到他们需要的所有在线资源，而不是在互联网上四处搜索。最后，学科馆员还需要定期维护和更新这些资源。这包括检查链接的有效性、更新资源的内容和格式，以及添加新的资源。这样，读者可以始终访问到最新、最有价值的资源，而不是过时或无效的资源。

（二）协同式学科化服务

学科化服务在知识创新领域中占据了重要的位置，它涉及的内容和需求都具有高度的复杂性、多元性和不确定性。这种复杂性来源于学科的交叉性、知识的更新速度以及用户需求的多样性。因此，单独依靠学科馆员或某一图书馆来完成学科化服务的任务显然是不现实的。在这种背景下，协同式学科化服务应运而生。协同式学科化服务的核心思想是多方合作，共同参与。这意味着不同的图书馆、学科馆员、学者和其他相关机构都参与学科化服务的过程，共同为用户提供服务。这种合作模式可以充分利用各方的资源和优势，为用户提供全面、专业和高效的服务。

根据其合作的对象和范围，协同式学科化服务可以分为馆内协作型和馆外协作型。

1. 馆内协作型

（1）学科馆员团队内部协作是这种服务模式的基石。在这种协作中，学科馆员之间共享信息、资源和经验，以提供更为全面和深入的服务。例如，一个学科馆员可能对某一领域的资源有深入了解，而另一个学科馆员可能对用户的需求有准确把握。通过团队内部的协作，他们可以互相补充，确保提供的服务既专业又贴心。

（2）学科馆员与其他馆员的协作强调的是跨学科或跨部门的合作。在高校图书馆中，不同的学科或部门往往有自己的资源和专长。通过这种协作，学科馆员可以利用其他部门的资源和经验，为用户提供多元服务。例如，学科馆员可以与技术部门的馆员合作，开发新的数字资源或工具，以满足用户的特定需求。

2. 馆外协作型

（1）学科馆员与用户代表的协作是一种直接的合作方式。在这种协作中，学科馆员直接与用户或用户代表沟通，了解他们的需求和期望。这种直接的沟通可以帮助学科馆员准确地了解用户的实际需求，从而提供贴心和有效的服务。例如，学科馆员可以定期与学生或教师代表开会，了解他们对图书馆资源和服务的意见和建议。

（2）学科服务馆际协作是一种跨图书馆的合作方式。在这种协作中，不同的图书馆之间共享资源、信息和经验，以提供全面和深入的服务。这种协作不仅可以提高资源利用率，还可以避免重复劳动和浪费。例如，两个图书馆可以合作开发一个共享的数据库，从而为用户提供丰富的资源。

（三）团队式服务

团队式服务模式的核心思想是聚集多种类型的人员，组成一个工作团队。这样的团队通常由具备不同专业背景和技能的馆员组成，他们分别负责学科联络、知识组织、情报研究和个性化服务等任务。通过这种方式，每个馆员都能够专注于自己的专长领域，同时与团队中的其他成员紧密合作，确保提供的服务既系统化又深入。

根据其组织和运作特点，团队式工作模式可以细分为固定型、互补型、可塑型和拓展型。

1. 固定型团队模式

固定型团队模式的核心特点在于其稳定性和明确性，为学科服务提供了一个坚实的组织基础。在固定型团队模式中，学科服务人员组成一个固定的服务团队，为一个或多个学科院系提供服务。这种划分确保了每个学科都能得到充分的关注和支持。每个团队由学科馆员、咨询馆员和辅助馆员组成，这三种角色各自承担着不同的职责，共同确保学科服务的高效和专业。学科馆员作为团队的核心，负责学科的专业服务，如学术咨询、资源推荐等。他们通常对所服务的学科有深入的了解，能够为师生提供专业建议和支持。咨询馆员主要负责与师生的日常交流和提供咨询，他们需要具备良好的沟通技巧和服务意识，确保师生的需求得到及时和满意的回应。辅助馆员则主要负责后台的支持工作，如资源整理、数据统计等。他们为学科服务提供了必要的后勤支持，确保服务顺利进行。

2. 互补型团队模式

固定型团队在其稳定性和明确性上有明显的优势，但当遇到特定的挑战，如人员短缺或多学科的交叉需求时，其局限性开始显现。这时，单一的固定团队可能难以满足所有的需求。而互补型团队模式正是为了解决这些问题而设计的。在互补型团队模式中，2～3个固定型学科团队之间进行小范围协调。这种协调不仅仅是简单的人员调动，更重要的是，它允许团队之间的成员根据自己的特长和专业知识进行分工和确定职责。这种分工方式确保了每个成员都能在其擅长的领域中发挥最大的作用，从而提高整个团队的工作效率和服务质量。例如，一个团队中可能有学科馆藏资源建设的专家，他们对学科的馆藏资源有深入的了解，能够为学科提供最新、最有价值的资源。而另一个团队中可能有信息素养培训的专家，他们擅长教授学生和教师如何有效地检索和使用信息资源。通过互补型团队模式的协调，这两种专家可以在需要的时候为其他团队提供支持，从而确保每个学科都能得到全面、专业的服务。此外，互补型团队模式还为团队成员提供了更多的学习和成长的机会。通过与其他团队的协调和合作，成员可以了解到其他学科的需求和挑战，从而拓宽自己的视野，增强自己的专业能力。

3.可塑型团队模式

首席学科馆员在这种模式中起到关键的作用。他们不仅需要对整个图书馆的学科化服务有全面了解，还需要具备出色的组织和协调能力。他们的主要职责是对固定型团队进行灵活的重组，确保团队的组成和结构能够适应不同的任务需求。这种重组不是随意的，而是根据任务的性质、团队成员的专长和图书馆的资源进行的。以任务为中心的协作模式则是这种团队模式的另一个核心特点。在传统的团队模式中，团队的组成和结构往往是固定的，而在可塑型团队模式中，任务的需求成为团队组织的主要驱动力。这意味着团队成员需要根据任务的需求进行调整，确保他们的专长和技能能够为任务的完成提供最大的支持。这种模式的优势在于其高度的灵活性和适应性。它可以确保图书馆的学科化服务能够迅速地应对各种变化和挑战，从而更好地满足师生的学术需求。此外，它可以提高团队的工作效率和协作水平，使团队成员能够更好地发挥自己的专长和优势。

4.拓展型团队模式

在高校图书馆的学科化服务中，拓展型团队模式逐渐崭露头角。这种模式与个体模式中的院系协助型有许多相似之处，但其独特之处在于更加强调与院系的紧密合作，尤其是与科研团队的深度融合。因此，有时它也被称为"嵌入型团队模式"。这种模式的核心思想是将学科服务团队与院系科研团队紧密结合，使学科服务贴近实际的科研需求。这种紧密的联系为学科服务带来了前所未有的机会，使其能够深入地了解科研团队的需求，从而提供精准和高效服务。例如，当学科服务团队与某个科研团队合作时，它们可以共同确定哪些资源和服务是关键的，然后针对这些需求进行定制化的服务。这种合作模式不仅可以提高服务的效率，还可以确保资源的合理利用，避免浪费。此外，拓展型团队模式还为学科服务团队提供了一个与科研团队直接交流的平台。这种直接的交流可以帮助学科服务团队更好地了解科研团队的最新进展和需求，从而调整和优化自己的服务策略。

三、基于服务内容的学科化服务

基于服务内容的学科化服务，是对传统图书馆服务的一种创新和拓展。它不是简单地为用户提供图书和资料，而是根据学科的特点和需求，为用户提供针对性服务。如图 3-3。

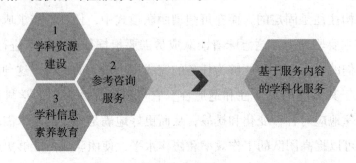

图 3-3　基于服务内容的学科化服务

（一）学科资源建设

高校图书馆作为学术研究和教学的中心，其所提供的资源直接影响到学术界的研究质量和教学效果。因此，图书馆必须确保其所提供的学科文献信息资源是高质量的。这就要求图书馆在资源建设时，对学科信息资源内容进行严格的评价和选择，确保所提供的资源是最新的、最相关，并且是最有价值的。传统的文献类型组织资源建设模式主要是基于文献的类型来组织资源，如图书、期刊、报纸等。这种模式在某种程度上可以满足用户的需求，但在满足学科资源建设知识化、专业化的要求上显得力不从心。因为不同的学科有其特定的需求和特点，单纯依靠文献类型来组织资源很难满足这些需求。与此相反，按学科专业组织资源建设的学科化模式更加注重学科的特点和需求。这种模式是基于学科的特性来组织资源，确保所提供的资源与学科的研究方向和教学内容紧密相关。这不仅可以提高资源的使用效率，还可以确保资源的质量和相关性。例如，医学学科的研究者和教师可能更加关心的是最新的医学研究成果和医学教学方法，而不是医学历史或医学哲学。因此，图书馆在为医学学科提供资源时，应该更加注重医学研究和教学的实际需求，而不是单纯地提供所有与医学相关的资源。此外，按学科专业组织资源建设的学科化模式还可以提高资源的检索效率。因为资源是按照学科的特性来组织的，用户可以更加容易地找到他们需要的资源，而不是在大量的不相关的资源中浪费时间。

学科化资源建设可以从不同的角度进行分类，但从服务内容的角度看，它主要分为三种模式：传递式、介入式和主导式。

1. 传递式学科资源建设

传递式学科资源建设模式主要侧重于将已有的学术资源传递给用户。这种模式的特点是图书馆主要扮演一个中介的角色，将外部的学术资源整合并提供给师生。例如，图书馆可能会购买某个学科的数据库或电子期刊，并将其提供给用户。这种模式的优势在于它可以快速地为用户提供大量的学术资源，但缺点是这些资源可能不完全符合用户的实际需求。

2. 介入式学科资源建设

介入式学科资源建设则更为深入。在这种模式下，图书馆不仅仅是一个资源的传递者，还参与资源的选择、采购和整合过程。这意味着图书馆需要与学科部门、教师和学者进行紧密合作，了解他们的需求，为他们提供定制化的服务。例如，图书馆可以根据某个学科的研究方向，为其提供特定的数据库、工具或资料。这种模式的优势在于它能够更好地满足用户的特定需求，但它也需要图书馆投入更多的时间和精力。

3.主导式学科资源建设

在这种模式下，图书馆不仅会参与学术资源的选择和采购过程，还会主动地开发和创造新的学术资源。例如，图书馆可能会组织学术研讨会或工作坊，邀请学者和专家进行交流，然后将这些交流的成果整理成为学术资源。这种模式的优势在于它可以为用户提供前沿和创新的学术资源，但缺点是这种模式需要大量的资金和人力支持。

（二）学科信息素养教育

信息素养教育服务的核心内容包括信息素养课程设计和参与课堂教学。这意味着学科馆员不再仅仅是图书馆的管理者，而是成为学术教育的参与者和推动者。他们经常走到院系中去，与教师建立紧密联系，共同探讨如何将信息素养教育与专业课程结合起来。这种合作模式为学生提供了全面、系统的学习体验。通过与专业课程的结合，信息素养教育不再是一个孤立的、理论性的课程，而是与学生的实际需求和学术研究紧密相连。例如，学科馆员可能会与历史系的教师合作，探讨如何在研究古代文献时，有效地检索、评估和使用信息资源。此外，学科馆员还与专业课教师共同设计课程，确保信息素养教育与专业课程的教学目标和内容相一致。这种合作不仅可以提高学生的信息素养，还可以加深他们对专业知识的理解。例如，在生物学课程中，学科馆员可能会教授学生如何使用专业数据库，如何评估科学研究的质量，以及如何避免学术不端行为。参与学科教学已经成为高校图书馆学科馆员的主要职责之一。这种变化反映了图书馆在高校教育中的地位和作用正在发生深刻的变化。图书馆不再仅仅是一个提供图书和资料的地方，而是成为学术研究和教育的中心。学科馆员的角色也从传统的图书馆管理者转变为学术教育的合作伙伴和推动者。

（三）参考咨询服务

在高校图书馆的学科化服务中，参考咨询服务占据了重要的位置。这种服务旨在为学者和学生提供及时、准确和专业的信息咨询，帮助他们更好地进行学术研究和学习。为了满足不同用户的需求，图书馆提供了多种参考咨询服务，包括实时咨询、在线咨询、可视咨询、互动咨询和合作参考咨询。

实时咨询为用户提供了即时的信息服务。当学者或学生有疑问或需要帮助时，他们可以直接与图书馆员联系，得到及时回复；在线咨询则是通过互联网为用户提供服务。用户可以在任何地方、任何时间通过电子邮件、在线聊天工具或社交媒体与图书馆员联系；可视咨询是一种通过视频通话为用户提供咨询服务的方式。这种服务允许用户和图书馆员进行面对面的交流，使得咨询过程直观和生动；互动咨询则是一种深入、个性化的咨询服务。它不仅仅是单向的信息提供，而是通过与用户的互动，深入了解他们的需求，为他们提供精准的信息；合作参考咨询是一种与其他机构或专家合作提供咨询服务的方式。图书馆可以与其他学术机构、研究中心或专家团队合作，为用户提供专业咨询服务。这种服务可以帮助用户获得更加丰富、多样的信息资源，提高他们的研究水平。目前，我国已经在这一领域取得了一些初步成果。已经建立了几个合作参考咨询系统，如网上联合知识导航站、联合参考咨询与文献传递网和 CALIS 虚拟参考咨询服务系统（CVRS）等。这些系统的建立，为我国的图书馆和情报咨询机构提供了一个共同的平台，使它们能够更好地为用户提供服务。例如，网上联合知识导航站为用户提供了一个集中的知识检索和导航平台，用户可以在这里找到各种与他们研究相关的知识资源。而联合参考咨询与文献传递网为用户提供了一个文献检索和传递的平台，用户可以在这里找到他们需要的文献资料，并进行传递。CALIS 虚拟参考咨询服务系统（CVRS）则为用户提供了一个虚拟的参考咨询平台，用户可以在这里得到专家的在线咨询和帮助。这些合作参考咨询系统的建立，不仅为用户提供了便捷和专业的服务，也为我国的图书馆和情报咨询机构提供了一个共同的发展平台。在这个平台上，各机构可以共享资源、交流经验，共同为用户提供更好的服务。

第三节　高校图书馆学科化服务平台的构建

一、高校图书馆学科化服务平台的设计

高校图书馆学科化服务平台是近年来图书馆服务创新的重要方向。为了更好地满足学术研究和教学需求，这种平台的设计需要细致入微，确保其功能齐全、操作简便。

（一）系统定位

学科化服务平台在高校学科化服务工作中占据着重要的地位。它的核心构建在应用软件建设上，意味着这个平台不仅要满足信息检索和管理的基本需求，还要具备高度的专业性和针对性。这种专业平台并不是一个孤立的系统，而是一个涉及多个方面、由多个因素构成的综合体。如图3-4。

图书馆门户网站是图书馆对外的窗口，它为用户提供了一个直观、便捷的访问入口。通过门户网站，用户可以轻松地获取图书馆的各种服务信息，如图书检索、电子资源访问、学术活动通知等。同时，门户网站还可以为用户提供一些个性化的服务，如个人借阅记录查询、预约服务、在线咨询等。

```
┌─────────────────────────────────┐  ┌──────────────────────────────────────┐
│ 图书馆门户网站                  │  │ 学科化服务平台          ┌──────────┐ │
│ 客户服务 电子资源 文献检索      │  │ 学科门户 馆藏资源建设   │ 后台关   │ │
│ 本馆概况 馆际互借  ……          │  │ 参考咨询    学科导航    │ 系系统   │ │
└─────────────────────────────────┘  │                         └──────────┘ │
┌─────────────────────────────────┐  └──────────────────────────────────────┘
│ 图书管理系统                    │  ┌──────────────────────────────────────┐
│ ┌──────────────────────┐ ┌────┐ │  │ 资源数据库                             │
│ │ 流通管理             │ │资源│ │  │ 中文社会科学引文索引                   │
│ │ 借还管理 读者管理 数据维护 │检索│ │  │ 中国期刊全文数据库                     │
│ └──────────────────────┘ └────┘ │  │ 万方数据资源系统                       │
│ ┌───────────────────────────┐   │  │ 超星电子图书                           │
│ │ 系统管理       文献管理    │   │  │ Web of Science ……                     │
│ │ 用户管理 系统设置 采访 编目 典藏 │  │                                        │
│ └───────────────────────────┘   │  └──────────────────────────────────────┘
└─────────────────────────────────┘
┌──────────────────────────────────────────────────────────────────────────┐
│ 图书馆办公自动化系统（OA）                                                 │
│ 人事管理 公文管理 个人办公 资产管理 公共服务（公告、邮件等）               │
└──────────────────────────────────────────────────────────────────────────┘
```

图 3-4 学科化服务平台系统定位

学科化服务平台则是图书馆为特定学科或领域的用户提供的专门服务平台。它通常包括学科导航、学科新书推荐、学科资讯、学者交流等功能。通过学科化服务平台，用户可以深入地了解某一学科的最新动态、研究趋势和学术资源。

图书管理系统是图书馆的核心业务系统，它为图书馆提供了图书采购、编目、借还、统计等功能。通过图书管理系统，图书馆可以高效地管理其馆藏资源，确保资源的合理配置和充分利用。

资源数据库则是图书馆为用户提供的专业学术资源库。它通常包括电子书、电子期刊、学术论文、研究报告等资源。用户可以通过资源数据库，快速地找到需要的学术资源，进行在线阅读或下载。

图书馆办公自动化系统（OA）是图书馆内部管理和协同工作的重要工具。它为图书馆提供了文档管理、流程审批、通讯录、日程安排等功能。通过OA系统，图书馆可以实现内部信息的快速流通和高效协同，提高工作效率。

（二）管理前提

高校图书馆学科化服务体系作为我国重点教育内容，其重要性不言而喻。学科化服务体系的核心目标是在高校图书馆内构建以学科为导向的服务，以满足学术研究和教学的需求。为了确保这一体系的有效实施，管理前提的设定显得尤为关键。

国家政策管理在这一体系的构建中起到决定性的作用。由于学科化服务体系是国家教育的重要组成部分，国家政策为其提供了明确的指导和支持。这种支持不仅体现在政策的制定，还涉及资金的扶持和管理的指导。通过这种方式，国家确保了学科化服务体系的构建是在一个科学、有序的环境中进行的。资金保障是学科化服务体系构建的基石。没有足够的资金支持，任何项目都难以进行。因此，国家政策在资金扶持方面为高校图书馆提供了有力的支持。这种支持确保了学科化服务体系在构建过程中有足够的资源进行研发、采购和实施。除了国家政策和资金支持，高校师生和管理人员的认可和支持也是学科化服务体系构建的关键。他们是这一体系的直接受益者，他们的需求、建议和反馈对于体系的优化和完善至关重要。只有得到他们的支持和帮助，学科化服务体系才能够真正满足其目标用户的需求，实现其既定的目标。

高校图书馆学科化服务的核心在于馆员。馆员作为学科化服务的人员在提高服务质量与馆内管理水平中起到关键的作用。他们是图书馆与学生、教师之间的桥梁，通过他们，图书馆能够更好地了解用户的需求，为用户提供专业服务。馆员队伍的建立与培养对于高校图书馆的发展极为重要。他们不仅是图书馆的工作人员，更是图书馆的形象代表和学科专家。他们的专业知识和服务态度，直接影响到图书馆在高校中的形象和地位。因此，对馆员队伍的建立和培养，应该放在图书馆工作的重要位置，为他们提供培训和发展机会。高校图书馆的学科化服务，需要馆员具备深厚的学科知识和一定的服务技能。他们不仅要了解图书馆的藏书和资源，还要了解学科的发展趋势和研究方向。这样，当学生和教师来到图书馆寻求帮助时，馆员可以为他们提供针对性建议。此外，馆员在高校范围内的服务活动，也为图书馆的发展带来了新的机遇。他们可以深入学院和系部，了解学生和教师的实际需求，为他们提供专业服务。这种深入一线的服务模式，不仅可以提高图书馆资源的利用率，还可以加强图书馆与学院和系部之间的合作关系。图书馆资源的构建，也离不开馆员的参与和建议。他们了解学科的发展趋势和研究方向，可以为图书馆提供有关藏书和资源的建议和指导。这样，图书馆可以更好地满足学生和教师的需求，为他们提供专业资源。学科化服务体系在师生中的响应，也与馆员的工作密切相关。他们是学科化服务的执行者和推动者，通过他们的努力，学科化服务体系可以更好地为学生和教师提供服务，得到他们的认可和支持。

（三）系统结构

学科化服务平台系统在设计时，通常会考虑到两个核心组成部分：硬件结构和软件结构。这两部分相辅相成，共同确保平台的稳定运行和高效服务。

1. 硬件结构

硬件结构是学科化服务平台的物理基础。它包括了所有为平台提供支持的物理设备，如服务器、存储设备、网络设备和其他相关硬件。服务器是平台的核心，负责处理和响应用户的请求。存储设备用于存放大量的学术资源和数据，确保用户可以随时访问。网络设备则确保平台与外界的连接，使得用户可以远程访问平台并获取所需的服务。此外，还可能包括各种安全设备和备份设备，确保平台的安全运行和数据的完整性。

2. 软件结构

与硬件结构相比，软件结构更多地关注平台所装载的服务模块，为用户提供了丰富和多样的服务功能。如图 3-5。

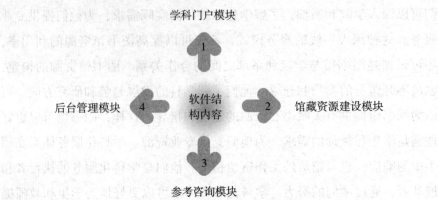

图 3-5　软件结构的具体内容

（1）学科门户模块。学科门户模块作为学科化服务平台的门面，为用户提供了一个直观和友好的界面。这个模块通常包含了各种学科的基本信息、研究动态、学术活动等内容，使用户能够快速地了解到与自己学科相关的最新信息和动态。此外，学科门户模块还可以为用户提供一些常用的学术工具和资源，如学术搜索引擎、学术数据库、电子图书等，使用户能够方便地进行学术研究。

（2）馆藏资源建设模块。馆藏资源建设模块是学科化服务平台的核心部分。这个模块通常包含了馆藏资源、新书书目以及需求采集三个子模块。馆藏资源子模块为用户提供了一个全面和详细的馆藏资源检索平台，用户可以在这里找到与自己学科相关的各种书、期刊、论文等资料。新书书目子模块则为用户提供了一个新书的检索和推荐平台，用户可以在这里了解到最新入馆的学术资料。需求采集子模块则为用户提供了一个需求反馈平台，用户可以在这里提出自己的馆藏需求，帮助图书馆更好地进行馆藏建设。

（3）参考咨询模块。参考咨询模块为用户提供了一个专业的参考咨询服务平台。这个模块通常可分为咨询服务和知识库两个子模块。咨询服务子模块为用户提供了一个在线咨询平台，用户可以在这里向专家提问，得到专业回答。知识库子模块则为用户提供了一个知识检索平台，用户可以在这里找到与自己学科相关的各种知识和信息。

（4）后台管理模块。后台管理模块在学科化服务平台中起到关键的作用。这一模块可以视为平台的大脑和中枢，它确保了整个系统的流畅运行、数据的完整性和用户体验的优化。如表3-1。

表3-1 后台管理模块

分类	具体内容
系统管理功能	参数管理功能：参数管理功能允许管理员对平台进行微调，以确保其按照预期的方式运行。这可能涉及调整系统的某些变量，例如搜索算法的权重、用户界面的布局或其他与系统性能相关的参数。这种灵活性确保了平台可以随着时间的推移和技术的进步进行调整，以满足不断变化的需求
	权限管理功能：权限管理功能则确保了数据的安全性和完整性。通过为不同的用户或用户组分配不同的权限，平台可以确保只有获得授权的人员才能访问、修改或删除特定的数据。这不仅保护了敏感信息不被未经授权的人员访问，还确保了数据的完整性，防止了因误操作或恶意行为导致的数据损失
与学科馆员开展工作相关的功能	门户信息维护功能：允许馆员更新和维护学科门户的内容，确保用户始终可以访问到最新和最相关的信息。这可能涉及添加新的研究动态、发布学术活动通知或更新学科相关的学术资源
	参考咨询功能：为用户提供了一个与专家进行交流的平台。馆员可以在这里回答用户的问题、提供学术建议或推荐相关的学术资源。这种互动确保了用户可以得到及时和专业的帮助，提高了他们的研究效率
与学科馆员开展工作相关的功能	馆藏分析与建设功能：关注于图书馆的馆藏资源。馆员可以在这里分析用户的需求、评估现有的馆藏资源并计划未来的。这种功能确保了图书馆的资源始终与学科的发展和用户的需求保持同步。例如，通过对用户搜索和借阅的数据进行分析，馆员可以了解到哪些领域或主题受到了用户的关注，从而决定购买哪些新的图书或数据库。同样，如果某些资源长时间未被使用，馆员可以考虑淘汰或替换它们，以确保馆藏资源的实用性和时效性

（四）学科化服务体系的构建与分层构成

学科化服务体系在高校图书馆中占据了核心地位，它的构建与分层构成是确保图书馆能够为学生和教师提供高效、专业和有针对性服务的关键。为了实现这一目标，需要对学科化服务体系进行科学系统的构架与分层。

1.总体构架

高校图书馆学科化服务体系的构建是一个复杂而系统的过程。综合国内外的相关研究和实践，笔者认为其总体构架可分为五个层面，如图3-6。

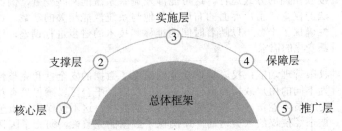

图3-6　高校图书馆学科化服务体系总体框架

（1）核心层。高校图书馆学科化服务体系中的核心层是由三个基本要素共同构成的：学科资源、用户和相关的服务人员。这三个要素相互关联，共同确保学科化服务的高效运行和质量。

学科资源是核心层的基石。高校图书馆所拥有的学科资源，包括各种图书、期刊、数据库、电子资源等，为学科化服务提供了丰富的内容和材料。这些资源不仅涵盖了各个学科的基本知识，还包括了最新的研究成果和发展动态。因此，图书馆需要不断地更新和扩充学科资源，以满足用户不断变化的需求。用户是学科化服务的直接受益者。他们是高校图书馆的主要客户群体，包括学生、教师、研究人员等。每个用户都有自己的学术需求和兴趣，他们希望通过图书馆获得所需的学科资源和信息。因此，图书馆需要深入了解用户的需求，提供个性化和精准的学科化服务。相关的服务人员是学科化服务的关键。他们是图书馆的学科专家，负责为用户提供咨询、指导和帮助。服务人员需要具备深厚的学科知识和专业技能，以便为用户提供高质量的服务。此外，他们需要具备良好的沟通和人际交往能力，以便与用户建立良好的关系。核心层的三个要素相互依赖，共同确保学科化服务的成功。学科资源为服务提供了内容和材料，用户为服务提供了需求和方向，服务人员为服务提供了技能和经验。只有确保这三个要素都能够发挥其作用，学科化服务才能真正地为用户带来价值。

（2）支撑层、实施层和保障层。在高校图书馆学科化服务体系中，支撑层、实施层和保障层是三个关键的组成部分，它们之间的联系紧密，对于学科化服务工作的顺利进行具有决定性的意义。

支撑层是学科化服务的基石，为整个服务体系提供了必要的资源和条件。这包括图书馆的藏书资源、技术设备、人力资源等。只有确保这一层面充足和高效，学科化服务才能得到有效的支持。例如，图书馆决定开展某一学科的特色服务，那么支撑层需要确保有相关的藏书资源和专业的馆员。此外，技术设备如计算机、数据库和其他数字工具也是支撑层的重要组成部分，它们为学科化服务提供了技术支持。

实施层是学科化服务的操作中心，负责将服务目标转化为实际的服务活动。这一层面涉及服务计划的制订、实施和效果的评估。例如，图书馆决定为某一学科的学生提供专题讲座，那么实施层需要确定讲座的主题、时间、地点、讲师等，并在活动结束后对其效果进行评估。此外，实施层还需要与其他部门或机构合作，以确保服务活动的顺利进行。

保障层为学科化服务提供了稳定的运行环境，确保服务能够长期、稳定地为用户提供。这一层面涉及图书馆的管理制度、财务支持、技术维护等。例如，图书馆需要为学科化服务制定一套管理制度，明确各部门的职责和权利，确保服务活动的有序进行。此外，财务支持和技术维护也是保障层的重要内容，它们为学科化服务提供了物质和技术上的保障。

支撑层、实施层和保障层三者之间的联系是动态的，它们相互影响、相互促进。例如，支撑层提供的资源和条件会影响实施层的服务活动，实施层的服务效果会反过来影响支撑层的资源配置。同时，保障层为前两者提供了稳定的运行环境，确保其能够有效地发挥作用。

（3）推广层。为了确保学科资源与服务的最大效益，科学和有效的推广策略是不可或缺的。推广不仅意味着让更多的用户知道和使用这些资源和服务，还意味着提高用户的满意度和对图书馆的信任度。学科资源与服务的价值在于它们能够被广大用户所知晓和利用。无论资源有多么丰富、服务有多么专业，如果没有得到广泛的推广和应用，它们的价值就会大打折扣。因此，推广层的任务是确保学科资源与服务能够得到广泛的认知和使用。

2. 分层构成

高校图书馆学科化服务体系的建设是一个复杂而系统的工程。基于学科化服务体系的总体构架，可以从以下五个方面对高校图书馆的学科化服务体系进行构建和优化：

（1）核心层构建。核心层在学科化服务体系中占据着重要的地位，它为其他学科化服务工作提供了坚实的基础。在现代高校图书馆中，核心层的建设应围绕服务团队、学科资源和学科用户三大部分进行。

服务团队是学科化服务体系中的纽带，它连接了学科资源和学科用户，确保了服务的顺畅进行。学科馆员作为服务团队的主要成员，他们负责对学科资源进行整理、分类和推广，同时是与学科用户直接接触的主要人员。业务部门执行人员则负责服务的具体执行和管理，他们确保服务的质量和效率。学校相关部门人员为学科化服务提供了必要的支持和协助，他们与学科馆员和业务部门执行人员紧密合作，确保服务的顺利进行。学科资源是学科化服务体系的基础，它为学科用户提供了所需的信息和知识。馆藏相关资源是学科资源的主要组成部分，它包括了各种书、期刊和其他文献资料。风格相关资源为学科用户提供了与特定学科风格相关的信息和知识，如艺术、音乐和设计等。其他学科相关资源包括了与特定学科相关但不属于馆藏相关资源和风格相关资源的其他资源，如数据库、电子书和在线课程等。学科用户是学科化服务体系的中心，他们是服务的直接受益者。教学科研人员是学科用户的主要组成部分，他们在教学和科研中需要大量的学科资源，高校图书馆为他们提供了这些资源。各层次学生是学科化服务的另一大用户群体，他们在学习中需要各种学科资源，高校图书馆为他们提供了这些资源。校外需求用户是学科化服务的另一个重要用户群体，他们可能是社会各界的人士，他们在工作或生活中需要学科资源，高校图书馆为他们提供了这些资源。

（2）支撑层构建。支撑层作为体系的关键组成部分，起到了重要的作用。支撑层的主要功能是基于学科化服务理念，对学科化服务的组织构架进行科学合理的规划，同时对服务方式进行广泛的借鉴和参考。

学科化服务的组织构架规划是支撑层的核心任务之一。这需要对各种学科资源进行整合和分类，确保每一种资源都能够得到充分利用。此外，需要对学科化服务的流程和程序进行优化，确保服务的高效和专业。广泛的借鉴和参考是支撑层的另一个重要任务。在构建学科化服务体系时，可以参考其他高校或机构的成功经验，学习他们的优点和长处，避免他们的缺点和不足。这样，可以确保学科化服务体系的建设科学和合理。选择适合自身条件的服务形式也是支撑层的关键。每个高校图书馆都有自己的特点和条件，因此，需要根据自己的实际情况，选择最适合的服务形式。这不仅可以提高服务的效率和质量，还可以确保服务的稳定和持续。对图书馆相关部门的工作进行统筹安排和调配是支撑层的重要职责。这需要对各个部门的工作进行合理的分配和调整，确保每个部门都能够发挥自己的优势，为学科化服务体系的建设提供有力的支持。从基础物质和精神智力方面为学科化服务工作提供支持是支撑层的最后一个职责。这包括为学科化服务提供必要的硬件和软件支持，如计算机、服务器、数据库等。同时，还需要为学科化服务提供必要的人力资源，如专业的学科馆员、技术人员等。

（3）实施层构建。实施层是学科化服务全部内容的外在集中体现。为了确保学科化服务工作能够高质量、高水平地开展，科学有效的实施措施和方法显得尤为关键。如何让用户方便地获取所需的学科资源与服务，成为当前高校图书馆深化发展的重要前提。因此，各高校都应加强对此的重视，并积极探索合适的方法和策略。广泛借鉴相关研究和经验，结合图书馆的实际条件和能力，对学科化服务体系的实施层进行科学系统的规划，是提高服务效率和效果的关键。这样，学科化服务不仅能够有效地扩大其服务范围和深度，还能确保其健康有序地发展。学科化服务体系实施层的构建涉及五个方面，如表3-2。

表3-2　高校图书馆学科化服务体系实施层

涉及方面	具体内容
目标分解执行	明确学科化服务的目标并将其分解为可执行的任务是成功的基石。这需要图书馆对其服务目标进行明确、具体的描述，并将这些目标分解为一系列的任务，确保每个任务都能够得到有效执行
学科资源开发与建设	学科资源是学科化服务的核心，因此，图书馆需要对其进行持续的开发和建设。这包括收集、整理和更新与特定学科相关的资源，确保这些资源能够满足用户的需求
学科服务整合与优化	为了提供高质量的服务，图书馆需要对其学科服务进行整合和优化。这意味着图书馆需要对其现有的服务进行评估，找出其中的不足之处，并采取措施进行改进
用户体验	用户是学科化服务的最终受益者，因此，提供良好的用户体验是至关重要的。图书馆需要确保其服务能够满足用户的需求，并为用户提供方便、快捷和高效的服务体验
双向互动反馈	与用户建立双向的互动和反馈机制，可以帮助图书馆更好地了解用户的需求和意见。这不仅可以帮助图书馆改进其服务，还可以增强与用户之间的联系和互动

（4）保障层构建。学科化服务在高校图书馆中的推广和实施，必须依赖于强有力的保障措施和制度。这些措施和制度不仅确保服务的顺利进行，还为服务的持续优化和完善提供了基础。如图 3-7。

图 3-7　高校图书馆学科化服务体系保障层

服务管理涵盖了制度管理、人员管理、资源管理和文化管理。制度管理确保了所有的服务流程都有明确的规定和指导，使得服务能够按照既定的标准进行。人员管理关注于为服务提供足够的人力资源，确保每一个环节都有专业的人员进行操作。资源管理是确保服务有足够的物质和技术支持，从而提高服务的效率和质量。而文化管理是为了确保服务的内容和形式都能够与学校的文化和价值观相匹配。

服务协同包括理念协同、部门协同、人员协同和任务协同。理念协同确保了所有参与服务的人员都有共同的目标和理念，使得服务能够更加统一和高效。部门协同是确保不同的部门能够有效地合作，为服务提供全方位支持。人员协同关注于如何更好地组织和利用人力资源，提高服务的效率。而任务协同是确保每一个服务任务都能够得到有效支持和协助。

服务创新涵盖了理念创新、管理创新、制度创新和模式创新。为了使服务能够不断适应时代的发展和用户的需求，需要不断地进行创新。理念创新是为了确保服务的目标和理念能够与时俱进，满足用户的新需求。管理创新、制度创新和模式创新则是为了提高服务的效率和质量，使其更加适应现代的管理模式和技术。

成效评估包括流程控制、服务评测和质量监控。为了确保服务能够达到预期的效果，需要对其进行定期的评估。流程控制是为了确保服务的每一个环节都能够按照既定的标准进行，提高服务的稳定性。服务评测则是为了了解用户对于服务的满意度，从而为服务的改进提供参考。而质量监控是为了确保服务的质量始终处于一个较高的水平，满足用户的期望。

（5）推广层构建。推广层的存在意味着学科化服务不局限于高校图书馆的内部，而是向外部扩展，确保更多的用户能够了解和利用这些服务。推广层的建设关注的是如何将学科化服务传达给广泛的受众。这需要图书馆采取一系列的策略和手段，如开展各种宣传活动、组织学术讲座和研讨会、利用数字技术和社交媒体进行信息传播等。这些活动和手段都旨在提高学科化服务的知名度和影响力，使更多的用户能够了解和利用这些服务。对于高校图书馆而言，推广层的建设也意味着与其他学术单位和机构的合作。例如，图书馆可以与学校的各个院系进行合作，共同组织各种学术活动和讲座，以此来推广学科化服务。此外，图书馆还可以与其他高校和研究机构进行合作，共同开展各种学术交流和合作项目，以此来扩大学科化服务的影响和范围。推广层的建设还需要图书馆对学科化服务进行持续的评估和改进。图书馆需要定期收集用户的反馈和建议，了解他们对学科化服务的需求和期望，然后根据这些反馈和建议对服务进行调整和优化。这样，图书馆不仅可以确保学科化服务始终满足用户的需求，还可以不断提高服务质量和效果。在推广层的建设中，图书馆还需要注重培训和人才培养。这意味着图书馆需要为其工作人员提供各种培训和学习机会，使他们能够掌握最新的学科知识和技能，以此来提高学科化服务的专业性和效果。此外，图书馆需要与其他学术单位和机构进行合作，共同培养学科化服务的人才，以此来确保服务的持续发展和创新。

二、高校图书馆学科化服务平台的构建模式与方式

高校图书馆学科化服务平台的建设是一个系统工程，需要综合考虑

用户需求、资源整合和技术应用等多个方面。只有这样，才能确保学科化服务平台的成功建设，为用户提供高效、专业的服务。

（一）高校图书馆学科化服务平台的构建模式

在当今的数字化时代，高校图书馆学科化服务平台的建设模式已经成为图书馆发展的关键。不同的构建模式决定了图书馆服务的效率、质量和可持续性。以下简要论述三种主要的构建模式：自主开发构建模式、商业化构建模式和外包开发建设模式。

1. 自主开发构建模式

在高校图书馆学科服务平台的众多构建模式中，自主开发构建模式逐渐受到了广泛的关注。这种模式意味着高校图书馆在拥有较高技术水平的前提下，独立进行学科服务平台的研发。这种独立性不仅体现在技术研发上，还体现在对平台的整体设计、功能定位以及后续的维护和升级上。国内已有一些高校选择了自主开发的方式来构建学科服务平台。这些平台普遍采用了 Web2.0 技术和开源软件。Web2.0 技术，作为一个互联网的发展阶段，强调的是用户参与、社交互动和信息共享。这种技术的应用，使得学科服务平台更加注重用户体验，更加强调用户的参与和互动。开源软件的使用，则为学科服务平台的构建提供了更为灵活和经济的选择。开源软件不仅降低了开发成本，还为平台的定制和优化提供了更大的空间。这意味着高校图书馆可以根据自己的实际需求，对学科服务平台进行个性化的定制和优化。例如，上海大学图书馆在 2010年率先进行了学科服务平台的自主研发。这一平台的建设，成功运用了Web2.0 技术和开源软件。通过 BLOG、RSS、AJAX 等技术，上海大学图书馆为用户提供了一个既专业又对用户友好的学科化服务平台。这一平台不仅满足了学者和学生的学术研究需求，还为他们提供了一个与图书馆互动和交流的平台。自主开发构建模式的成功，为其他高校图书馆提供了一个可借鉴的范例。这种模式的推广和应用，有助于提高高校图书馆的服务水平，满足用户日益增长的信息需求。

自主开发构建模式的优势在于其功能的灵活性。由于是完全根据高校自身的需求来进行开发，这种模式下的学科服务平台能够满足高校的特定需求。无论是在功能设计、界面布局还是在服务内容上，都可以根据高校的实际情况进行定制，确保学科服务平台与高校的教学和研究工作紧密结合。然而，这种模式也存在着一些不可忽视的挑战，如开发与建设的时间通常较长，因为从需求分析到系统设计，再到开发和测试，每一个环节都需要投入大量的时间和精力。此外，自主开发还对高校图书馆的技术力量提出了较高的要求。不仅需要有一支技术过硬的开发团队，还需要有足够的资金支持。这些都可能成为自主开发模式的潜在障碍。正因为这些挑战，我国采用自主开发构建模式的高校图书馆仍为少数。大多数高校在面对学科服务平台的构建时，可能会选择其他经济、快捷的模式。但这并不意味着自主开发构建模式没有存在的价值。对于那些有足够技术力量和资金支持的高校，自主开发构建模式仍然是一个不错的选择。它不仅可以确保学科服务平台完全符合高校的需求，还可以为高校带来更多的自主权和发展空间。

2. 商业化构建模式

商业化的学科服务平台构建模式的核心思想是由专业公司进行开发，通过整合学科服务的相关功能，然后以软件的形式出售给高校图书馆。这种模式的优势在于它能够为图书馆提供一个成熟、专业且功能齐全的学科服务平台，而无需图书馆自行进行烦琐的开发工作。其中，Spring share 公司的 LibGuides 系统和维普资讯推出的 LDSP 图书馆学科服务平台是商业化构建模式中的两个典型代表。LibGuides 系统因其强大的功能和良好的用户体验而受到许多高校图书馆的欢迎。它不仅提供了丰富的学科服务功能，还具有良好的扩展性和定制性，能够满足不同图书馆的特定需求。

综合国内外有关学科服务平台建设的研究和实践，可以发现
LibGuides系统在全球范围内都有着广泛的应用。在国内，上海交通大
学成为大陆地区的首家用户，而浙江大学、香港大学、香港理工城市大
学、浙江理工大学、上海财经大学等知名高校也都选择了LibGuides系
统来开展学科服务工作。这种广泛的应用背后，反映出商业化构建模式
的一系列优势。例如，这种模式可以为图书馆节省大量的开发时间和成
本，因为它们可以直接购买并使用一个已经成熟的系统。此外，由于这
些系统是由专业公司开发的，它们通常都具有较高的稳定性和安全性，
能够确保图书馆的学科服务工作顺利进行。如图3-8。

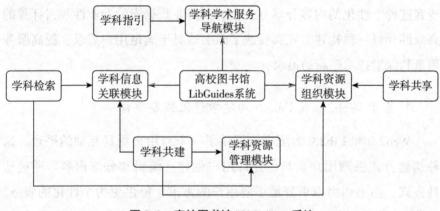

图3-8　高校图书馆LibGuides系统

3.外包开发建设模式

在当今技术日新月异的时代，高校图书馆面临着很多挑战和机遇。
为了更好地满足学者和学生的需求，许多图书馆选择了外包开发的学科
服务平台建设模式。这种模式主要是通过招标或委托开发的方式，吸引
具有较强技术开发能力的相关机构为高校开发学科服务平台。外包开发
建设模式的优势在于它能够迅速引入先进的技术和经验。由于相关机构
通常具有丰富的开发经验和技术积累，它们能够为图书馆提供更为专业

和高效的服务。这不仅可以缩短开发周期，还可以确保学科服务平台的稳定性和可靠性。此外，外包开发建设模式可以为图书馆节省大量的人力和物力资源。图书馆无需自行组建开发团队，也无需投入大量的资金进行技术研发。这些资源可以被更好地用于其他重要的服务和活动，如藏书、培训和推广等。

（二）高校图书馆学科化服务平台的构建方式

随着技术的发展和学术需求的变化，高校图书馆学科化服务平台的构建方式也在不断地演变。现代的构建方式更加注重技术的融合、用户体验的优化和服务内容的丰富。从 Web2.0 和 Lib2.0 的互动性特点，到博客这种个性化的内容分享方式，再到商业数据库的专业性和云计算的高效性，每一种构建方式都反映了图书馆对于满足用户需求、提高服务质量和探索技术创新的追求。

1. 基于 Web2.0 或 Lib2.0 构建学科化服务平台

Web2.0 和 Lib2.0 为图书馆提供了一个与用户更具互动的平台。这种构建方式强调用户参与，允许用户创建、编辑和分享内容。通过这种方式，图书馆可以更好地了解用户的需求，提供更为个性化的服务。此外，Web2.0 和 Lib2.0 还支持社交媒体和社区构建，使得图书馆能够与用户建立更为紧密的联系。河北科技大学图书馆、华东理工大学图书馆、上海大学图书馆、上海交通大学图书馆以及厦门理工学院图书馆等，都已经将此项技术运用于实践。这些图书馆通过引入 Web2.0 或 Lib2.0 技术，为用户提供了开放、互动和个性化的学科服务平台。这种基于 Web2.0 或 Lib2.0 的学科服务平台，允许用户更加主动地参与服务。用户不仅可以检索和获取信息，还可以分享、评论和推荐内容。这种互动性不仅增强了用户的使用体验，还为图书馆提供了大量的用户反馈和数据，帮助其更好地优化服务内容和方式。

学科资源优化集成与检索是构建学科服务平台的核心内容之一。通过使用 Web2.0 或 Lib2.0 技术，图书馆可以将各种学科资源进行优化集成。例如，可以使用标签云技术将相关的资源进行分类和标记，使用户能够更快速地找到所需的资源。同时，可以使用高级的检索算法，如语义检索，提高资源的检索准确性和效率；学科信息资源服务导航则为用户提供了直观和便捷的入口。通过使用 Web2.0 或 Lib2.0 技术，图书馆可以为用户提供个性化的服务导航，如基于用户历史浏览记录的推荐服务。此外，还可以使用可视化技术，如信息地图，为用户展示各种资源的关系和结构，帮助他们更好地理解和利用这些资源；信息资源与双向沟通是 Web2.0 和 Lib2.0 的重要特点。图书馆可以使用社交媒体工具，如博客和论坛，与用户进行双向沟通。这不仅可以收集用户的反馈和建议，还可以为用户提供及时和专业的咨询服务。例如，图书馆可以在论坛上设立专家问答区，邀请学科专家为用户解答疑问；数据信息与资源共享共建则为图书馆和用户提供了一个共同的平台。通过使用 Web2.0 或 Lib2.0 技术，图书馆可以与用户共同创建和维护资源。例如，可以使用 wiki 技术，允许用户为资源添加注释和标签，使其丰富和完善。同时，可以使用开放 API 技术，与其他机构和平台进行数据交换和共享，扩大资源的覆盖范围。

2.基于博客的学科化服务平台构建

博客，作为一种不定期发布新文章的网站，通常由个人管理，但在图书馆领域，它已经有了一段技术推广历史。特别是从 2006 年开始，基于博客构建图书馆学科服务平台的尝试逐渐浮现。博客的特点在于其开放性、实时性和互动性。这些特点使得博客成为图书馆学科服务平台的理想选择。图书馆可以通过博客发布最新的学科资讯、研究动态、新书推荐等信息，同时可以与读者进行互动，收集他们的反馈和建议。

（1）学科博客的建立方式。图书馆学科服务平台的构建，可以根据不同的需求和资源选择不同的管理类型。例如，上海交大图书馆选择了在图书馆本地运行的服务器，并由图书馆工作人员自主研发。这种方式的优势在于，图书馆可以根据自己的需求进行定制化开发，确保平台的功能和界面都能够满足学者和学生的需求。而哈工大图书馆、西安交大图书馆和上海师大图书馆选择了利用免费开源软件进行自身服务平台的开发和建设。开源软件的优势在于：它们通常已经经过了大量的测试和优化，能够为图书馆提供一个稳定和可靠的平台。此外，开源软件还有丰富的社区资源，图书馆可以从中获得技术支持和经验分享。另外一些图书馆，如北大图书馆、华中科技大学图书馆和上海海洋大学图书馆，选择了依托博客运营商平台进行学科服务平台的开发和建设。这种方式的优势在于：博客运营商通常已经具有丰富的经验和技术积累，能够为图书馆提供一个高效和专业的平台。此外，这种方式可以为图书馆节省大量的人力和物力资源。

（2）学科博客软件的选择。在构建学科化服务平台时，选择合适的博客软件成了一个关键步骤。博客软件的功能和特性直接影响到平台的效率、易用性和可扩展性。因此，为了确保学科博客平台的成功运营，必须对各种博客软件进行深入的研究和比较。在市场上，存在许多成熟的博客软件，如 WordPress、Blogger、TypePad 等。每种软件都有其独特的特点和优势。例如，WordPress 以其强大的功能和灵活性而受到许多用户的喜爱。它提供了丰富的插件和主题，可以满足各种不同的需求。此外，WordPress 还具有良好的社区支持，用户可以轻松地找到各种教程和资源。Blogger 则以其简单易用和免费的特点而受到许多初学者的青睐。用户只需几分钟就可以创建一个博客，并开始发布内容。此外，Blogger 提供了许多模板和工具，帮助用户美化和优化博客。TypePad 则是一个付费的博客软件，它提供了许多高级功能和专业服务。用户可以享受到无广告、高速的服务器和专业的客户支持。

（3）学科博客的功能模块。博客软件系统所包含的基本功能模块，如文章的管理，使得图书馆能够轻松地发布和更新学科相关的资讯、研究进展和活动信息。这种发布方式不仅迅速，而且可以实时地与读者互动，收集他们的反馈和建议。标签系统和分类功能则为用户提供了便捷的方式来浏览和查找他们感兴趣的内容。无论是按照学科、主题还是关键词，用户都可以轻松地找到他们需要的信息。用户管理功能确保了博客平台的安全性和稳定性。图书馆可以根据需要为不同的用户设置不同的权限，如阅读、评论和发布等。这不仅可以保护平台的内容质量，还可以鼓励用户积极参与和贡献。检索功能和存档功能则为用户提供了高效的方式来查找历史信息。无论是最近的研究进展，还是几年前的学术活动，用户都可以在博客平台上找到详细记录和资料。访问统计功能为图书馆提供了一个重要的工具来了解用户的需求和行为。通过对访问数据的分析，图书馆可以了解哪些内容受到用户的欢迎，哪些内容需要调整和完善。留言和评论系统则为用户提供了一个与图书馆和其他用户交流的平台。他们可以在这里提出问题、分享经验和建议，从而促进学术交流和合作。RSS 网络聚合功能和日历功能则为用户提供了一个便捷的方式来关注和参与图书馆的活动。无论是最新的学术讲座，还是即将到来的学术会议，用户都可以在博客平台上得到及时的通知和提醒。模板选择功能则为图书馆提供了一个灵活的方式来设计和定制博客平台的外观和风格。无论是简洁的设计，还是专业的布局，图书馆都可以根据需要为不同的学科和内容选择合适的模板。

3. 基于商业数据库构建学科化服务平台

在高校图书馆的学科服务领域，商业数据库的应用日益受到关注。CNKI、万方数据库、重庆维普作为国内使用用户最多的三个中文库，不仅为用户提供了丰富的学术资源，还基于产品本身开发了增值服务系统。这为部分地方院校图书馆提供了一个新的思路：利用商业数据库提供的产品增值服务系统建立学科服务平台。

以 CNKI 为例，CNKI 作为一个知名的学术资源数据库，其免费提供的个性化增值服务为许多高校提供了一个全新的选择。CNKI 的这一服务将检索平台、研究平台以及学术交流平台整合为一体。这种整合不仅提供了一个统一的平台，还为用户提供了更为便捷和高效的服务。例如，用户可以在同一个平台上进行检索、研究和交流，无需在多个平台之间切换。这大大提高了用户的工作效率，同时为其节省了大量的时间和精力。此外，CNKI 还将个人学术统计评价以及机构科研绩效评价等功能有机地吸收进来。这为用户提供了一个全面的学术评价工具，使其能够更好地了解自己的学术成果和影响力。同时，这为机构提供了一个科研绩效的评价工具，使其能够更好地管理和激励其科研团队。通过整合功能，CNKI 实现了规范用户检索行为、培养用户检索素养、节约用户检索时间、减少减轻用户检索恐惧等多方面的效果。这不仅提高了用户的检索效率，还为其提供了一个友好和人性化的检索环境。国内选择CNKI 构建学科服务平台的高校数量占据较大的比例。这说明 CNKI 的这一服务已经得到了广大高校的认可和支持。其中，西南政法大学图书馆的科研项目跟踪定制、学科专题栏目定制等功能，以及四川省多所地方普通本科院校图书馆构建的基于数据库免费提供的整合功能的服务平台定制，都是这一趋势的典型代表。

4. 基于云计算的学科化服务平台构建

云计算，作为新时期的技术创新，已经在多个领域展现出其强大的技术性能和广阔的应用前景。这种共享基础架构的方法受到各大 IT 巨头的普遍认可。在高校图书馆学科化服务中，如何有效应用云服务理念成了一个关键议题。业界对此进行了大量的研究与探索，取得了一定的成绩，为高校学科化服务的创新发展注入了新的活力。

基于云计算的学科化服务平台与传统的学科化服务平台相比，具有许多显著的优势。云计算提供了弹性、可扩展的资源，这意味着图书馆可以根据需求轻松地增加或减少资源，而无需进行大规模的硬件投资。这种灵活性使得图书馆能够快速地响应变化，满足学者和学生不断变化的需求。此外，云计算还提供了高度的数据冗余和备份功能。这确保了数据的安全性和可靠性，即使在面临硬件故障或其他突发情况时，数据也不会丢失。这对于图书馆来说是重要的，因为它们存储了大量的珍贵和不可替代的学术资源。再者，基于云计算的学科化服务平台还可以实现资源的最大化利用。传统的学科化服务平台可能会面临资源浪费的问题，因为它们需要为峰值需求预留大量的资源。而云计算可以根据实际需求动态地分配资源，确保资源的高效利用。基于云计算的学科化服务平台还可以为图书馆提供广阔的合作机会。通过云服务，图书馆可以与其他机构共享资源和数据，实现资源的互补和共享。这不仅可以为用户提供丰富和多样的学术资源，还可以为图书馆节省大量的资源和成本。

第四章　高校图书馆社会化服务

第一节　高校图书馆社会化服务概述

一、高校图书馆社会化服务的必然性

高校图书馆，作为学术知识的宝库，历来都是高等教育机构中的核心部门。随着市场经济和信息技术的快速发展，这些图书馆面临着巨大的变革和挑战。其中，社会化服务成为一个备受关注的领域。

（一）图书馆社会职能的要求

社会化服务意味着图书馆不再仅仅是为学校或学院的学生和教师提供服务的地方，而是为整个社会提供服务。这种服务形式可以更好地满足现代社会的文化和教育需求，同时可以更好地推动图书馆的发展。

图书馆自身的社会性属性决定了它在公共文化服务体系中的位置。作为社会公共文化服务体系建设的基础性设施，图书馆必然要承担起更多的社会职能。社会教育和传递科学情报是图书馆的两大核心职能。图书馆不仅要为读者提供丰富的文献资源，还要为他们提供各种形式的教育和培训服务，帮助他们更好地获取和利用信息。同时，图书馆要承担起传递科学情报的任务，帮助读者了解最新的科技动态和研究成果。高校图书馆作为我国图书馆体系中的重要组成部分，同样具有社会性。这

意味着高校图书馆不仅要为高校的师生提供服务，还要为社会公众提供服务。这种服务形式不仅可以更好地满足高校的教育和研究需求，还可以更好地满足社会公众的文化和信息需求。高校图书馆可以利用其丰富的资源和专业的服务能力，为社会公众提供各种形式的文化和信息服务，如阅读活动、培训课程、研讨会、展览等。

（二）社会发展的需求

高校图书馆社会化服务已成为新时代的发展方向。对于这一变革，需要从三个维度去理解其背后的必然性。

在当前的文化创新与科技进步大背景下，文化科技的进步与图书馆事业的发展是相互促进的。在知识的海洋中，高校图书馆扮演了桥梁与纽带的角色，为知识的创新与扩散提供了关键的支持。随着科技的飞速发展，人们对于新知识的渴望也在增加。高校图书馆作为知识的宝库，自然也应跟随这一潮流，与时俱进，为社会提供丰富、前沿的知识资源。从地域发展的角度来看，社会信息化和信息社会化的明显趋势，对高校图书馆提出了更高的要求。在这个信息化的时代，高校图书馆不能仅仅满足于传统的角色设定，必须适应新的发展，满足社会的新需求。如果高校图书馆不能及时跟上社会信息化的步伐，就可能面临被淘汰的风险。因此，对于高校图书馆而言，创新和发展不仅是一种选择，更是一种必然。此外，考虑读者和用户的需求。在当今社会，公众对于文化的需求正在迅速增长，对于知识信息的需求不仅在数量上有所增加，质量上的要求也更为严格。这为高校图书馆向社会开放提供了强大的动力。社会对知识的需求是多元化的，高校图书馆有责任也有能力去满足这些需求。这也意味着高校图书馆不仅要为学生提供服务，还要为整个社会提供服务。

二、高校图书馆社会化服务的内容与原则

高校图书馆在逐渐向社会开放的过程中，除了认识到服务的必然性外，更需要进一步地明确其服务的具体内容与执行的基本原则。只有当内容明确、原则坚定时，高校图书馆的社会化服务才能真正达到预期的效果，更好地为社会与读者提供有价值的服务。

（一）高校图书馆社会化服务的内容

1.服务对象社会化

高校图书馆社会化服务的核心思想是打破传统边界，从仅仅服务学校师生，扩大至服务整个社会。过去，图书馆的服务主体明确，即固定的学校师生群体，这样的定位让图书馆的服务更为专业、有针对性。但这也意味着图书馆服务的边界被严格地限制在学校范围之内，这样的局限性无法满足日益扩大的社会化需求。随着社会进步和知识经济的兴起，公众对于知识和信息的需求也在持续增长。在这样的大背景下，高校图书馆开始尝试突破传统服务边界，为更广大的读者提供服务。这意味着服务对象不再局限于师生，而是向社会公众延伸。这样的变革让图书馆的服务多元化，能够更好地满足社会各个层面的需求。但这样的变革同样带来了新的挑战。由于社会用户的背景、需求和特点各不相同，意味着高校图书馆需要进行深入的用户分析和研究。例如，对于社会用户的信息需求的特点，图书馆需要进行深入研究，了解他们在专业内容、类型和深度方面的具体需求，以确保提供的服务既有针对性又具有广泛性。此外，服务对象的社会化也带来了资源配置、管理方式和服务模式的变革。图书馆可能需要对资源进行重新配置，确保可以满足不同用户的需求。同时，管理方式和服务模式也需要进行相应的调整，确保服务的高效性和专业性。除此之外，在网络技术的推动下，高校图书馆

开始主动走出馆舍的物理界限，通过网络为社会读者提供服务。这种模式的好处是显而易见的：读者不再受到地域的限制，可以随时随地访问图书馆的资源，获取所需的信息。这种服务模式不仅提高了信息的获取效率，还大大扩大了图书馆的服务范围，使得更多的社会读者受益。

2. 服务内容社会化

高校图书馆历来服务于学校的师生，为教学和科研提供必要的支持。传统上，它们的主要职责是满足教师的教学资料需求，为学生提供知识获取的渠道，并帮助他们参加考试、提高技能以及撰写论文。然而，时代的发展带来了新的挑战和机会，使得图书馆服务的内容需要社会化。

在信息化的大背景下，社会对知识的需求变得日益多元和复杂。图书馆不再仅仅是为学校的师生服务，而是要扩展其服务对象，为更广大的社会公众提供服务。这意味着，图书馆不仅要满足教学和科研的需求，还要满足社会各个层面的知识需求。例如，对于企业而言，他们可能需要专业的市场调查报告、技术资料或者行业分析来支持其业务决策；对于社区居民而言，他们可能需要关于健康、育儿或者日常生活的知识；对于政府机关而言，他们可能需要各种政策文件、法律法规或者社会研究报告来支撑其工作。这些需求意味着高校图书馆需要重新定义其服务内容，以满足社会的多元化需求。这不是简单地扩大其服务范围，而是需要对其服务内容进行深入的挖掘和创新，确保其服务既能满足学校的核心需求，又能为社会带来价值。同时，为了确保图书馆服务内容的社会化，还需要考虑到服务方式的创新。例如，可以通过线上渠道为社会提供便捷的知识获取方式；可以通过合作与外部机构共同开展培训或者研讨活动，为社会提供丰富的学习资源。

3.服务功能社会化

高校图书馆的服务功能应该跨越高校的边界，广泛地服务于社会。传统上，高校图书馆的核心任务是为学术研究和教育服务。在现代社会中，高校图书馆不再仅仅是一个静态的存放图书的地方。随着科技的进步和社会的发展，高校图书馆的功能也在不断地扩展和创新。服务功能社会化意味着高校图书馆需要打破传统的界限，将其服务延伸到校园之外，为更多的人提供知识和信息服务。这包括但不限于线上资源的共享、数字化的阅读体验、远程教育支持以及与社区的合作等。线上资源共享是服务功能社会化的一个重要方面。随着互联网的普及，人们对于信息的获取途径有了更多的选择。图书馆可以通过建立线上平台，为用户提供电子图书、期刊、论文等数字化资源。这不仅使用户能够随时随地获取信息，还可以实现资源的最大化利用。数字化阅读体验也是图书馆服务功能社会化的一个方面。这意味着用户不需要亲临图书馆，也可以通过电子设备享受阅读的乐趣。图书馆可以通过建立电子阅读平台，为用户提供丰富的电子书和杂志，让阅读变得更加方便和高效。远程教育支持是另一个重要的议题。随着在线教育的兴起，越来越多的学习者选择远程学习。图书馆可以与教育机构合作，为远程学习者提供必要的学习资源和支持。与社区的合作也是图书馆服务功能社会化的一个重要方面。图书馆可以与社区组织、企事业单位、非政府组织等合作，共同开展各种文化和教育活动，为公众提供丰富和多样化的服务。

4.实现全民阅读化

《全民阅读促进条例》正式纳入国务院2013年立法工作计划，标志着国家对文化建设的高度重视，也为社会文化生活注入了新的活力。[①]

① 龙斌.高校图书馆社会化服务研究 [M].吉林出版集团股份有限公司，2019：12.

这个条例是国家对文化的长远投资，旨在创建一个鼓励阅读、持续学习和自我提升的社会。要实现全民阅读的愿景，依赖公共图书馆的力量和资源显然是不够的。尽管公共图书馆在社区中扮演了重要的角色，但由于各种原因，其所能提供的资源可能并不充足。而高校图书馆在这方面具有独特的优势。它们拥有相对完备的藏书体系和丰富的信息资源。从资源的总量到学科类别的广泛性，高校图书馆都展现出令人瞩目的实力。考虑到高校图书馆丰富的藏书和资料，它们有能力成为全民阅读计划中的关键角色。将高校图书馆的文献信息资源开放给社会公众，可以满足公众对各种文献信息的需求，这对于推动社会文化和教育事业都是极为有益的。为公众提供更多的阅读和研究资料，有助于保障他们平等、自由地获取和利用信息的权利。提供这样的资源对于公众科学文化素质的提升也是必不可少的。一个民众具备高文化素质的社会更容易实现经济文化的大发展。人们不断地学习和自我提升，对社会的发展有着直接的推动作用。更多的知识意味着更多的创新和进步，这对于任何一个国家和社会来说都是重要的。构建全民阅读的和谐社会，意味着创建一个渴求知识、不断进步的国家。这是一个民众都能共享知识、共同成长的社会，每个人都可以在其中找到自己的位置，为社会的发展做出贡献。而高校图书馆在这个过程中，可以说是关键的桥梁，它们为社会提供了宝贵的知识资源，为全民阅读做出了巨大的贡献。

（二）高校图书馆开展社会化服务的原则

1.实事求是，量力而行

每一个高校图书馆都有其独特性，因此必须根据各馆的实际情况来决定如何进行。盲目追求形式的变革并不是真正意义上的进步。相反，根据自身的条件，逐渐、有序地开展服务更为合适。

校方的支持是开展这项服务的关键。图书馆需要得到学校的肯定和帮助，从而确保社会化服务的顺利进行。这种支持可能来自资金、设施或政策。有条件的图书馆可以率先行动，为其他图书馆提供经验和参考。图书馆的馆藏特色和发展方向也应作为开展服务的指导。每个图书馆都有其独特的资源和优势。例如，某些图书馆可能拥有丰富的历史文献，而另一些图书馆可能专长于科技领域。这些特色决定了图书馆可以为社会提供什么样的服务。从已熟悉的业务出发，逐渐拓展，可以确保服务的质量。图书馆员的专业知识和技能也是社会化服务成功的关键因素。选择有业务专长的图书馆员，组成专门的服务部门，是提高服务效率的关键。与此同时，转变部门设置的方式，比如增加信息服务中心、参考咨询部门等，将使图书馆的服务更加细化，满足社会的多种需求。规划是未来发展的基石。对于社会化服务，制定短期、中期和长远的规划是必要的。这些规划将指导图书馆如何在不同的阶段开展服务，确保每一步都有目的、有计划。同时，明确各部门的服务内容和馆员的职责，可以确保服务的顺利进行。切实做到实事求是，量力而行。

2. 用户需求为主

高校图书馆在开展社会化服务时，面临着一个全新的挑战：如何满足不同背景、不同学历、不同需求的读者。这意味着，过去那种统一的、标准化的服务模式可能已不再适用。在这样的背景下，对用户需求的调研显得尤为重要。

随着高校图书馆对外开放，会有各种背景的读者走入这片知识的海洋。他们中有的可能是学者，对某个领域有深入的研究；有的可能是业界人士，希望找到与自己工作相关的资料；还有的可能是社会大众，只是单纯地对某个话题感兴趣。这样多元化的读者群体意味着，图书馆需要提供多元化、个性化的服务。对用户需求的调研，可以帮助图书馆更好地了解读者的实际需求。通过调查问卷、访谈、座谈会等方式，图书馆可以了解到读者对于哪些方面的资料感兴趣，对于哪些服务有需求，对于哪些内容感到满意或不满意。这些信息对于图书馆来说都是宝贵的资源，可以指导图书馆在资源采购、服务创新等方面作出决策。此外，对用户需求的调研也可以帮助图书馆发现自身的不足。可能有些服务或资源，图书馆以为很重要，但实际上读者并不感兴趣；也可能有些内容，图书馆认为不重要，但却是读者迫切需要的。这些都需要通过调研来得知。更为重要的是，调研可以帮助图书馆建立与读者的沟通桥梁。图书馆不应该是一个冷冰冰的知识仓库，而应该是一个充满活力、与读者互动的场所。通过调研，图书馆可以与读者建立起直接的联系，了解他们的真实想法，听取他们的建议和意见，从而使服务贴近实际、充满人性化。

3. 主次兼顾

高校图书馆开展社会化服务时，遵循主次兼顾的原则至关重要。这个原则是基于马克思哲学理论中的主次矛盾原理，也就是说在解决复杂问题时应集中力量找出主要矛盾，从而确定处理问题的重点、关键和中心。同时，要做到统筹兼顾，合理分配资源和注意力。

在高校图书馆的社会化服务过程中，明确区分主要矛盾与次要矛盾是关键。为本校师生提供教学科研服务无疑是最核心的任务，这是图书馆存在的首要目的。而为社会读者提供服务，尽管也很重要，但相对来说是次要的。这并不意味着社会读者的需求可以被忽视或轻视，而是强调在资源和服务分配时，本校师生的需求应当是优先考虑的。但如何在保证本校读者利益的同时，为社会读者提供优质服务呢？答案在于制定明确的服务策略和方向。图书馆需要根据本校的特色资源，有计划、有步骤地向社会读者开放服务。这意味着，不是盲目地为社会提供所有服务，而是针对图书馆的特色和优势，为社会读者提供那些本校特有的资源和服务。同时，提供服务时，必须保持服务质量和服务态度的一致性。不论是本校师生还是社会读者，他们都应当得到相同水平的优质服务。这不仅是基于公平的原则，也是为了树立图书馆的良好形象。每一个满意的读者都可能成为图书馆的形象大使，他们的正面评价和反馈会为图书馆带来更多的认同和支持。尊重是提供任何服务的基础。无论是本校读者还是社会读者，图书馆都应当尊重他们的权益。社会读者虽然不是图书馆的主要受众，但他们的需求和权益同样重要。图书馆应当努力满足他们的需求，为他们提供高质量的服务，从而确保每一位读者都得到满意的服务体验。

4. 经济实用

高校图书馆在开展社会化服务的过程中，经济实用原则关乎图书馆如何充分利用资源，为公众提供优质的服务，同时确保图书馆本身的可持续发展。充分考虑图书馆的经济承受能力和服务措施的实用性是这一原则的核心。每一个图书馆都有其独特的地理、经济和文化背景。对于那些位于经济发达地区的图书馆，由于其资源丰富、支持力度大，有更大的空间和条件来开展高起点、大规模和深层次的社会化服务。这样的图书馆可以灵活地选择服务项目，为公众提供多元化、专业化的知识和信息服务。但是，对于那些位于经济欠发达地区的图书馆，情况有所不同。它们在资源和资金上可能受到限制，因此，需要更加谨慎地规划和选择服务项目。这并不意味着它们不能为公众提供优质的服务。相反，它们可以根据当地的实际情况，结合图书馆的现有资源，聚焦于一些浅层次但又极具实用性的文献信息服务。随着时间的推移，当条件逐渐成熟时，这些图书馆也可以加强和深化其服务项目。此外，无论是哪种类型的图书馆，在开展社会化服务时，都需要关注投入与产出之间的平衡。这意味着，图书馆在制定服务项目时，不仅要考虑到资源的投入，还要考虑到服务的效果和价值。选择那些既可以节约开支又能产生显著社会效益的服务项目，是每一个图书馆都应该追求的目标。

第二节　高校图书馆社会化服务模式

一、传统服务模式与数字信息服务模式

高校图书馆社会化服务模式的变迁见证了图书馆发展的历程和信息科技的进步。在早期，高校图书馆的主要职能是围绕其藏书和实体文献进行，这形成了所谓的传统服务模式。这种模式主要是面对面服务，如借阅、咨询和查阅等，强调的是实体藏书的积累和管理。然而，随着数字技术的发展和普及，图书馆的服务模式也开始发生变革。数字信息服务模式应运而生。

（一）传统服务模式

传统服务模式，通常以实体书为核心，强调读者到图书馆的实体空间内进行查询和借阅。在这一模式下，图书馆扮演了信息的守护者和传递者的角色，集中储存了大量的书。读者需要亲自前往图书馆，通过目录卡或者索书号进行查找，然后手动借阅。

高校图书馆社会化服务在历史长河中发展和演变，其中文献借阅服务成为基础和直接的服务方式。这种服务模式使得广大社会读者能够直观地体验到高校图书馆的学术资源和知识宝库。文献借阅服务的核心在于向社会读者发放借阅证，这一举措为读者打开了图书馆的大门，使其得以自由地浏览、选取并借阅所需的文献资料。然而，不同的高校图书馆在实施这一服务时，展现出各自的特色和差异。这些差异主要表现在向社会读者提供的借阅证件类型上。有的高校图书馆选择发放长期借阅证。这种证件类型为读者提供了相对长的使用期限，使其能够在一段时间内反复利用图书馆的资源，满足持续的学术研究和阅读需求。这对于

长期从事某一领域研究的读者而言，无疑是一个巨大便利。而另外一些图书馆选择提供临时借阅证。这种证件的使用期限相对较短，适合那些短期内有特定研究或阅读需求的读者。临时借阅证为这部分读者提供了快速、便捷的服务，使其能够在有限的时间内高效地利用图书馆资源。值得注意的是，有些图书馆在实际操作中，将多种证件类型结合使用，以满足不同读者群体的多样化需求。例如，山东工艺美术学院图书馆在提供期限为一年的长期借阅证的同时，也考虑到那些只需要短暂使用图书馆资源的读者，为其提供了期限为半天的临时借阅证。这样的做法，使得图书馆在提供服务时灵活、多元，能够更好地满足社会各界的阅读和研究需求。

需要注意的是，图书馆的空间是有限的，同样，每一本图书或文献都有其特定的受众。考虑到图书馆的空间和资源限制，为社会人员提供服务时，必须在各种条件下进行平衡。这意味着，图书馆必须根据其空间容量、服务能力以及其他相关条件来决定为社会读者提供服务的范围和数量。为确保这种平衡，图书馆可能需要适当控制借阅证的发放数量。这种做法确保了本校读者的利益不会受到损害，同时确保了社会读者能够获得他们所需要的资源。这是一个微妙的平衡点，图书馆需要根据自己的实际情况和能力来做出决策。除了通过办理借阅证来提供服务，图书馆还有其他方式为社会读者提供服务。例如，图书馆可以提供临时性的社会服务，这种服务不需要办理任何证件。社会读者只需要在需要时前往图书馆，然后根据自己的需求索取相关服务。这种方式为那些可能不经常使用图书馆资源的社会读者提供了方便，同时为图书馆减轻了管理的负担。这种灵活的服务模式确保了图书馆可以满足各类不同读者的需求，同时确保了本校读者的利益不受影响。这种平衡对于任何一个图书馆都是重要的。

（二）数字信息服务模式

数字信息服务，作为一种基于数字技术和网络技术的新型服务形态，为图书馆和社会用户提供了前所未有的便利。这种服务的主要特点是能够突破时间和空间的限制，为社会读者提供灵活、主动的服务体验。科技的进步不仅为图书馆提供了强大的工具，也为图书馆打开了新的服务领域。随着数字技术和网络技术的广泛应用，许多高校图书馆已经成功地将其纳入自己的服务体系，充分利用这些技术为社会读者提供高效、方便的服务。这样的服务不仅满足了读者对于知识和信息的渴求，还使得图书馆能够在社会化服务中起到关键的作用。同时，有的高校图书馆进一步发挥了自身的组织优势，对网上的信息进行整理和加工。网络上的信息繁多、杂乱，这些图书馆通过对这些信息的筛选、整理，形成了有序、稳定的信息资源导航。这种导航能够为社会用户提供准确、及时的信息，使他们在众多的信息中找到真正有用的内容。例如，广州大学图书馆在数字信息服务的应用上表现得尤为出色。该图书馆不仅为社会读者提供了丰富、精准的信息资源，还与政府进行了深入的合作。例如，他们与政府共同开设了政务咨询厅，为政府和市民提供了大量的政务信息。这样的合作不仅促进了政府与市民之间的沟通，也使得图书馆的服务贴近社会的实际需求。数字信息服务的推广和应用，使得高校图书馆与社会用户、其他图书馆、相关行业之间的联系变得紧密。这些图书馆可以方便地与其他机构分享资源，实现资源的互通有无。通过这种方式，图书馆能够最大化地利用自己的资源，为社会用户提供全面、深入的服务。

二、无偿服务模式与有偿服务模式

高校图书馆社会化服务模式的发展与创新始终是图书馆事业进步的焦点。在众多的服务模式中，无偿服务模式与有偿服务模式成为近年来的热门讨论话题。这两种模式不仅涉及图书馆的经济利益，还与图书馆的社会职责和公众期望紧密相关。

（一）无偿服务模式

无偿服务模式，顾名思义，是指高校图书馆提供的某些服务不收取任何费用。这一模式通常基于图书馆的公益性质，认为知识和信息应当是公共资源，所有人都有平等地访问和使用的权利。这种服务模式得到了很多读者和公众的支持，因为它确保了所有人，无论其经济状况如何，都能够享受到高校图书馆的服务。此外，无偿服务是高校图书馆展现其社会职责和承诺的重要方式。

1. 参考咨询服务

参考咨询服务本身并非新生事物，但在高校图书馆的社会化服务背景下，这一服务模式得到了重新定义和升级。它不再局限于图书馆的实体空间，而是利用了先进的网络与计算机设备，能够为远程的社会用户提供及时、专业的咨询服务。这种服务形式充分利用了图书馆丰富的信息资源，将图书馆的功能扩展到广泛的领域。参考咨询服务细分为常规咨询和专题咨询。常规咨询往往针对一般性问题，如查找某一领域的基本资料、解答使用数据库的疑问等。而专题咨询，通常涉及具体领域的深度研究，如学术课题、产业研究等。这种细分使得参考咨询服务具有针对性，能够满足不同用户的不同需求。

2. 主动推送服务

主动推送服务是社会化无偿服务模式中的一种重要形式。与传统的被动提供服务模式不同，主动推送服务强调图书馆的主动性和前瞻性。这种服务方式要求图书馆深入了解社会读者的需求，通过数据分析、读者调查等方式，对读者进行精准的分类，预测其可能的需求。在此基础上，图书馆则对相关资料进行筛选、整理，并通过各种途径，如网络、邮寄等，将这些资料准确地送达到社会读者手中。例如，图书馆可以为企业提供与其业务相关的资料，帮助企业更好地了解行业趋势和市场变化；对于社区，可以提供一些与居民生活密切相关的信息和知识，如健康、教育、环保等。农家书屋这样的活动，是图书馆与农村社区的合作，通过为农村提供图书资源，帮助农民提高知识水平和生活质量。

3. 用户培训和教育服务

"用户培训和教育服务"是高校图书馆社会化无偿服务的重要组成部分。随着信息时代的来临，获取和利用信息的能力变得尤为关键。许多用户在面对海量的数字信息时，往往感到迷茫和无所适从。为此，高校图书馆提供了用户培训和教育服务，旨在帮助用户提高信息素养，掌握搜索、筛选、评估和使用信息的技能。此外，这种服务不局限于高校内部的学生和教师，也对外开放，为社区居民、中小学生以及其他社会人群提供信息技能的培训。这种开放性和普及性体现了高校图书馆在知识普及和社会公益方面的责任和担当。在实际操作中，用户培训和教育服务通常包括一系列的课程、讲座、工作坊和在线教程。这些内容涵盖了从基础的计算机操作和网络搜索技巧，到高级的文献检索和学术写作技能。通过这种培训，用户不仅可以高效地利用图书馆的资源，也能在日常生活和工作中更好地处理和利用信息。

（二）有偿服务模式

随着图书馆运营成本的不断增加，以及社会对于高品质、个性化服务需求的逐渐上升，有偿服务模式逐渐受到图书馆界的关注。有偿服务模式主张对于某些特定的、高度个性化的或者超出基本服务范畴的服务收取一定费用。这种模式的出现是基于对高校图书馆经济持续性的考虑，意在找到一种既能满足用户需求又能保证高校图书馆稳定运营的平衡点。

1. 科技查新服务

随着社会对创新和技术研究的需求日益增长，对相关领域的知识和信息的追踪成为很多企事业单位、研究人员和学者的需求。高校图书馆拥有大量的学术和技术资源，加之其在信息检索、分类和整合方面的专业能力，使其在提供科技查新服务方面具有得天独厚的优势。科技查新服务主要指的是根据用户的需求，对某一技术或学术领域的最新研究进展、技术动态、相关专利和技术标准等进行系统、深入的检索和整理，为用户提供及时、准确的信息报告。这项服务在很多场合中具有关键的意义，如企业的研发决策、学术研究的方向选择、政策制定等。为满足这一市场需求，高校图书馆逐渐将科技查新服务纳入其有偿服务体系。相较于其他的信息服务，科技查新服务需要更为精细、深入的工作，因此通常是按项目收费。通过提供这种有偿服务，图书馆不仅可以满足用户的高级信息需求，还可以为自己带来一定的经济效益，从而支持其他的公益服务和自身的发展。

2. 定题跟踪服务

定题跟踪服务是高校图书馆社会化有偿服务的一个重要组成部分。这种服务的主要目的是针对特定的主题或研究领域，为用户提供持续、深入、系统的信息跟踪和更新服务。与传统的文献检索服务不同，定题跟踪服务关注某一主题的深度和广度，确保用户在该领域的研究过程中能够获得全面的资料支持。在高等教育和学术研究日益激烈的竞争环境下，研究者和学者对于信息的需求也在不断增长。他们需要能够迅速、准确地获取到与其研究主题相关的最新资料。定题跟踪服务正是为满足这种需求而生，它能够帮助用户节省大量的时间和精力，提高研究的效率和质量。然而，由于这种服务需要图书馆进行大量的人工跟踪、整理和更新工作，其成本相对较高，因此实行有偿制度成为一种必要的选择。用户通过支付一定的费用,可以享受到专业、个性化的服务。

3. 文献传递与馆际互借服务

在当代信息时代,随着知识和资料的迅速增长,高校图书馆所拥有的藏书和资源难以满足所有读者的多元化需求。但图书馆并不仅仅是一个静态的资料收藏中心,它更是一个动态的信息服务机构。为了更好地满足读者的需求,图书馆之间建立了馆际互借制度,以实现资源共享、优化服务,以及提高藏书的利用率。文献传递与馆际互借服务正是基于这样的背景产生的。这种服务模式是图书馆之间相互协作,共同为读者提供所需文献和资料的有效方式。当某一图书馆的藏书无法满足读者的需求时,它可以向其他图书馆或单位请求借阅或复制相关文献,从而确保读者能够及时获取所需的资料。随着高校图书馆逐渐转向社会化服务,文献传递与馆际互借服务显得尤为重要。这不仅是因为高校图书馆需要满足学术研究的深度和广度,还因为它们现在承担着为社会读者提供服务的责任。社会读者与学术研究者不同,他们的需求可能多样化和特定,因此,通过文献传递与馆际互借服务,图书馆可以为他们提供精准和高效的信息服务。有偿服务模式的引入,使得文献传递与馆际互借服务得以规范和高效地运作。由于涉及不同的图书馆或单位之间的合作,必然会涉及一系列的费用,如文献的复制、邮寄、处理等。因此,适当的收费不仅可以确保服务的持续性和高效性,还可以鼓励读者珍惜和合理利用这一服务。同时,通过合理的费用设置,图书馆可以获得一定的收入,扩充和完善其服务内容。

4. 其他的有偿社会化服务

随着高校图书馆开放程度的逐步提高,高校图书馆的资源被越来越多的社会读者所使用。这种高度的开放带来的是高校图书馆资源的紧张,而在面对这种紧张的资源时,高校图书馆采取了有偿服务的方式来平衡。社会读者在使用高校图书馆的资源时，可能会遇到资源不足的问题。这主要是因为随着高校图书馆开放程度的增加，越来越多的社会读者开始充分利用图书馆的资源。而为了确保高校图书馆内的教师和学生的借阅需求得到满足，高校图书馆选择对社会读者收取一定的服务费用。这样做不仅可以为高校图书馆带来一定的收入，还能有效地控制资源的使用，确保每位读者都能得到公平的服务。

除了对资源的使用收费之外，高校图书馆还提供了其他的有偿社会化服务。场地租借是其中的一项。随着社会活动和学术研讨会越来越多，很多组织和个人都希望能够在高校图书馆这样的文化场所举办活动。高校图书馆的场地租借服务可以满足这些需求，并为高校图书馆带来额外的收入。特色展览也是高校图书馆的一项有偿服务。高校图书馆内收藏了大量的珍贵资料和文物，这些资料和文物可以通过展览的形式展出，吸引更多的读者来图书馆参观。同时，高校图书馆还可以通过售票的方式来收取一定的费用，这不仅可以为高校图书馆增加收入，还能加强高校图书馆与社会的联系。视听资源播放和多媒体资源利用也是高校图书馆的有偿服务。随着科技的发展，越来越多的信息以视听和多媒体的形式存在。高校图书馆为读者提供了播放这些资源的设备和场所，同时可以为这些服务收取一定的费用。这样做不仅可以为高校图书馆带来收入，还能满足社会读者对于新型信息资源的需求。

三、针对不同读者的个性化服务模式

个性化服务模式主张根据读者的具体需求和特点，提供精准和贴心地服务。在这种模式下，高校图书馆不再是一个仅提供统一服务的场所，而是能够为每一位读者提供量身定制的服务。这种服务模式不仅增加了读者的满意度，还能提高高校图书馆的使用效率。

（一）普通用户

普通用户，包括退休人员、社会在职人员、中小学生、社区读者等，是高校图书馆社会化服务中的主要对象，同时也是人数众多的一大群体。为了使这些读者获得更好的服务体验，图书馆需要深入了解他们的实际需求，并根据这些需求提供更加精准和有针对性的服务。退休人员是一个特殊的读者群体，他们有着丰富的人生经验，对知识和文化有着浓厚的兴趣。图书馆可以为这一群体提供一些与其年龄、经验相符的读物，比如历史书、文化艺术书等，同时还可以开设一些文化讲座和活动，满足他们的精神需求。社会在职人员则是一个忙碌的群体，他们工作繁忙，对于信息和资料的需求很高。图书馆可以为他们提供快速查找和获取信息的工具和平台，如电子书、数据库等，确保他们在短时间内获得所需的资料。此外，图书馆还可以定期举办一些与职业发展、技能提升相关的活动，帮助他们提高自己的专业水平。中小学生是图书馆的另一个重要用户群体。他们正处于成长期，对知识和信息有着强烈的好奇心。图书馆可以为他们提供丰富的少儿读物和教育资源，同时开设一些与学习、成长相关的活动，如读书会、科技创新工坊等，激发他们的学习兴趣，帮助他们更好地成长。社区读者则是与图书馆关系最为紧密的群体。他们生活在图书馆附近，经常来图书馆借阅图书、参与活动。图书馆可以为这一群体提供一些与社区生活相关的服务，如社区文化活动、健康讲座等，使图书馆成为社区文化的中心，为社区居民创造一个文化交流的平台。

（二）科研用户和本校毕业生

高校图书馆社会化服务模式的发展与完善，要求对于各种不同的读者群体都有专门的策略和方法。特别是针对具有专业性和独特性的科研用户和本校毕业生，服务模式的设计更需细致和具有针对性。

科研用户是高校图书馆的一大重要用户群体。他们对信息的需求量大、程度深，而且通常对某一领域的专业知识有着深入的了解。为满足这部分用户的需求，图书馆需要提供深入、全面的资料检索服务。例如，提供专业数据库的检索、提供最新的学术论文和研究报告，以及为他们开设线上和线下的专题研讨会等。同时，图书馆也需要考虑到科研用户可能存在的跨学科研究需求，为他们提供跨学科的资源和资料。本校毕业生作为图书馆的另一特殊用户群体，他们与学校有着深厚的情感纽带。对于这部分用户，图书馆可以提供一系列的继续教育和终身学习服务。例如，为他们提供最新的行业资讯、职业发展建议，以及各种线上和线下的学习与培训机会。此外，图书馆还可以与校友会合作，为本校毕业生提供一系列的专属服务，如专属的线上资源库、线上线下的交流与分享活动等。

除了上述的专门服务，对于科研用户和本校毕业生，图书馆还可以提供一系列的个性化服务。例如，通过数据分析和用户行为研究，为他们提供个性化的推荐和导读服务。同时，利用现代技术，为他们提供个性化的线上空间，使他们可以更为方便地管理和获取自己关心的信息和资源。科研用户和本校毕业生是高校图书馆重要的用户群体，他们的需求和期望也日益增长。为此，图书馆需要不断地创新和完善服务模式，为他们提供专业、个性化的服务。只有这样，高校图书馆才能真正发挥其在现代社会中的价值和作用，成为学术研究和终身学习的重要支持者。

（三）政府用户

政府用户，作为社会的核心决策机构，对于高质量、准确的信息有着极高的需求。高校图书馆正好具有这种信息资源与人力资源的优势，因此能够为政府用户提供高效、专业的服务。高校图书馆所拥有的信息资源不仅广泛，而且深入，涵盖了各种领域。这使得图书馆能够为政府部门提供所需的各种信息服务，无论是经济、社会还是科技领域的信息，图书馆都能够迅速地为政府提供。图书馆还可以为政府寻求合理的决策方法，提供决策的参考依据。高校图书馆可以为政府提供有效的信息预测，帮助政府及早地了解未来的发展趋势，做好充分的准备。这种预测不仅可以为政府提供宏观的趋势分析，还可以为政府提供微观的细节研究，使政府能够从各个角度了解未来的发展情况。决策分析是高校图书馆服务中的一个重要环节。图书馆可以为政府用户进行周密、翔实的决策分析，提供详细、准确的数据支持。这种分析不仅可以帮助政府明确决策目标，还可以为政府提供决策的具体方法和步骤，确保政府的决策既及时又科学。为了满足政府用户的需求，高校图书馆需要不断地更新和完善自己的服务模式。这意味着图书馆需要与时俱进，不断地吸纳新的知识和技术，确保自己的服务始终处于行业的前沿。此外，图书馆还需要与政府部门建立紧密的合作关系，确保服务的内容和形式都能够满足政府的实际需求。

（四）企业用户

高校图书馆在社会化服务中对企业用户的关注日益增强，这一趋势不仅是由我国企业的蓬勃发展和经济的飞速进步所驱使，也与高校图书馆在知识经济背景下追求更大的影响力和作用力密切相关。随着这样的需求和追求，众多高校图书馆纷纷为企业用户开展了一系列的专业化信息服务。福州大学图书馆就是这一服务模式的优秀代表。他们创建了信息服务中心，专门针对企业用户的需求，提供针对性服务。值得一提的是，该中心不满足于仅仅为企业提供表面的信息服务，而是深入企业内部，利用多种方法挖掘企业内的隐性情报。这种深入骨髓的服务方式，不仅帮助企业更好地管理和使用其内部的信息资源，还帮助他们在面对竞争对手时取得更大的竞争优势。此外，福州大学图书馆还利用现代技术，为企业打造了数字资源导航网站，实现了企业资源的全面数字化，从而使企业在信息化时代中得心应手。这样的服务既符合时代的要求，又得到了企业的高度认可，导致中心的业务需求量剧增。与此同时，其他高校图书馆也在为企业用户提供服务方面做出了杰出的贡献。例如，中国矿业大学图书馆与行业协会紧密合作，为企业提供了与行业相关的专业信息服务。他们深入了解各个行业的发展趋势和需求，然后为企业提供了关键的信息，帮助他们在激烈的市场竞争中站稳脚跟。温州大学图书馆则选择了与公共图书馆合作，共同为中小企业提供信息服务。中小企业作为经济的重要组成部分，往往因为资源有限而在信息获取上遇到困难。通过与公共图书馆的合作，温州大学图书馆为这些中小企业搭建了信息服务的桥梁，帮助他们更好地获取和使用各种必要的信息资源。[①]

第三节　高校图书馆社会化服务途径及保障

一、多种方式开展高校图书馆社会化服务

（一）立足本馆馆藏文献资源，开展大众化的信息服务

高校图书馆在其丰富的馆藏文献资源基础上，有机会为社会提供广泛的大众化信息服务。这些服务包括公益讲座、学习班、培训班、信息咨询以及信息检索。通过这些服务，高校图书馆不仅为学生和教师提供支持，还为广大的社会公众提供有益的知识和信息。

公益讲座是其中的一个重要方面。这种讲座通常围绕图书馆的馆藏资源或当前热点话题展开，帮助公众更好地理解和使用这些资源，或者深入地探讨某个话题。例如，一个关于古代文明的讲座可以为听众提供对古代社会、文化和科技的全面了解，而一个关于当前科技发展的讲座

---

① 云玉芹.新时代高校图书馆社会化服务与创新[M].长春：吉林人民出版社，2021：95.

可以帮助公众了解新技术的应用和影响。除了公益讲座外，高校图书馆还可以通过举办学习班和培训班来为公众提供学习和培训机会。这些班级可以针对不同的受众和需求，提供从基础知识到高级技能的培训。例如，一个关于数字技能的培训班可以教授公众如何使用电子资源和在线工具，而一个关于文献检索的学习班可以帮助研究者有效地查找和使用文献资料。信息咨询服务可以帮助公众解决与信息相关的问题，如何使用图书馆的资源，如何查找特定的资料等。而信息检索服务为公众提供专业的检索和文献管理服务，帮助他们高效地获取和整理信息。这些服务的提供，不仅有助于提高公众的知识水平和技能，还有助于提升公民的文化修养和文明素质。当公众有了更多的知识和技能，他们更有可能为社会做出贡献，更有可能成为社会的积极参与者。此外，这些服务还为城市的精神文明建设做出了重要贡献，有助于促进和谐社会的构建。

（二）以资源共享的方式，扩展社会化服务资源总量

资源共享作为图书馆界长期发展的方向，目的是最大化地利用每一个资源，从而更好地服务于读者。在长期的发展过程中，我国的图书馆形态各异，从公共馆、高校馆、科研馆到专业馆和儿童馆，各种图书馆相互独立，彼此之间鲜有交流。这种条块分割的状态虽然在一定程度上满足了各自的专业和特色需求，但也导致了大量的资源重复建设，从而浪费了宝贵的资源。考虑到各类图书馆在资源建设上各有侧重，但在读者服务上的目标是一致的，这就为资源共享提供了可能。通过整合各馆的资源，不仅可以避免资源的重复，还可以扩大服务范围，使读者可以方便地找到所需的资源。为了实现这一目标，高校图书馆与其他各类图书馆进行合作，共同建立了统一的检索平台。这个平台不仅整合了各馆的书目数据库，还提供了统一的检索方式，使读者可以在一个平台上搜索所有图书馆的资源，大大提高了检索的效率和准确性。除了资源的整合，读者资源的整合也是一个重要的环节。为了实现这一点，各馆共

同为读者建立了统一的身份识别标识。这意味着，无论读者原来属于哪个图书馆，只要凭借这个统一的身份证明，就可以自由进入任何一个图书馆的数据库，进行检索和借阅。这种方式不仅为读者提供了更大的便利，也使各馆之间合作紧密。通过这种资源共享的方式，高校图书馆成功地扩展了自己的服务资源总量，同时也为读者提供了丰富和便捷的服务。此外，这种合作方式还有助于各馆之间的交流和合作，推动了图书馆界的整体发展。

（三）通过远程服务扩展社会化服务外延

高校图书馆利用现代信息技术的快速发展，使得其服务不再受限于校园内部，而是向广大的社会读者延伸。这样的扩展不仅增加了图书馆的社会价值，还让更多的人享受到高质量的图书馆服务。网络作为一种重要的服务渠道，为高校图书馆的远程服务提供了强有力的支撑。现代信息技术的应用使得图书馆的馆藏资源不再是封闭的，而是逐渐向社会开放。无论是学者、研究者，还是普通读者，都可以随时登录图书馆的网站，查阅各种馆藏资源，无须受到地理位置的限制。这样的服务模式使得图书馆的服务更加灵活，也满足了人们快节奏生活的需求。除了网络查阅，图书馆还通过远程服务提供了馆际互借和文献传递服务。馆际互借允许读者从其他图书馆借阅所需的资料，大大扩展了读者的选择范围。而文献传递服务则为读者提供了一种方便的获取文献的方式，尤其是对于一些难以获取的文献。这两项服务大大提高了图书馆服务的效率，也为读者节省了大量的时间和精力。网络咨询是另一项重要的远程服务。通过网络咨询，读者可以直接与馆员进行交流，提出自己的疑问或需求。馆员凭借自己的丰富经验，可以为读者提供准确的答案和建议。这样的交流方式不仅方便了读者，也为馆员提供了更多的了解读者需求的机会，从而更好地为他们提供服务。

高校图书馆的远程服务不仅是对传统服务方式的延伸，也是对现代技术应用的深入体验。它将图书馆的馆藏资源优势和馆员的经验优势完美地结合在一起，为社会提供了丰富、高效的服务。这样的服务模式不仅推动了图书馆服务的创新，也为图书馆在未来的发展提供了强大的动力。

（四）深入周边社区、村镇，积累社会化服务经验

深入社区和村镇的首要任务是对当地的读者特征进行详尽的了解。每一个社区和村镇都有其独特的文化和需求，了解这些特征是提供有效服务的前提。比如，某些社区可能更关注农业知识，而其他社区则可能更加注重医疗健康信息。有了这些信息，图书馆就可以更有针对性地提供服务，满足不同社区的实际需求。除了了解读者特征，高校图书馆还可以主动地去单位、社区和村镇，宣传学习文化知识和掌握信息资源的重要意义。这不仅可以提高图书馆的知名度，还可以吸引更多的人到图书馆中来。宣传活动可以是简单的展示馆藏资源，也可以是举办各种知识讲座，帮助人们更好地利用图书馆的资源。为了进一步吸引社区和村镇的人员，图书馆可以开展各种形式的活动。例如，可以邀请社区居民参观图书馆，让他们亲自体验图书馆的各种资源和服务。此外，还可以根据不同读者的特性，提供阅读辅导。这样不仅可以帮助读者更好地利用图书馆的资源，还可以增强他们对图书馆的信赖和依赖。在这种深入社区和村镇的服务中，图书馆还可以通过小范围的试验来积累经验。每一个社区和村镇都是一个独特的试验场，图书馆可以根据当地的实际情况，逐步修正自己的服务规划。这种小范围的试验不仅可以为图书馆提供宝贵的经验，还可以帮助图书馆更好地适应不同社区的需求。通过这些活动和试验，图书馆可以逐步推广和扩大身社会化服务的物理空间。这不仅可以帮助图书馆更好地服务于广泛的读者，还可以提高图书馆的社会影响力和作用力。

（五）以校地共建模式开展社会化服务

校地共建模式强调高校图书馆与地方公共图书馆的深度合作，旨在打破各自的界限，汇聚双方的优势资源，从而提供高效、全面的服务。

校地双方共建的模式考虑了社会的多元化需求。在政府的投资支持下，这种合作模式不仅利用了高校图书馆的学术资源和研究能力，还整合了地方公共图书馆的丰富资源、先进设备、专业馆员和庞大的用户群体。这种资源和能力的叠加，使得高校图书馆在社会化服务中的作用远超单一机构所能达到的效果，实现了"1+1 > 2"的功能。考虑到高校图书馆主要以学术研究和教育服务为主，而地方公共图书馆偏重于普及知识和满足公众的日常阅读需求，这种合作模式为用户提供了一个全面的信息服务平台。学者可以在这个平台上找到地方历史、文化、社会经济等多方面的资料，而普通读者则可以接触到学术前沿的研究成果和资讯。这不仅丰富了读者的知识体系，还激发了他们的学习和探索兴趣。此外，校地共建模式还促进了馆员之间的专业交流和成长。高校图书馆的馆员通常在学术研究、资料整理、文献管理等方面有深厚的功底，而地方公共图书馆的馆员擅长公共关系、读者服务、活动策划等。通过这种合作，双方的馆员可以互相学习、交流经验，从而提高自己的业务能力。这种模式的实施还推动了图书馆与其他社会机构、企业的合作关系。例如，图书馆可以与当地的企业、学校、研究所等进行项目合作，共同开发一些有针对性的信息服务产品，或者举办各种学术交流、文化推广活动。

二、高校图书馆开展社会化服务的保障机制

（一）法律法规保障

高校图书馆开展社会化服务时，法律法规的保障成为关键的支撑。合理的法律法规不仅为高校图书馆提供了明确的行动指引，还确保了所

有利益相关者的权益得到充分保障。

在这一背景下，高校图书馆社会化服务的法律法规框架应具备完整性、明确性和适应性。完整性是指法律法规应涵盖图书馆所有社会化服务的各个方面，从资料的采购、使用、分享到与外部组织的合作等，每一环节都应有明确的法律支持。明确性是指相关的条款和规定不能含糊，必须明确各方的权利和义务，确保没有任何歧义。适应性则要求法律法规应随着时代和技术的进步而更新，确保与当下的社会需求和技术水平相匹配。法律法规的制定和实施，需要高校图书馆、政府、法律界和其他相关组织的共同努力。高校图书馆在实际操作中会遇到各种问题，它们的经验和教训为法律法规的制定提供了宝贵的参考。政府和法律界则负责制定和修订相关的法律法规，确保它们既能满足高校图书馆的需求，又能保障公众和其他组织的权益。此外，对于高校图书馆而言，知晓和理解这些法律法规同样重要。因为仅仅依赖法律法规的存在是不够的，图书馆还需要确保自己的每一个操作都与这些规定相符。为此，定期的法律培训和教育对图书馆员来说尤为必要。通过这样的培训，他们不仅能够更好地理解和遵守相关的法律法规，还能在遇到问题时找到合适的法律途径解决。同时，与社会和外部组织的合作也需要在法律法规的框架内进行。无论是资料的交换、技术的合作还是其他形式的合作，都应确保双方的权益得到保障，并遵循相关的法律法规。

（二）资金保障

1. 寻求政府的支持

高校图书馆在开展社会化服务时，资金保障自然是关键环节之一。而寻求政府的支持成为确保资金来源的重要途径。图书馆作为知识的宝库，在促进文化、教育和科研方面发挥着不可替代的作用。在知识经济时代，其价值与意义更为凸显。因此，为其提供充足的资金支持不仅是对高等教育的投资，也是对社会文化进步的投资。政府对于高校图书馆的资助有多种方式。可以是直接的经费拨款，也可以是通过各种项目资助和补助来实现。在资金的使用上，高校图书馆需确保每一分钱都用在刀刃上，针对社会化服务的开展进行合理的预算和支出。如此，不仅可以确保资金的高效利用，还可以为未来的资金申请积累良好的业绩和口碑。同时，高校图书馆在寻求政府资金支持时，应提供详尽的业务报告和规划，展示其在服务社会、推动文化和教育事业方面的成就。这不仅可以博得政府的信任和支持，也有助于图书馆在日后的运营中更加明确方向，确保社会化服务的高效和有序进行。此外，政府的资金支持并不限于经费拨款。可以是提供技术、培训和其他资源，以助力图书馆更好地完成其社会化服务任务。例如，政府可以组织专家为图书馆工作人员提供培训，或者提供先进的技术和设备，以提高图书馆的服务能力和质量。

2. 服务收费

为了确保服务的持续性和稳定性，许多高校图书馆选择了服务收费作为其中的资金保障措施。通过这种方式，高校图书馆不仅可以为读者提供优质、高效的服务，还能为自身带来一定的经济效益。在社会化服务中，信息的增值经常会导致成本的增加。这种成本的增加可能源于技术的更新、人员的培训或者服务范围的扩大。为了能够平衡这些成本，高校图书馆可以向读者收取相应的费用。这种费用往往与服务的内容、范围和深度有关。观察我国各类图书馆的收费定价可以发现，有关设备使用的费用在不同的地区和同一地区的不同图书馆之间大致相似。这可能是因为设备的采购、维护和更新成本在各个地方都差不多。但是，当涉及人力资源成本时，不同图书馆之间的差异就开始显现。这种差异可能与图书馆的规模、服务范围、员工的技能和经验以及地域的经济水平等因素有关。以北京大学图书馆为例，其对校内用户和校外用户的收费标准就存在明显的差异。对于校内用户，国内查新的费用是 650 元，国外查新的费用是 900 元，而国内外查新的费用达到 1200 元。而对于校外用户，这些费用分别是 900 元、1200 元和 1500 元。这样的收费标准不仅体现了图书馆为其校内用户提供的优惠政策，还反映了国外查新所需的成本相对较高。此外，除了基本的查新费用，图书馆还可能收取加急费、报告费、原文获取费等其他费用。这些费用与特定的服务内容相关，并体现了图书馆为满足读者多样化需求而做出的努力。

（三）文献信息资源保障

高校图书馆在开展社会化服务时，文献信息资源的充足与否成为决定性的因素。为了确保服务的高效性和广泛性，图书馆在采购资源时需要进行深入的调研，确保资源的丰富性和多样性。文献信息资源的完备性是图书馆服务的核心。这不仅关乎图书馆本身的形象和影响力，更关系到用户，无论是校内还是校外，是否能够得到他们所需的信息。为了实现这一目标，图书馆在采购资源时必须对用户的信息需求进行深入的了解。这包括了解他们的阅读喜好、阅读范围和阅读习惯。这样的调查和研究可以确保图书馆在补充资源时更有针对性，也可以避免资源的浪费和冗余。对校外用户和校内用户的需求进行调查是一个策略性的步骤。这不仅可以帮助图书馆了解用户的真实需求，还可以为图书馆的未来规划提供数据支持。例如，了解到某一领域或某一类型的图书受到用户的欢迎，图书馆就可以优先考虑增加这部分的资源。同样，了解到某些资源在图书馆中被冷落，也可以为图书馆未来的资源规划提供参考。资源的丰富性不只是数量上的多少，更重要的是内容的多样性和质量。图书馆在采购资源时不仅要考虑到数量，还要关注资源的内容质量。这要求图书馆在资源采购中，既要兼顾热门和经典的内容，也要注意到一些冷门但有研究价值的内容。同时，图书馆在资源采购中，需要考虑到资源的更新和维护。随着时代的进步和知识的更新，一些过去被认为是经典的内容可能已经不再适用，而一些新的研究和观点又不断涌现。图书馆需要时常更新资源，确保用户能够接触到最新的信息和知识。

早在 1997 年的文献资源共建共享协作会议上便确立的"资源共享，优势互补，互惠互利，自愿参加"的协作原则，为今后的发展奠定了坚实的基础。这一原则旨在将各区域图书馆的优势相结合，以达到资源最大化使用的目的，从而为广大读者提供丰富和完善的文献资源。CALIS（中国高等教育文献保障体系）便是基于此原则而生的全国性的文献资源保障体系。它的组成非常完善，包括全国性的文献信息中心、地区性的文献信息中心以及"211 工程"立项高校图书馆。为了更好地实现文献资源的共享，CALIS 通过构建联机合作编目系统、馆际互借与文献传递系统等多种资源共享软件平台，从而实现了全国大范围的图书情报系统文献资源的共享。除了全国性的体系，还有许多区域性的文献资源共建共享体系正在发挥作用。HALIS（河南省高等教育文献保障体系）就是其中的一个典型例子。目前，该体系已经建设了"HALIS 网络公共服务平台"和"共享资源数据存储局域网"。更值得关注的是，在 CALIS 管理中心的帮助与支持下，依托"CALIS 联机编目数据库"，成功整合了 9 所高校图书馆的书目数据，构建了《河南省高校联合书目数据库》。这不仅为河南省内的高校图书馆实现资源共享提供了坚实的基础，也为读者提供了更为便利的文献检索途径。①

（四）人员保障

高校图书馆的社会化服务深化了图书馆的角色和职责，同时也对其人员结构和素质提出了更高的要求。在图书馆服务的核心，人员扮演着不可替代的角色，他们是将图书馆资源与读者连接起来的桥梁。在高校图书馆中，随着社会化服务的不断扩展，用户的需求也变得多样化。这

---

① 王槐深，白广思. 区域高等教育文献信息资源整合的原则与策略：以 HALIS 建设与发展为例 [J]. 河南科技，2009（9）：2.

不仅要求图书馆员具备更高的专业素质，还要求他们具有更加敏锐的服务意识和更强的创新能力。馆员需要定期参加各种培训和研修，以适应这种变化，确保能为读者提供高效、专业的服务。此外，为了满足多样化的用户需求，图书馆在人员队伍建设上，不仅要提高现有馆员的素质，还要考虑如何充分利用外部资源。其中，征集读者志愿者是一个非常有效的方法。通过吸引和培养志愿者，图书馆可以有效扩展其服务队伍，同时为志愿者提供一个实践和学习的平台。这种模式对图书馆和志愿者都有利。读者志愿者，因为长时间的图书馆使用经验，对图书馆的资源和服务有着深入了解。他们可以为其他读者提供帮助和建议，助力图书馆更好地满足读者需求。同时，他们也可以为图书馆提供一些新的服务理念和建议，帮助图书馆不断创新和进步。对于志愿者本身，参与图书馆的服务不仅可以丰富他们的生活经验，还可以帮助他们提高自己的专业技能和社交能力。通过与馆员和其他读者的交流，他们可以学到很多新的知识和技能。同时，他们的服务也会得到社会的认可和尊重，为他们带来成就感和满足感。

第五章　高校图书馆"微"服务体系

第一节　高校图书馆"微"服务体系概述

一、"微"服务体系构建基础

在数字化时代的迅猛发展背景下，高校图书馆的服务模式也随之发生了深刻变革。面对信息爆炸和用户需求的日益多样化，传统的图书馆服务模式已经不能完全满足现代读者的需求。因此，"微"服务体系应运而生，旨在为用户提供精细化、个性化的服务。

（一）"微"服务

1."微"服务的发展

"微"服务，这一概念早在 2001 年就已经萌芽，仅仅局限于计算机服务领域。当年的"巨架构，微服务"，即以通讯网络为基础的"巨架构"以及以信息化服务为主的"微服务"，实际上就包含了这一微观的服务观念，旨在为中小企业提供信息化的服务。但真正推动这一概念快速发展并被大众认识的，还得益于 21 世纪初的一系列社交软件革命。微信，这个腾讯公司于 2011 年 1 月推出的通信软件，其简洁、直观和易操作的界面特性迅速俘获了大众的心。从推出之初到 2023 年 6 月，短短的时间内用户数量从零飙升到惊人的 13.27 亿，超过了 13 亿大关。这背后所展现出的是微信已经深深渗透到亿万用户的日常生活中，成为他们交流、娱乐、工作等各方面的重要工具。再观察微博这一平台，它为用户提供了一个共享简短、实时信息广播的空间。尤其以新浪微博为例，其日均活跃用户数在 2023 年 6 月达到 2.58 亿。这一数字反映出微博作为一个平台，也同样被大众所接受和喜爱，成为他们获取信息、交流心得的主要渠道。这些即时通信软件和社交网络平台的出现和流行，为"微"服务的快速发展提供了广阔的土壤。它们不仅改变了人们的交流方式，还影响了人们的生活习惯和工作方式。这些软件和平台不仅仅是传输信息的工具，更是人与人之间连接的桥梁。"微"服务模式从这些社交软件中获得灵感，并借鉴其成功经验。借助这些工具，企业和服务提供者可以直接、快速地与用户进行交互，提供精细化、个性化的服务。这种服务模式的成功，实际上是建立在对用户需求的深入理解和对技术发展趋势的敏锐把握之上的。

微博、微信等新媒体在当下社会受到广大青年人，特别是学生群体的热烈欢迎。其传播效率高、互动性强的特点决定了它们在信息传播中的核心地位。对于高校图书馆来说，这无疑是一个极具价值的机遇。考虑到青年学生是微博和微信用户的主力军，高校图书馆若想提高服务效率和满足学生的需求，便需要紧紧抓住这些新媒体的特点。例如，图书馆可以利用微博和微信等平台，发布最新的图书资讯、活动预告或是图书推荐，让学生们在浏览社交媒体的同时，即时获取与图书馆相关的信息。此外，微服务平台的互动性也给图书馆带来了更多的可能性。图书馆不再是一个单向提供服务的场所，而是成了一个可以与学生进行多方面互动的平台。例如，图书馆可以通过微服务平台，开展各种线上问答活动，解答学生关于图书借阅、文献检索等方面的问题。或是在某些特定的节日和纪念日，图书馆可以通过微服务平台，发起相关的线上活动，吸引学生参与，从而增加图书馆与学生之间的互动。当然，微服务平台的发展也为图书馆的宣传和推广带来了新的机会。在微服务平台上，图书馆可以展示自己的特色资源和服务，通过图文、视频等多种形式，将自己的优势和魅力呈现给学生。而学生们也可以通过点赞、评论、转发等方式，帮助图书馆扩大其在校园内的影响力。

2."微"服务的概念

"微"字面上意味着微小、精细。在服务领域中，它强调的是针对用户需求提供精确、快速和高效的服务。与传统的宏观服务相比，"微"服务注重细节，重视用户体验，目标是为用户创造更大的价值。"微"服务在现代互联网语境中代表了一种新的信息传递和服务提供方式。它利用微信、微博、微视频等微信息技术，通过手机、平板电脑、个人电脑等移动终端，为用户提供即时化、个性化、多元化的信息服务。这种服务方式强调信息的实时性、便捷性和针对性。与传统的信息服务相比，"微"服务迅速、灵活，能够更好地满足现代用户的需求。此外，"微"服务还具有高度的互动性，允许用户与服务提供者、其他用户或内容进行实时交互，从而创造出丰富、多样的用户体验。

（二）"微"服务体系构建理论基础

在构建"微"服务体系时，需要依托于多种理论基础来确保其有效性和实用性。这些理论不仅为"微"服务提供了深厚的学术背景，还为其实际应用提供了指导和支持。如图 5-1。

1	2	3	4
新公共服务理论	客户关系管理理论	用户信息需求分析理论	基本公共服务均等化
强调公共服务的创新和公众参与，促进服务的高效和公正	注重与用户建立长期、稳定的关系，提高服务的个性化和满意度	通过深入分析用户的信息需求，为其提供精准和有针对性的服务	确保所有用户都能获得基本的、高质量的公共服务，减少服务差距

图 5-1 "微"服务体系构建理论

1. 新公共服务理论

新公共服务理论是近年来公共管理领域的一种新兴理论，它为公共服务的改革和发展提供了新的视角和指导思想。该理论源于美国，由罗伯特·B. 登哈特（Robert B. Denhardt）和珍妮·V. 登哈特（Janet V. Denhardt）提出，并在《新公共服务理论》一书中进行了详细的阐述。

新公共服务理论的出现为"微"服务体系构建提供了有力的理论支撑。该理论体现了当代公共管理的思维变革，特别是在面对数字时代的新挑战时。与传统的公共管理观念相比，新公共服务理论强调的是公民的中心地位和公共利益的追求。在该书中，公共服务的核心目标是为公民服务，而不仅仅是满足顾客的需求。这是因为公共服务机构的任务不仅仅是提供商品和服务，更重要的是维护公共利益和公共价值。因此，公共服务机构应该重视公民的权益，关心公民的需求和诉求，积极参与公共事务的决策和管理，确保公共服务的公平性、公正性和有效性。在新公共服务理论中，公民不仅是公共服务的接受者，更是公共服务的参与者和合作伙伴。公共服务机构应该尊重公民的意愿和选择，鼓励公民参与公共事务的决策和管理，倾听公民的声音，反映公民的意见和建议，保障公民的权益和利益。此外，新公共服务理论强调公共服务机构的责任和职责。公共服务机构不仅要为公民提供高质量的服务，还要对公共利益和公共价值负责，确保公共资源的合理使用和分配。公共服务机构的行动应该具有战略性和长远性，考虑到公共事务的复杂性和多样性，注重公共政策的制定和实施，确保公共政策的合理性和有效性。新公共服务理论还强调公共服务机构的角色和定位。公共服务机构不应该只是一个管理者或掌舵者，更应该是一个服务者和合作伙伴。公共服务机构应该为公民提供方便、高效和人性化的服务，关心公民的需求和诉求，与公民建立互信和合作的关系，共同推进公共事务的发展和进步。最后，新公共服务理论还强调公共服务机构的组织和管理。公共服务机构应该重视人才的培养和发展，注重人才的激励和激发，建立公平、公正和公开的用人机制，确保人才的合理配置和充分发展。同时，公共服务机构还应该注重组织的创新和变革，持续提高组织的效率和效果，确保组织的健康和稳定发展。

2.客户关系管理理论

客户关系管理，简称CRM（Customer Relationship Management），诞生于20世纪90年代末的美国，由加纳特公司率先提出。它是一种以客户为中心的管理思想，旨在通过维护与客户之间的关系来创建和保持忠实的客户群。CRM的理论基础深受企业的喜爱和采纳，因为它提供了一种方法，使企业能够深入了解并满足客户的需求，同时还能充分挖掘客户资源，以实现企业的最大利润。为了实现这一目标，CRM注重收集、整合和分析与客户有关的所有信息。这包括客户的购买历史、服务请求、偏好和反馈等。通过对这些信息的分析，企业可以更好地了解客户的需求和期望，从而为他们提供个性化服务。在数字化时代，大数据和人工智能技术为CRM带来了新的机会。现代CRM系统不再仅仅是一个客户信息数据库，而是一个强大的分析工具，可以预测客户的行为，推荐合适的产品和服务，甚至自动处理客户的请求。此外，社交媒体和移动技术也为CRM提供了新的渠道，使企业能够与客户实时互动，及时收集反馈，快速响应需求。

"微"服务体系构建中，客户关系管理理论起到关键作用。在图书馆领域，这一理论确保了对读者的深度理解和细致服务。图书馆不仅仅是一个提供书的场所，它也是一个连接知识与求知者的桥梁，因此，理解每一位读者的需求与兴趣变得尤为重要。客户关系管理理论强调了对"客户"的重视。在图书馆微服务中，"客户"即读者。对于图书馆来说，读者是其存在的核心和目的，无论是校内还是校外，每一位读者都有自己的特殊需求和兴趣点。例如，老年读者和年轻读者在信息消费上的偏好可能大不相同。面对老年读者，可能需要更多的纸质资源推介，而对于年轻读者，可能更偏爱数字资源。因此，为每一位读者提供个性化服务，确保他们能够获得最适合自己的资源和信息，是图书馆工作的核心内容。除了对不同类型的读者进行细分，图书馆还需要密切关注读者的反馈信息。每一位读者都是图书馆服务的检验者，他们的阅读习惯、借阅习惯都是图书馆改进服务的关键指标。通过对这些信息的收集和分析，图书馆可以更好地满足每一位读者的需求，确保服务的高效与贴心。而为了提高读者服务水平，图书馆在"微"服务中需要进行跨部门整合。图书馆各个部门的工作内容与目标，虽然各不相同，但都是为了提供更好的服务给读者。例如，借阅部门与信息技术部门可以合作，建设信息资源统一检索平台，确保读者可以一站式地找到自己需要的资源，不仅提高了服务效率，也增强了用户体验。

3. 用户信息需求分析理论

"微"服务体系构建理论基础中，用户信息需求分析理论占据着重要的地位。用户信息需求揭示了用户对于信息服务内容、载体及获取方式的渴望和标准。特别值得注意的是，这些需求并不是固定不变的，而是在时间和空间的影响下持续发展和变化，呈现出"运动状态"的特点。

影响用户信息需求的因素是多种多样的，大致可以分为主观因素和客观因素。从主观方面看，用户的心理状态、认知状态以及素质等都会对其信息需求产生影响。比如，一个对某一领域有深入研究的学者与一个初涉此领域的学生，他们的信息需求就可能大相径庭。学者可能需要更深入、具体、专业的信息，而学生可能更多地需要基础和入门级的信息。客观因素则涵盖了用户的社会职业与地位、所处的社会环境、社会关系以及社会状况等。一个在都市工作的职场人士与一个在农村务农的人，他们所需要的信息服务可能完全不同。都市职场人士可能更关注行业动态、技能提升等，而务农的人可能更关心农作物种植技术、天气预报等。信息用户的年龄、性别、文化程度、职业等也是决定信息需求的关键因素。年轻人可能更喜欢使用图文结合、动态的信息载体，而年长者可能更偏向于传统的、文字为主的信息载体。文化程度也会影响用户对信息的深度和广度的需求。此外，不同的职业可能对应着不同领域的信息需求。在提供"微"服务的时候，图书馆必须高度重视用户信息需求的分析，并进行差异化的研究比较。这不仅可以帮助图书馆更精准地提供服务，还可以为图书馆的个性化服务提供强有力的理论支撑。理解和满足用户的信息需求，是图书馆提供高质量"微"服务的基石。

4. 基本公共服务均等化

中共中央在不同的全会中均提出了公共服务均等化的相关建议。特别是在十八届三中全会《中共中央关于全面深化改革若干重大问题的决定》中明确提出推进基本公共服务均等化，再到十九大报告将"基本公共服务均等化基本实现"作为从 2020 年到 2035 年的发展目标，显示了这一方向的持续和深化。而在二十大报告中，"健全基本公共服务体系，提高公共服务水平，增强均衡性和可及性"的新要求进一步明确了公共服务向深度和广度双方向的发展。基本公共服务均等化包括了民生性服务、公共事业型服务、公益基础性服务、公共安全型服务等。高校图书馆作为具有地方服务义务要求的单位，其提供的"微"服务正好属于公共事业型服务的范畴。高校图书馆的"微"服务与公共事业型服务之间存在天然的关联。图书馆的核心职责在于为用户提供知识和信息。在数字化时代，"微"服务为图书馆提供了更为便捷和即时的服务方式，使得图书馆能够更好地满足用户的需求。微博、微信等微信息技术的应用，使得图书馆可以随时随地为用户提供服务，打破了时间和空间的限制。与此同时，均等化的要求意味着图书馆需要为所有用户提供公平、公正的服务。这不仅仅是技术上的挑战，更是理论上的挑战。图书馆需要研究如何更好地满足不同用户的需求，如何提供个性化服务，同时不失公平性，"微"服务为此提供了可能性，但同时带来了新的问题和挑战。

（三）"微"服务体系构建技术基础

"微"服务体系构建的成功，在很大程度上依赖于其技术基础。当今的技术环境为这一构建提供了强有力的支撑和丰富的可能性。新媒体技术，为图书馆提供了与读者直接和即时沟通的渠道；大数据技术使得图书馆能够处理和分析前所未有的大量信息，从而为读者提供个性化服务；而数据挖掘技术允许图书馆从海量数据中提取有价值的信息，优化服务和资源配置。这些技术的结合和互补，为高校图书馆的"微"服务体系构建提供了坚实的技术支柱。

1. 新媒体技术

新媒体技术是指一系列基于数字化和网络化的信息传播技术，包括但不限于互联网、移动通信、数字电视等。在当今信息化社会，新媒体技术正在快速改变人们的生活方式、学习习惯和沟通模式。对于高校图书馆来说，这也意味着传统的服务模式需要进行相应的调整。利用新媒体技术，图书馆可以通过各种平台，如社交媒体、网站和移动应用，为用户提供更为便捷、直接的服务。例如，图书馆可以通过微博或微信推送最新的图书资讯、活动通知或学术研究的动态，为读者提供实时的信息更新。同时，新媒体技术为图书馆提供了与读者互动的机会，如在线咨询、即时反馈等，使服务贴心和高效。除此之外，新媒体技术还为图书馆的资源推广和知识传播提供了新的可能。利用数字化技术，图书馆可以将其丰富的文献资源转化为电子格式，通过网络为更多用户提供访问和下载的机会。这不仅大大扩展了图书馆的服务范围，也使得知识的传播迅速而广泛。

与传统媒体相互融合发展。新媒体技术的主要特征体现在互动性、多元化、融合性、及时性四个方面。互动性是新媒体技术的核心特点之一，它使读者能够积极地参与图书馆的服务，如通过评论、分享和评价等方式，使得服务人性化和定制化。此外，这种双向的沟通模式也为图书馆提供反馈，帮助其了解读者的需求和期望，从而完善服务。多元化意味着新媒体技术提供了多种形式和渠道，为读者提供信息。高校图书馆可以利用视频、图文、音频等多种形式，为读者呈现丰富的内容。这种多样性满足了不同读者的偏好和需求，为他们提供了丰富和多样的阅读体验。融合性体现在新媒体技术将不同的信息和内容形式整合在一起，为读者提供一种全新的信息消费方式。例如，图书、音频和视频可以在一个平台上共存，为读者提供一个综合的学习和娱乐环境。这种融合也促使图书馆进行跨界合作，与其他行业或领域共同创建新的内容和服务。及时性是指新媒体技术能够迅速传播和更新信息。对于高校图书馆而言，这意味着他们可以快速响应读者的需求，及时更新资源和服务，确保提供的信息是最新的、最相关的。

2. 大数据技术

在当今信息化社会，每一秒都有海量的数据产生，这些数据涉及各种领域，从社交媒体的互动、网络搜索记录，到电子商务的交易数据和用户行为记录。这些数据，如果得到有效利用，可以为高校图书馆提供前所未有的信息和机会。大数据技术的核心是捕捉、存储、分析和解释大量的、多种类型的、快速变化的、分布广泛的和难以处理的数据。这种技术为图书馆提供了一种新的方式，来更好地了解读者的需求、习惯和行为模式。例如，通过分析读者的检索记录和借阅记录，图书馆可以发现哪些资料或服务受欢迎，哪些可能需要进行调整或优化。利用大数据技术，图书馆还可以对其资源进行更为精确的管理和配置。例如，可以预测哪些图书或材料在将来会更受欢迎，从而提前进行采购或备份。

同样，也可以通过分析数据来优化图书馆的布局和工作流程，从而提高服务效率和用户满意度。大数据技术还可以帮助图书馆进行更为精确的目标定位和推广。例如，通过对读者的行为数据进行分析，可以发现某一类读者可能对某种特定的服务或资源特别感兴趣，从而进行有针对性的推广和服务。

3. 数据挖掘技术

数据挖掘技术，作为大数据领域的核心，已逐渐成为信息行业的关键技术，特别是在图书馆这样的知识管理机构中。这项技术融合了人工智能技术、数学统计和数据库技术，力求从海量数据中提取出真正有价值的信息。这些信息，如知识、规则、关系、模型和趋势，能为决策者提供有力的支持。在图书馆的日常运作中，数据挖掘技术的价值主要体现在对用户需求的深入理解上。传统的图书馆服务可能只能满足读者的表面需求，而现代技术使得图书馆能够深入挖掘每个读者的兴趣和喜好。这不仅有助于图书馆提供更加精准的推荐服务，还能为图书馆的资源配置和采购策略提供有力的数据支持。此外，数据挖掘技术还能帮助图书馆发现新的知识和趋势。例如，通过分析大量的文献资料，图书馆可以发现某一领域的研究热点，从而为学者提供准确的研究方向。同时，这为图书馆的知识整合和推广工作提供了有力的支持。数据挖掘技术在预测任务和描述任务中都有其独特的价值。预测任务能帮助图书馆预测未来的趋势，如哪些书或资料可能成为未来的热门。而描述任务能帮助图书馆了解当前的状态，如哪些资源被频繁访问，哪些资源被忽略。这两项任务共同为图书馆提供了一个全面的视角，使其能够更好地为读者服务。

二、高校图书馆"微"服务体系

高校图书馆"微"服务体系的构建，是当前信息技术背景下对传统图书馆服务模式的创新和升级。这种体系旨在更好地满足现代读者的需求，提供便捷、高效和个性化服务。

（一）"微"服务内容层

高校图书馆"微"服务体系中的"微"服务内容层展现了现代图书馆服务的魅力和多元性。当提及"微"服务内容层，人们可能首先想到的是各种电子资源或文献检索功能。然而，随着技术的进步和用户需求的变化，这一层已经远远超越了传统的范围，成为图书馆与读者互动和交流的核心载体。图书馆"微"服务内容不再仅限于简单的资源检索或业务办理，而是逐渐涵盖了知识服务、学科服务、互动咨询等多种形式。这些服务致力于为读者提供丰富和多样化的学习和研究资源。例如，信息素养课程、新生入馆教育小课堂和资源与服务培训小视频都是以互动学习为目的，帮助读者更好地了解和利用图书馆资源。同时，"微"服务内容的表现形式变得丰富。无论是简短的文字、微表情、音视频还是图片，都可以成为"微"服务内容的载体。这种多元化的表现形式使得服务内容生动有趣，能够更好地满足不同读者的需求和喜好。除此之外，各种通知、公告、预约信息等也都被纳入了"微"服务内容的范畴。这些通常被视为辅助性的信息，在"微"服务体系中，它们同样起到重要的作用。通过"微"服务平台，图书馆可以迅速和便捷地向读者传递各种信息，确保读者能够及时了解和掌握图书馆的最新动态。网络资源、数据库资源、元数据和二次文献等也都成为"微"服务内容的重要组成部分。这些资源提供了丰富的学术和研究信息，帮助读者更好地开展学习和研究工作。而且，它们都是短小、精练、分散的，能够为读者提供个性化服务体验。

（二）"微"服务技术层

高校图书馆"微"服务体系中的"微"服务技术层是构建现代化图

书馆服务不可或缺的环节。这一层次涵盖了丰富的技术内容，既包括为信息服务提供支撑的基础技术，也包括与用户直接接触的应用技术。

基础技术层对于图书馆服务的重要性不言而喻。大数据技术允许图书馆处理、分析和管理大量的信息资源，从而为读者提供精确和个性化的服务。多媒体技术则扩展了图书馆服务的形式和内容，允许读者以更为生动和直观的方式获取和交互信息。数据挖掘技术通过对海量数据的分析，发现有价值的信息、规律和趋势，从而为图书馆服务提供有力的决策支持。人工智能技术则使图书馆服务更为智能和自动化，如自动化的检索推荐、智能客服、语音助手等，这些都极大地提高了服务的效率和质量。在基础技术层之上，是各种类型的技术表现形式。移动图书馆App 为读者提供了随时随地的信息获取和交互的便利，使图书馆服务真正实现了移动化和泛在化。微博、微信、微视频等社交媒体平台则在图书馆与读者之间建立了紧密和互动的联系，图书馆可以通过这些平台及时发布新的信息资源、通知和活动，而读者也可以在这些平台上与图书馆互动、提出建议和反馈。"微"服务技术层的存在，使高校图书馆服务不再受限于物理空间和时间，而是真正实现了线上线下、时空无界的服务。每一个技术环节，从资源的形成、收集、整理、保存到应用，都是为了更好地满足读者的需求，提供高效、便捷和个性化服务。

（三）"微"服务主体层

"微"服务主体层中的主体由高校图书馆员和兼职服务人员组成，它们是整个"微"服务体系的核心动力。

高校图书馆员在服务中担当着关键角色，作为专业知识和经验的拥有者，他们的职责不仅是提供信息和资料，更是为用户提供指导和帮助。对于许多用户，特别是初次来访的学生来说，馆员往往是他们在图书馆内的第一个接触点，因此，他们的服务态度和专业水平很大程度上影响着用户对整个图书馆的印象。此外，与全职馆员相比，兼职服务人员可能更加接近普通用户，他们更能理解普通用户的需求和疑虑。同时，兼职服务人员的加入增加了图书馆的服务动力，使得图书馆能够在高峰时段提供迅速和高效的服务。用户满意度与图书馆员的服务水平有着直接的关联。为了确保用户能够得到最佳的服务体验，图书馆应该对服务人员进行定期的培训和评估。通过培训，图书馆员和兼职服务人员可以不断更新自己的知识和技能，更好地满足用户的需求。同时，通过评估，图书馆可以及时发现并改正服务中存在的问题，确保服务质量持续提高。图书馆还应该根据用户的不同需求，对服务人员的组织结构进行细化。例如，为了满足研究生和本科生的不同需求，图书馆可以设置专门负责研究生服务的馆员和专门负责本科生服务的馆员。

（四）"微"服务用户层

在微时代，高校图书馆用户群体不再局限于传统的学生、教师和研究人员，而是扩展到社会的各个角落，包括那些之前可能从未踏足过图书馆的个体或群体。这些新的用户因其特有的背景和需求为图书馆带来了新的活力和创意。在这种背景下，"微"服务用户层的建设成为图书馆服务转型的关键。这不仅意味着图书馆需要为广泛的用户提供服务，更重要的是要充分利用这些用户的知识和经验，实现知识的共享和创新。社会上的每一个微小个体或群体，都是潜在的知识库。他们的生活经验、专业背景、兴趣爱好等都可以为图书馆提供宝贵的信息和资源。通过与这些用户互动，图书馆可以更好地了解他们的需求，为他们提供专业服务。与此同时，这些用户也可以成为图书馆的知识创新者。他们不仅是知识的消费者，更是知识的创造者。通过充分调动他们的积极性，图书馆可以收集到大量的隐性知识，例如，生活中的小窍门、专业领域的经验总结等。这些知识一旦被挖掘和整理，就可以为更多的用户提供帮助，实现知识的传承和创新。此外，用户之间的互动也为图书馆提供了宝贵的资源。例如，用户可以通过社交媒体、论坛、博客等方式分享自己的读书心得、研究成果、创意想法等。这些内容不仅可以为其他用户提供参考，更可以为图书馆提供新的服务方向和内容。为了更好地挖掘和利用这些资源，图书馆需要建立一套完善的机制。例如，可以设置专门的平台或渠道，鼓励用户分享自己的知识和经验；可以与社会上的各类组织和机构合作，共同开展知识挖掘和分享活动；也可以利用现代信息技术，例如，人工智能、大数据等，对用户的互动内容进行分析和整理，为更多的用户提供有价值的信息和服务。

（五）"微"服务组织层

高校图书馆"微"服务组织层的核心是对服务流程的标准化和规范化。这种标准化不仅确保了服务的一致性、稳定性和效率，而且为读者提供了专业和可靠的服务体验。

制度标准作为组织层的基石，为"微"服务的各个环节提供了明确的指导。流程管理规范明确了从服务的开始到结束的各个步骤，确保了服务过程的透明性和可追溯性。这种规范有助于减少误差，提高工作效率，同时为读者提供了专业和系统的服务。人员管理制度则关注如何更好地组织和管理提供服务的馆员和其他相关人员。它包括了如何选拔、培训和评估馆员，如何确保馆员的专业水平和服务态度，以及如何激励和奖励表现出色的馆员。这种制度旨在建立一个高效、和谐和专业的工作团队，为读者提供高质量的服务。资源管理制度关注的是如何更好地管理和利用图书馆的各种资源，包括电子资源、物理资源、财务资源等。它涉及如何采购、维护、更新和淘汰资源，如何确保资源的合理使用和公平分配，以及如何防止资源的浪费和滥用。这种制度有助于图书馆更好地满足读者的需求，提高资源的使用效率，同时确保了资源的长期可持续性。安全操作规范则是确保"微"服务过程中数据和信息的安全性。随着技术的发展，数据安全和隐私保护成为越来越重要的问题。安全操作规范明确了如何防止数据的泄露、篡改和丢失，如何应对各种安全威胁和攻击，以及如何确保数据的完整性和可靠性。平台管理和组织管理则涉及如何更好地管理和组织"微"服务的各种平台和工具，如何确保平台的稳定性和可用性，如何调整和优化平台的功能和性能，以及如何与其他平台和系统进行有效的集成和协同。高校图书馆"微"服务组织层是整个服务体系的管理和监督部分。它确保了"微"服务能够高效、有序和专业地运作，同时也为"微"服务的长远发展提供了方向和策略。

第二节　高校图书馆"微"服务体系内容

一、资源建设中的"微"服务

资源建设，无论是传统的图书收藏还是现代的数字资源，都是高校图书馆的核心业务之一。过去，高校图书馆需要投入大量的时间和资源来建设、维护和更新这些集成的资料系统。但是，随着"微"服务的出现，这一模式已经发生了深刻的变化。用户驱动的采购模式，或称为PDA模式，正是在这种环境需求下应运而生的。与传统的图书馆采购模式相比，PDA模式注重读者的需求和反馈，强调资源的实时性和针对性。在PDA模式下，读者可以根据自己的阅读兴趣和需求，直接参与到图书馆的资源选择和采购过程，从而确保所采购的资源能够更好地满足其实际需求。

（一）PDA 模式

PDA即需求驱动采购，这种图书馆资源采购方式，注重读者的实际需求与使用情况，从而实现高效的资源利用。

1. 纸质资源采购

纸质资源采购在 PDA 模式下展现出了新的面貌。主要采取的"你选书，我买单"的服务理念，确保图书馆的资源是真正符合读者需求的。在这个模式下，图书馆与书店建立了紧密的合作关系。读者可以通过图书馆的"微"平台，在经过身份验证后，直接在书店进行借阅。这种模式确保了读者可以快速地获得想要的书，无需等待图书馆的传统采购流程。而当图书归还后，图书馆再进行数据加工流程。这种方式的确既保证了读者的及时性需求，又满足了其个性化的借阅需求。另一种模式是读者荐购模式，这一模式中图书馆将读者和馆员的意见都纳入了考虑范围。为了保证馆藏的质量，这一模式的操作更为细致。图书馆会根据自己的馆藏建设原则预先划定一份书单。通过"微"服务平台，这份书单会提供给读者进行选择。读者的选择将形成一个订书单，之后图书馆再进行采购。在图书到达图书馆后，选订者将通过微信、短信等方式得到通知，并享有优先借阅的权利。PDA 模式的采用为图书馆和读者带来了双重的好处。对于图书馆来说，这种方式大大提升了图书采购的针对性，因为所购买的资源都是真正有需求的。此外，图书馆也可以根据读者的实际需求进行精确的资源规划。对于读者来说，他们不再需要为获取一本书而等待很长时间，而是可以更加快速、方便地借阅到自己需要的资源。此外，由于 PDA 模式注重读者的选择，所以他们在借阅时会感到满足和愉悦。

2. 数字资源采购

PDA 模式为高校图书馆提供了一个新的数字资源采购途径，使其能够灵活、高效地满足读者的需求。这种模式还为图书馆提供了一个与读者互动、共同发展的机会，有助于图书馆在数字化时代的持续发展和壮大。

网上书店购买触发是 PDA 模式中常见的一种方式。图书馆与网上书店签订 PDA 协议后，读者便可以在图书馆的微服务平台上进行资源检索。当读者找到感兴趣的资源时，可以直接进行选项选择，并向图书馆发出购买请求。这种方式的优势在于其及时性和实时性。读者的需求可以迅速得到反馈，图书馆也可以更加迅速地对资源进行采购。另一种方式是使用量触发购买。图书馆可以根据电子资源的特点和读者的需求，提前预设一系列触发指标。这些指标可以是浏览次数、试读次数或其他相关的使用数据。当某种资源达到预设的触发指标时，便会自动启动购买流程。这种方式的优势在于其精确性和目标性。图书馆可以精确地了解读者的实际需求，并根据这些需求进行资源的采购。此外，这两种触发方式还为图书馆提供了一个新的服务理念。在传统的采购模式中，图书馆往往是根据自己的判断和预测来进行资源采购，这往往导致资源的浪费。而 PDA 模式将读者置于服务的中心，确保资源的采购是以读者的需求为导向的。这种需求导向的服务理念，不但可以提高资源的利用率，还能增强读者对图书馆的满意度和忠诚度。

（二）"微"服务体系下的资源建设策略

　　资源建设是高校图书馆"微"服务体系的核心和灵魂。只有通过高质量的资源建设，高校图书馆才能为用户提供优质、高效和创新的服务，进而实现其社会和学术价值。

1.明确馆藏发展目标

　　明确馆藏发展目标是资源建设策略的第一步。高校图书馆的馆藏不再仅仅局限于纸质图书，还包括了电子书、数据库、音视频资料等多种格式。因此，需要明确哪些资源是优先采购的，哪些是次要的，以及如何平衡各种资源的比例。同时，需要考虑到图书馆的特色和定位，确保馆藏资源能够支持学校的教学和研究任务。而在明确目标的基础上，选择合适的采购渠道也显得尤为重要。不同的资源可能需要通过不同的途径获取。例如，一些珍贵或特色的资料可能需要与其他图书馆或机构合作，共同采购或交换；而一些常规的图书或期刊，可以通过与供应商直接合作来采购。在资源的采购过程中，也需要对资源的质量进行严格的把关。不同的资源提供商可能会有不同的资源版本和授权方式，选择合适的版本和授权方式，可以确保资源的稳定性和长期性，同时可以降低采购成本。另外，随着技术的发展，开放获取资源（Open Access Resources）逐渐受到图书馆的重视。这些资源通常是免费的，可以为读者提供更为丰富和多样的信息来源。因此，在资源建设策略中，也需要考虑到如何发掘和利用这些开放获取资源。资源的建设并不仅仅是采购，还包括了资源的整理、分类、标引等一系列工作。这些工作确保资源可以被有效地管理和检索，为读者提供便捷服务。而随着"微"服务体系的发展，如何将这些资源整合到"微"服务平台，如何为读者提供个性化和即时化服务，也成了资源建设策略的重要内容。

2. 重视数字资源建设

重视数字资源建设是高校图书馆"微"服务体系成功的关键因素之一。通过提供高质量、易于访问的数字资源，图书馆不仅可以更好地支持学术研究和教学，还可以提升自身的影响力和价值。

数字资源，相较于传统的实物资源，具有存储效率更高、易于传播和查询的优势。而这种优势在"微"服务体系中得到了充分发挥。高校图书馆的主要任务之一是为学术研究和教学提供支持，为此，库藏丰富、内容质量高、获取便捷的数字资源变得尤为重要。考虑到现代学者和学生的研究习惯和学习方式，数字资源提供了随时随地、跨平台的访问能力。这意味着，不论是在实验室、教室还是宿舍，只要有网络连接，就可以轻松获取所需的资料。此外，数字资源还能够通过互联网迅速传播，极大地扩大了其影响范围和受众群体。另外，数字资源具有高度的可定制性和可互操作性。这使得图书馆可以根据用户的需求，提供个性化服务。例如，可以根据学者的研究领域或学生的学习课程，提供特定的数字资源推荐。同时，数字资源还可以与其他信息系统进行集成，如在线学习平台或研究管理系统，为用户提供完善和综合的服务体验。

3. 加强馆际合作和资源共享

高校图书馆"微"服务的成功开展在很大程度上取决于其所能访问和利用的资源的广度和深度。而在现代社会，一个单独的图书馆，无论其规模有多大，都很难完全满足用户的所有需求。因此，馆际合作和资源共享变得尤为重要。馆际合作不仅仅是图书馆间的物理资源交换，更是知识、经验和技术的共享。多个图书馆之间通过建立合作关系，可以相互之间借鉴最佳实践，分享资源采购经验，甚至共同开展研究和开发项目。这种合作模式可以提高效率，降低成本，同时能提升图书馆的创新能力和服务质量。资源共享则是馆际合作的具体体现。通过共享，图书馆可以扩大其资源的范围和深度，提供丰富和多样的服务。例如，一个图书馆可能没有某个特定的学科领域的完整馆藏，但通过资源共享，它可以为用户提供访问其他图书馆这一领域的馆藏的机会。这不仅为用户提供了全面的知识资源，也节省了图书馆自身的采购成本。网络资源和云端的图书馆联盟的共享知识服务机构资源为图书馆提供了更为广泛和深入的资源访问途径。随着信息技术的发展，图书馆不再仅仅是实体书的存放地，它们还提供了大量的电子资源、数据库和在线服务。这些网络资源为用户提供了随时随地访问和使用的可能性，同时为图书馆提供了与用户互动和为用户提供个性化服务的新途径。图书馆联盟在资源共享和馆际合作中扮演了重要的角色。这些联盟通常由多个图书馆组成，共同协商，建立合作关系，制定资源共享政策和标准。通过联盟，图书馆可以方便地进行资源交换，实现资源的优化配置，同时可以共同开展项目，分享经验和知识。

4.完善文献资源整合系统加工

高校图书馆的核心价值在于它所拥有的资源，尤其在数字化时代，如何更好地为读者提供便捷、个性化的服务成为图书馆面临的挑战。在"微"服务体系下，高校图书馆所提供的服务不再局限于实体书，而是涵盖了多种形式的文献资源，包括电子书、数字文献、视频、图片等。为了将这些多种形式的资源有效地呈现给读者，高校图书馆需要采用先进的技术对资源进行整合处理。纸质资源的电子化和存档，可以确保其长期保存，并满足更多读者的查询需求。模式转换让纸质资料变得更为灵活和方便，与数字化资源无缝对接。数字资源的整合则要求高校图书馆能够实现跨平台、跨载体的知识检索。这不仅可以为读者提供更为全面的查询体验，还可以促进不同资源之间的交互和协同。地方特色文献资源的融合，使高校图书馆的资源更具特色和价值，满足读者对于本地文化和历史的探索需求。

"微"服务体系中的读者，更加倾向于短小、多样化的内容。因此，在资源采购和加工时，高校图书馆需要考虑到这一特点，建设特色资源库，满足读者的微阅读需求。这不仅要求高校图书馆有高效的信息加工系统，还要求高校图书馆能够灵活地调整资源配置，满足读者多变的需求。为了提高资源的可检索性和使用便利性，"微"服务体系建设还需要对检索模式系统进行升级。资源检索的智能化，可以为读者提供更为精准的查询结果，减少查询时间，提高查询效率。全站化的检索，可以涵盖图书馆所有的资源，为读者提供一站式的查询体验。MVS 技术的引入，提高了资源的可检索性和使用便利性。文字、图片、视频等多种资源内容，都可以转化为可供 MVS 技术操作的检索内容。这意味着读者只需通过简单操作，如拍摄一本书的照片，就可以快速检索到该书的馆藏信息，大大提高了查询的效率和便捷性。

二、阅读推广中的"微"服务

阅读推广，作为高校图书馆的核心职责之一，旨在激发读者的阅读兴趣，提高他们的阅读能力，并推广高质量的文献资源。在这个背景下，"微"服务作为一个新兴的技术手段，为阅读推广提供了更多的可能性。通过微信、微博、微视频等数字平台，高校图书馆可以更为直接和有效地与读者互动，为他们提供定制化的阅读推荐和信息服务。

（一）利用"微"服务开展阅读推广的必要性

1."微"服务提升读者对图书馆的关注度

高校图书馆"微"服务体系的推出是为了满足现代读者的需求和习惯。随着科技和社交媒体的快速发展，阅读的形式和内容也发生了巨大变化。在这种背景下，传统的高校图书馆服务方式可能不再能满足读者的需求，而"微"服务为图书馆提供了一个全新的机会和平台，更好地吸引和服务读者。

顺应读者的阅读习惯是高校图书馆"微"服务的一个重要原则。现代读者，特别是年轻的学生读者，已经习惯于使用手机、平板电脑和其他移动设备进行阅读。他们更喜欢在线的、实时的、互动的阅读方式，而不是传统的、纸质的、静态的阅读方式。因此，高校图书馆需要提供适应这种新的阅读习惯的服务，如电子书、在线杂志、互动教育、虚拟展览等。贴近需求的阅读内容则是吸引读者的关键。读者的阅读需求和兴趣是多种多样的，从学术研究、专业学习，到休闲娱乐、生活指南，都有可能成为他们的阅读对象。因此，高校图书馆需要提供丰富、多样、更新的阅读内容，以满足不同读者的不同需求。这也意味着高校图书馆需要与出版社、作者、研究机构等合作，获取和共享最新的阅读资源。便捷的阅读途径则是保证服务效率和用户满意度的手段。读者不希望为了获取阅读资源而浪费太多的时间和精力。他们希望能够随时随地、快速方便地获得所需的内容。因此，高校图书馆需要提供简单、直观、高效的检索和下载系统，以及与主流的移动设备和操作系统兼容的应用程序。新颖的活动内容则是吸引和留住读者的策略。阅读不仅是一个知识获取的过程，也是一个社交和娱乐的过程。通过组织各种有趣的、与阅读相关的活动，如朗读会、写作工坊、图书讨论会等，高校图书馆可以进一步增强读者的黏合度，鼓励他们更加积极地参与和互动。

此外，"微"服务的 7×24 小时无休的服务时间也是其独特的优势。无论是白天还是夜晚，无论是工作日还是假日，读者都可以随时使用"微"服务，获取所需的资源和信息。这种随时随地的服务模式，不仅满足了读者的即时需求，也提高了高校图书馆的使用率和效益。每年的新生入学时期，高校图书馆的"微"服务平台都会迎来一个关注度的高峰。这说明"微"服务已经成为高校图书馆的重要品牌和形象，也为图书馆的未来发展提供了坚实的基础。

2. 线上线下相结合的阅读推广活动更具影响力

高校图书馆的核心使命之一是推动阅读与学习的热情，促进知识的传播和创新。随着信息技术的迅速发展和社会交流模式的变化，单一的线下阅读推广活动往往难以满足当代大学生的需求。因此，结合线上与线下的阅读推广活动显得尤为关键。纯粹的线下活动往往受限于地点和时间，受众范围相对有限。而且，当代大学生已经习惯于数字化的生活方式，他们更容易通过数字平台获取信息和与他人互动。另外，纯粹的线上活动可能缺乏人与人之间的实际互动和体验。因此，线上线下结合的方式能够发挥各自的优势，提供更为全面和有趣的阅读体验。"微"服务体系为此提供了一个完美的桥梁。通过微信、微博、微视频等平台，图书馆可以迅速传播信息，吸引读者参与各种活动，如"微"书评、LOGO 设计大赛、短视频大赛等。这些线上活动允许读者在任何时间、任何地点参与，增强了活动的可达性和参与度。与此同时，线下的活动，如读书会、作者见面会、研讨会等，提供了一个现场交流和体验的机会。这种结合方式使得阅读推广活动更为丰富和多元，更能满足读者的多种需求。通过平台点赞、转发、评论等功能，高校图书馆能够迅速收集读者的反馈和意见，及时调整活动内容和方式，进一步提升活动的效果。同时，这种线上互动也能迅速提高图书馆的影响力，吸引更多的读者参与。与此同时，这种结合方式也为图书馆提供了一个与读者建立长期关系的机会。通过线上平台，高校图书馆可以与读者保持持续的互动和沟通，加深彼此之间的关系。此外，这种结合方式也为高校图书馆提供了一个与其他组织和机构合作的机会。例如，高校图书馆可以与学校的其他部门、社团、企业等合作，共同举办各种线上线下结合的活动。这种合作不仅可以扩大活动的影响范围，还可以为高校图书馆提供更多的资源和支持，提升活动的质量和效果。

（二）"微"服务在阅读推广中的应用

1. 线上线下相结合的培训讲座活动

传统的图书馆服务模式，尽管有其独特的优势，但在现代快速发展的信息化背景下，需适应新的变革，使服务贴近现代读者的需求。微博、微信等社交媒体平台为高校图书馆的培训和讲座活动提供了极大的便利。这些平台允许图书馆迅速地进行活动的前期宣传，从而吸引更多的参与者。与此同时，这些社交媒体平台为读者提供了一个互动的平台，使他们可以在活动前提出问题，与组织者进行实时交流，以及在活动结束后分享自己的想法和反馈。线下的课堂讲座和面对面的交流推介仍然是培训活动中不可或缺的部分。这种传统的互动方式使参与者能够直接与专家和组织者进行深入的讨论，获取详细和具体的信息。而结合线上的微课堂讲解，这种双重方式确保了无论参与者身处何地，都能够接收高质量的培训内容。此外，线上平台的咨询、评论和转发功能使得培训讲座活动的影响力得以迅速扩大。读者不仅可以通过这些平台获取培训内容，还可以与其他参与者进行互动，分享自己的观点和经验。这种社交化的学习方式使得知识的传播和分享变得自由和多样化。

全方位的线上线下相结合的方式确保了培训讲座活动不再受到时间和地点的制约。无论读者身处何地，只要有网络连接，都可以参与这些活动。这种灵活性使得更多的读者能够接收高质量的培训内容，提高整体的培训效果。

2. 线上线下相结合的读书节活动

传统上，高校图书馆的线下读书节活动涉及各种与阅读相关的互动和展示。例如，现场的资源推荐让读者有机会发现新的图书和资料；问题咨询为读者提供了与图书馆员互动的机会，得到关于资料搜索或使用的建议；现场演示为读者展示了图书馆的新技术和工具；图书漂流和"让书回家"活动则鼓励读者分享和交换图书。然而，随着科技的进步和社交媒体的盛行，纯粹的线下活动已经不能满足现代读者的需求和期望。因此，结合线上的"书目推荐""读者阅读之星""图书馆微时光"微电影和线上直播变得尤为重要。这些线上元素为活动增加了新的维度，使读者可以在任何地点、任何时间参与活动，并与其他读者和图书馆员进行互动。例如，"书目推荐"可以通过社交媒体和图书馆的网站进行，读者可以根据自己的兴趣和需求选择推荐的图书；"读者阅读之星"则为读者提供了展示自己阅读成果和经验的平台，鼓励他们分享自己的阅读故事和感受；"图书馆微时光"微电影则以创新和有趣的方式展示了图书馆的历史、文化和活动。此外，线上直播为读者提供了与图书馆活动实时互动的机会，无论身在何处，通过直播，读者可以观看活动的现场情况，提问和评论，并与其他在线的读者和图书馆员交流。

"微"服务平台的推广作用也不容忽视。通过这些平台，阅读推广活动的信息可以迅速、广泛地传播到目标读者群体。读者可以轻松地获取活动的最新信息，提前做好准备，并邀请朋友和家人一同参与。同时，平台上的反馈信息也为图书馆提供了宝贵的数据和建议，帮助其改进活动和服务。

第三节　高校图书馆"微"服务实践应用

在当代，数字化和社交媒体的兴起为高校图书馆提供了前所未有的机会，使其能够有效地向学生和教职工提供服务。微信和微博两大社交平台，作为高校图书馆"微"服务的主要载体，其应用展示了图书馆服务的新方向。

一、微信公众号平台在高校图书馆"微"服务中的应用

微信公众平台作为微信应用的扩展功能模块，在现代社交媒体环境中展现出独特的多功能性和广泛的应用价值。其主要优势在于推送多媒体消息、自动回复以及自定义菜单等功能，这些特性使其在宣传和营销方面显得尤为重要。尤其是在高校图书馆领域，这一平台能够为图书馆与读者之间搭建一个便捷、直接的沟通桥梁，促进了频繁的双向互动。

微信公众平台分为三种不同的类型，即订阅号、服务号和企业号，每种类型都具有其独特的功能和开发接口权限。这为不同的组织和机构提供了灵活的选择空间。订阅号主要适用于信息的发布和推送，而服务号则更注重与用户的交流和服务。企业号则为企业提供了一种有效的内部沟通和管理工具。

在微信公众平台的注册过程中，选择正确的公众账号类型至关重要。因为一旦成功注册后，公众账号的类型就无法再进行更改。这意味着，如果机构或组织在注册后想要更改其公众账号的类型，就需要重新

注册一个新的账号，而且新注册的账号名称不能与已经认证过的账号名称相同。这无疑增加了复杂性，因此在注册时需要仔细权衡和选择。对于那些主要以传播信息为主的组织和机构，例如新闻机构或信息发布部门，普通订阅号和普通服务号是较为合适的选择。这两种类型的公众账号注册过程相对简便，功能也相对简单，但已经能够满足基本的信息发布和传播需求。对于那些希望实现更多功能和权限的组织，如高校图书馆，可能需要考虑申请认证订阅号或认证服务号。认证后的账号不仅拥有更多的功能和权限，还能够更好地增强与关注者之间的互动，从而提高用户的忠诚度和活跃度。另外，针对企业的内部运营和管理，企业号无疑是最佳选择。它不仅提供了丰富的功能，还能够帮助企业提高内部沟通的效率，加强团队合作，从而提高整体的运营效率。表5-1为微信订阅号与服务号的区别。

表 5-1　微信订阅号与服务号的区别

功能权限	普通订阅号	认证订阅号	普通服务号	订阅服务号
消息直接显示在好友对话列表中			√	√
消息显示在"订阅号"文件夹中	√	√		
每天可以群发 1 条消息	√	√		
每个月可以群发 4 条消息			√	√
基本的消息接收 / 回复接口	√	√	√	√
聊天界面底部，自定义菜单	√	√	√	√
九大高级接口			部分支持	√
可申请开通微信支付			部分支持	√

（一）图书馆微信公众号名称的设置

微信公众号在现代的图书馆信息服务中已经成为一种普遍的宣传和互动手段。其中，公众号的命名对于其搜索可见性和品牌形象具有决定性的意义。在众多高校图书馆中，对微信公众号的命名策略呈现出多样化的趋势。

图书馆的微信公众号名称设置，无疑是图书馆品牌推广的首要步骤。采用图书馆的全称或简称作为公众号名称，是为了确保读者能够轻松地搜索到相关的图书馆资源，同时也在某种程度上为公众号赋予了权威性和可信度。例如，太原理工大学图书馆就选择了其机构的全称作为微信公众号的名称，以此突出其官方性和真实性。山青院图书馆则选择了简称作为其公众号名称，容易为读者所记住。除此之外，一些高校图书馆还尝试将"信息服务平台"加入其微信公众号的名称，如"山东师范大学图书馆信息服务平台"。这种命名方式不仅体现了图书馆的核心服务功能，而且在一定程度上增强了公众号的专业性和功能性，向读者传达了图书馆不仅仅是一个提供图书资源的场所，更是一个全面的信息服务平台。另外，考虑到微信公众号支持汉字、数字和字母的组合作为名称，部分高校图书馆则采纳了英文简称作为其公众号的名称，如青岛大学图书馆选择了"qdulib"作为其公众号名称。这种命名方式在一定程度上展示了图书馆的现代化和国际化特质，同时英文简称更容易为读者所接受和记忆。

（二）人工服务

在现代信息时代，读者对信息的需求日益迅速和多样化，因此需要一个快速、高效、准确的服务来满足他们的需求。微信公众号的人工服务功能正好满足了这一需求。传统的图书馆服务往往依赖于馆内的人员或资源，但微信公众号的人工服务则允许读者在任何地点、任何时间与馆员进行沟通。这大大增强了服务的便利性和实用性，使读者可以随时随地获取所需的信息和帮助。此外，实时的沟通也为馆员提供了更多的机会了解读者的需求和问题。传统的服务模式下，馆员可能只能在读者访问图书馆时了解他们的需求，而微信公众号的人工服务允许馆员实时收集读者的反馈，从而更好地优化服务和资源。人工服务的另一个重要特点是它的准确性。与机器自动回复或预设的答案相比，人工服务能够提供更具针对性、更为详细的答案。馆员可以根据读者的具体问题和需求，提供合适、准确的答案，从而提高读者的满意度。此外，微信公众号的人工服务还可以增强图书馆与读者之间的关系。实时地沟通和互动不仅能够增强读者的使用体验，还能够深化读者与图书馆之间的连接和信任。通过频繁的交流和沟通，读者会认同和信赖图书馆，从而提高他们对图书馆服务的使用频率和满意度。

（三）功能介绍

功能上，高校图书馆微信公众号涵盖了多种服务领域。图书查询、续借、预约等传统服务得到了电子化和移动化的重塑，使用户在任何时间、任何地点都能够完成图书的查找、借阅和管理。此外，通过微信公众号，图书馆还可以推送各种通知、资讯和活动信息，为用户提供第一手的资讯和学术资源。除了基础的查询和管理功能，高校图书馆微信公众号还为用户提供了一系列的增值服务。例如，根据用户的阅读偏好，系统可以为其推荐相关的图书和资源，实现了真正的个性化服务。此外，用户还可以通过微信公众号参与各种图书馆组织的线上活动，如读书会、讲座、研讨会等，拓宽了其学术视野和交往圈子。例如，山西医科大学图书馆的公众号服务功能分为三个板块，分别为我的图书馆、云阅读和常用服务，其中我的图书馆包括馆藏查询、借阅/续借、新生闯关、高校信息素养教育，云阅读板块包括学术头条、名师讲坛、QQ阅读，常用服务板块则包括山医朗诵、空间预约、座位预约，功能划分方面详细。太原理工大学图书馆中的服务功能板块只有一个，即服务门户，功能较为简单。

（四）服务形式

高校图书馆微信公众号的服务形式多种多样，旨在为读者提供更为便捷、高效的图书馆服务。例如，信息推送服务，即通过信息推送，图书馆可以定期将与其服务相关的资讯信息向用户广播，以文字、图片、音视频等多种形式进行呈现。这种推送不仅方便了图书馆与读者的即时互动，还大大提高了图书馆信息传播的效率。例如，青岛理工大学图书馆在微信公众号的初期阶段，即利用信息推送功能，为读者提供了大量与图书馆服务相关的资讯；命令查询服务也为图书馆微信公众号用户提供了极大的便利。用户只需在平台的对话框中输入特定的检索词或检索语句，即可迅速获取相应的咨询信息。这种命令查询功能为读者提供了一个快速、方便的检索渠道，极大地节省了用户的时间和精力；通过认证之后的公众号便会具备自定义菜单功能。一般而言，图书馆微信公众号会设置 2～3 个一级菜单，而在一级菜单之下，会设置若干个二级菜单。这些菜单内容涵盖了图书馆服务的各个方面，如我的图书馆、读者服务、资源检索、读者指南、服务公告等，为读者提供了一个全方位的图书馆服务导航。

（五）信息推送服务

高校图书馆微信公众号的信息推送服务为图书馆和读者之间搭建了一个高效、直接的沟通桥梁。通过不同类型的信息推送，图书馆不仅能够向读者传递重要的信息，还能够提供更为丰富和多样的服务，满足读者的多种需求。而对于读者来说，他们可以便捷地获取到有价值的信息和资源，从而更好地利用图书馆的服务。

（1）新闻动态类信息主要包括图书馆的新闻和资源动态等内容。这类信息的推送能够帮助读者及时了解图书馆的最新动态，如图书馆的活动安排、新到资源、特色服务等。此外，它能够增强图书馆的形象，展现图书馆的活力和创新能力。

（2）通知公告类信息是图书馆向读者发布的各种通知和公告，如图书馆的开放时间、特定活动的安排、图书馆规章制度的更改等。这类信息的推送有助于提高读者的使用效率，避免因为不了解相关信息而产生的不便。

（3）资源推荐类信息是图书馆为读者推荐的馆藏书目、经典书目以及数字资源。通过微信公众号，图书馆能够将这些宝贵的资源推荐给读者，使他们能够方便地获取到有价值的信息和知识。

（4）使用技巧说明类信息主要包含对数字资源的使用说明以及对某个软件或小工具的说明推荐。这类信息的推送旨在帮助读者更好地利用图书馆的资源和服务，提高他们的信息检索和应用能力。

（5）读书心得类信息则是读者发表的读书心得和书评。通过微信公众号，图书馆为读者提供了一个发表和分享自己的阅读体验的平台，从而促进读者之间的交流和互动。

（六）互动咨询模式

高校图书馆微信公众号在服务提供过程中展现出了显著的互动性和即时性。尤其在互动咨询模式上，图书馆微信公众号的自动回复功能为提高用户体验和服务效率发挥了关键作用。这种应用模式对于现代图书馆服务，不仅是技术上的创新，更是服务模式的革新。自动回复功能充分利用了关键词匹配技术，能够针对读者的查询进行快速响应。对于常见且程式化的问题，通过设定关键词，公众号能够迅速给出答案。这种模式旨在为读者提供及时和便捷的查询体验。相对于传统的人工查询，这种自动化查询方式明显缩短了回应时间，提高了效率。这种基于关键词的自动回复不限于文字形式，还可以是图片、语音等多种形式。例如，对于某些需要图解或者语音解答的问题，公众号可以通过图片或语音的形式为读者提供直观和生动的答案。这种多媒体的回复方式，增强了信息的表现力和可读性，丰富了用户体验。如图 5-2 为山西医科大学图书馆和德州学院图书馆的自动回复设置示例：

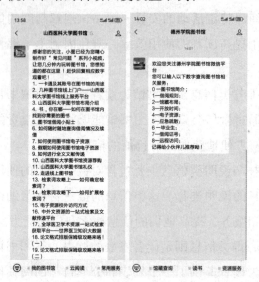

图 5-2　山西医科大学图书馆和德州学院图书馆的自动回复设置示例

二、微博平台在高校图书馆"微"服务中的应用

微博，作为一种社交媒体平台，具有广泛的用户基数和极高的活跃度。近年来，高校图书馆开始积极探索微博平台的应用，力图借助微博的影响力为学生和教职工提供便捷和个性化的"微"服务。

（一）微博应用于高校图书馆服务的优势

1. 微博的操作简易性

操作简易性是微博能够迅速走红并且得到大量用户青睐的主要原因之一。这种简易性体现在用户使用过程中，同样反映在高校图书馆的服务应用中。开通微博的成本投入极低，而操作方式又简便直接，这使得高校图书馆可以轻松地利用微博进行信息发布、读者互动和服务提供。

2. 微博内容的简洁性

微博内容的简洁性为高校图书馆提供了一种高效、直观的宣传和交互手段。微博的特色要求内容在140字以内，这种限制使得发布的内容必须简明扼要，确保信息点的核心传递而不赘述。高校图书馆作为一个与学术研究、教育紧密相关的机构，经常需要发布一些紧急或短期的通知，如开闭馆时间、讲座活动、新书到馆等。这些信息需要迅速、及时地传达给读者，确保读者能够在第一时间获取相关消息。在这种场景下，微博平台显示出了其独特的优势。由于其字数限制，图书馆可以将信息简化为核心的部分，这不仅加快了信息的发布速度，而且确保了信息的明确性和易于理解性。此外，微博内容的简洁性还有助于增加信息的吸引力。在信息过载的时代，读者面对大量的信息输入，可能会忽视某些冗长或复杂的消息。而简短的微博内容容易在短时间内被读者捕捉和关注，从而提高信息的传播效率。微博平台还提供了链接分享功能，这使得高校图书馆可以在微博上发布简短的信息，然后通过链接将读者引导到图书馆的官方网站或其他相关页面，获取更详细的信息。这种方式既确保了微博内容的简洁性，又满足了读者对详细信息的需求。除此之外，微博还有转发功能，使得图书馆可以轻松地与其他图书馆或行业内的专家、学者进行信息分享。例如，当一个知名图书馆或学者发布了一个与本馆读者相关的微博，图书馆可以通过转发的方式将这条微博推送给自己的读者，实现信息的二次传播，扩大信息的影响范围。

3. 微博即时互动性

读者可以通过关注图书馆的微博，在任何时间、地点，对感兴趣的话题作出回复和评论，也可以向在线馆员提出咨询问题，在线馆员可快速解答。微博平台的交流内容是完全公开的，任何用户都可以随时查看评论。这种即时互动性为图书馆和读者搭建了一个快速高效的互动交流平台，提高高校图书馆参考咨询服务的质量和效果。

（二）微博在高校图书馆开展服务内容

微博不仅提供了一个开放、广泛的传播平台，还为图书馆提供了与读者直接互动的渠道。在此背景下，高校图书馆通过微博开展服务内容，旨在更好地满足读者需求，增强与读者的连接，提高图书馆的服务质量和影响力。

1. 通知新闻类

在众多微博内容中，通知新闻类信息在数量上占据了最大比例，表明了其在图书馆微博服务中的核心地位。这类内容不仅包括对内的图书馆的各种通知，还涵盖了对外的新闻报道、学术活动、业界动态等，充分展现了图书馆在高校内的综合服务功能和在学术界的地位。

（1）图书馆通知。通知新闻类内容在微博上的发布，为图书馆与读者之间建立了一个即时的信息交流渠道。例如，当图书馆需要发布开闭馆时间、阅览室使用安排或设施变动情况时，微博可以作为第一时间的通知工具，确保信息能够迅速地传达到每一个关注图书馆的读者。这种及时性不仅提高了图书馆服务的效率，还增强了读者对图书馆的信任感。

（2）新闻报道类。新闻报道类则更为关注图书馆内部的事件和新闻。这类内容通常描述了图书馆的重要事件，如新书上架、特色资源推广、特定主题的展览或活动等。通过新闻报道类，读者可以及时了解图书馆的最新活动和动态，增强与图书馆的联系和互动。

（3）讲座活动通知。讲座在图书馆的服务内容中，经常被用来推广新的资源或教授关键技能。例如，如何利用电子资源、如何进行毕业论文资料的查询、如何使用论文提交平台等。这些讲座为读者提供了实践性的知识和技能，帮助他们更好地利用图书馆资源，提高学习和研究效率。微博平台的实时性和广泛覆盖，使得讲座通知能够迅速传播至大量的读者。图书馆可以利用微博的推送功能，确保信息能够及时、准确地传递给目标群体。与此同时，读者可以通过转发、评论等功能，与图书馆进行互动，提出疑问或提供反馈，增强了信息传播的效果。

2. 书目推荐类

书目推荐类服务的主要目的是为读者提供及时和有针对性的阅读建议。这种服务通过发布新书入库信息、推荐经典书目、介绍特定主题书单等形式，帮助读者了解和接触到最新的学术研究、文学作品或其他相关内容。与传统的书目推荐相比，微博上的推荐灵活、及时，能够迅速吸引大量用户的关注。

在书目推荐类服务中，三种不同的推荐方式各具特色，都能够有效地推广图书，促进读者与图书馆的互动。图书推荐的第一类，主要针对那些并非图书馆馆藏但却具有高阅读价值的新出版书。这种推荐方式为读者打开了一个新的阅读视野，可以使他们及时了解到市场上的新书动态。宣传时常结合图书封面照片与图书简介或书中的精彩片段，形式简洁明了，能够迅速引起读者的关注和兴趣。第二类的新书推荐和馆藏推荐，侧重于图书馆新到的图书。这种方式的主要目的是提高图书馆馆藏的利用率。通过选择具有代表性的新书，结合图书封面照片、图书简介或书中的精彩片段进行宣传，再加上馆藏查询网址，可以引导读者迅速找到所需图书，提高他们的查询和借阅效率。同时通过加入一些富有创意的广告语，吸引读者的注意，提高图书的借阅率。第三类的读者推荐，则充分体现了微博平台的互动性。读者可以直接通过@图书馆微博账号进行图书推荐，无论是图书馆已有的馆藏还是尚未收藏的图书。图书馆根据实际情况进行回复并处理，不仅可以进行馆藏的推荐，还可以依据读者的推荐进行图书采购。这种方式既增强了读者与图书馆的联系，也为图书馆提供了一个了解读者需求的渠道，提高了图书馆的服务水平和影响力。

3. 资源服务推广类

在高校图书馆领域，微博已经被广泛应用于多种服务内容中，特别是在资源服务推广方面。资源服务推广类是其中的一个重要类别，涵盖了数字资源推荐、服务介绍、导航推荐、学科资源推荐以及相关的宣传推广活动宣传等。

数字资源推荐是图书馆借助微博进行资源宣传的一个核心内容。通过微博平台，图书馆能够定向地向读者推荐新入库的电子图书、电子期刊、数据库等数字资源。这种推荐方式可以增加数字资源的使用率，同时能够让读者及时了解到图书馆最新的资源情况；服务介绍则是利用微博平台介绍图书馆的各项服务内容，如查找和借阅流程、特色服务、讲座活动等。这种介绍方式可以帮助读者清晰地了解图书馆的服务内容和方式，提高读者的使用满意度；导航推荐为读者提供了一个便捷的查找入口。通过微博平台，图书馆可以为读者提供各类数据库、电子资源的访问链接，帮助读者快速地进入目标资源，提高查找的效率；学科资源推荐则是根据不同学科的特点，为读者推荐相关的图书、期刊、数据库等资源。这种推荐方式能够针对读者的专业特点，提供精准的资源建议，帮助读者高效地完成学术研究；有关宣传推广活动是图书馆借助微博进行活动宣传的一个重要方式。通过微博平台，图书馆能够迅速地向读者传递活动信息，吸引读者参与，提高活动的影响力。

4. 互动交流类

对于高校图书馆来说，利用微博平台开展服务不仅是技术应用的延伸，更是服务模式的创新。尤其在互动交流方面，微博为图书馆和读者提供了全新的沟通方式。互动交流是现代图书馆服务的核心，而微博以其特点满足了这一需求。微博上的回复、评论、转发和链接等功能，使得图书馆能够与读者实现实时互动沟通。相对于传统的面对面沟通，这种沟通方式便捷且高效。

　　针对高校图书馆，微博为其开展服务提供了多种互动交流方式，每种方式均有其特点和应用场景，以满足不同读者的需求。其一，通过微博即时的聊天窗口，读者可以与馆员进行实时交流。这种方式的优势在于其即时性，能够为读者提供快速、直接的反馈。当读者遇到紧急或者需要即时回复的问题时，这种方式尤为重要。然而，这种方式的局限性明显，它高度依赖于馆员的在线状态。如果馆员不在线，那么读者的问题将无法得到及时答复，这可能会导致读者的不满和失望。因此，对于图书馆来说，需要确保有足够的馆员在线，以满足读者的实时交流需求。其二，微博留言窗口则为读者提供了另一种交流方式。与即时聊天不同，这种方式灵活，不受馆员在线状态的限制。读者可以随时留言，而图书馆员可以在看到留言后进行回复。这种方式更加适合于那些不需要即时答复，但仍然希望得到图书馆反馈的问题。它为图书馆提供了一种高效的工作模式，因为馆员可以根据工作时间和工作量，合理安排回复留言的时间。其三，对于那些希望在公开场合与图书馆进行交流的读者，可以选择"@"图书馆微博账号的方式。当读者"@"图书馆时，图书馆会收到被"@"的提示信息，进而回复读者的问题。这种方式的优势在于其公开性，其他读者也可以看到这种交流，从而获取相关的信息。同时，这也为图书馆提供了一种宣传和推广的机会，因为每一次的"@"和回复都会增加图书馆在微博上的曝光率。

　　读者的交流信息主要包括三类内容：问题咨询、读者需求和日常感悟。这三类内容涵盖了读者与图书馆之间的多种交互方式，并反映了图书馆在现代服务中的多元化角色。问题咨询是读者在使用图书馆服务过程中最直接的需求表达。这种咨询涉及图书馆的各种服务，如电子资源下载、馆藏书检索等。通过微博平台，读者可以实时地提出问题，获取图书馆的即时回复。这种即时的反馈机制，不仅提高了服务的效率，而且增强了图书馆服务的互动性。读者需求是针对图书馆服务的反馈和建议，这种需求可能涉及图书馆的硬件、软件或其他方面的问题。通过微博平台，图书馆可以直接获取读者的真实需求，为服务提供方向和依据。这种直接的反馈机制，有助于图书馆精准地了解读者的需求，优化服务内容和方式。日常感悟则是读者与图书馆之间更深层次的情感交流。这种感悟可能与图书馆的服务没有直接关联，但却反映了读者与图书馆之间的紧密联系。通过微博平台，读者可以分享自己与图书馆相关的日常感受和体验，与图书馆进行情感上的交流。这种交流方式，无疑增强了图书馆与读者之间的情感联系，为图书馆服务创造了深厚的用户基础。

5. 活动播报类

活动播报类的内容主要围绕图书馆的各类活动，如读书会、讲座、展览等进行发布和传播。与传统的海报和宣传册相比，微博平台具有更强的实时性和互动性，能够迅速将活动信息推送给关注图书馆的用户，扩大活动的影响力和参与度。更为重要的是，微博平台上的内容可以进行转发、评论和点赞，形成用户之间的社交互动，增强了活动的宣传效果。此外，微博平台上的活动播报类内容还具有较高的可定制性。图书馆可以根据活动的特点和目标人群，制定合适的发布策略和内容形式，如图文结合、短视频等，以吸引用户的关注和参与。同时，图书馆还可以通过微博平台收集用户对活动的反馈和建议，及时调整活动策划和服务内容，提高活动的满意度和效果。微博平台在高校图书馆开展服务内容中，活动播报类的作用不限于单纯的宣传和传播。它还是图书馆与用户之间的一个重要互动渠道，有助于加强图书馆与用户的关系，提高用户的忠诚度和归属感。当用户在微博上看到图书馆的活动信息，并参与其中，他们不仅会对图书馆产生更为积极的态度和评价，还可能成为图书馆的忠实用户。

6. 文化普及类

文化普及类服务在高校图书馆微博中占据了重要地位。宣传名人名言、历史典故、中国传统文化、知识链接和诗歌赏析等内容，都是为了提高读者的文化素养。这种服务模式旨在将图书馆的资源与读者的日常生活联系起来，使文化教育变得贴近生活。此外，这种服务还能够帮助读者了解中国的传统文化和历史，增强文化自信和文化认同。

（1）新闻趣闻类服务是为了提供有价值的资讯信息。通过选择并转发一些新鲜的资讯，图书馆能够帮助读者扩大知识面、开阔视野。同时，这种服务还能够增强微博的活跃氛围，提高读者的阅读兴趣，使得图书馆微博成为一个生动有趣的信息平台。

（2）知识经验类服务是为了提供专业知识和经验分享。一些微博博主会发布自己的专业知识或经验，图书馆通过转发这些内容，可以为读者提供一个获取知识和经验的途径。这种服务方式可以使读者的学习变得轻松愉快，同时为读者提供了一个与专家直接互动的机会。

（3）语录文学类服务是为了提供文学鉴赏和深度感悟。通过发布名人语录、文学摘录或优美词句，图书馆微博能够触动读者的内心，促使读者进行思考和感悟。这种服务不仅能够提高读者的鉴赏能力和文学素养，还能够为读者提供思考和自我反省的空间。

7. 生活娱乐类

高校图书馆传统上被视为知识的宝库，提供学术资源和学习空间。然而，随着社会的发展和读者需求的变化，单一的学术服务已无法满足现代读者的多元化需求。读者希望高校图书馆不仅是一个提供学术资源的地方，还是一个充满人情味和温暖的场所。因此，高校图书馆需要在服务内容上进行创新，满足读者的这种新需求。微博平台正好为高校图书馆提供了这样一个机会。通过发布生活娱乐类的内容，图书馆展现出了其与读者生活密切相关的一面。例如，通过推送粉丝生日祝福，图书馆表达了对读者的关心和祝福，使读者感受到了图书馆的人文关怀。此外，发布天气预报、生活感悟等内容，也拉近了图书馆与读者之间的距离，使读者感受到图书馆不是一个冰冷的学术机构，而是一个充满温情的朋友。这种服务模式的实施，有助于增强高校图书馆的亲和力，吸引更多的读者关注和参与，同时为高校图书馆与读者之间建立起了深厚的情感联系。读者不再仅仅是来图书馆借阅图书或查找资料的人，更是图书馆的朋友和伙伴。这种情感的累积，将为高校图书馆在未来提供稳定和持久的读者基础。

第六章 高校图书馆创客空间服务

第一节 高校图书馆创客空间服务相关概述

一、高校图书馆创客空间的认识

随着社会的进步和科技的发展，高校图书馆不再仅仅是传统的图书借阅和学术研究的场所，而是逐渐向多功能、多领域扩展，满足现代高校师生的多元化需求。其中，创客空间成为近年来高校图书馆的新兴功能区域，旨在提供一个开放、合作、创新的环境。

（一）创客与创客空间

1. 创客

创客，源于英文单词"maker"，指的是那些富有创造力、技能和热情的人，他们致力于使用各种工具和资源来创造新事物或对现有事物进行创新改造。这个概念在 21 世纪初开始流行，并逐渐被全球的科技、艺术和教育界所接受。其背后的精神强调自主创新、动手实践和分享。创客文化的根基是开源文化，它鼓励人们共享自己的知识、技能和创意。这种共享的哲学不仅推动了技术的快速发展，也为众多创客提供了学习、交流和创造的平台。这种开放的生态环境也促进了跨学科的合作和互动，使得不同领域的人能够集思广益，实现前所未有的创新。

2. 创客空间

创客空间源自 21 世纪初的"Maker Movement"，旨在为个体提供一个共享的、资源丰富的环境，以实现其创新和制造的愿景。它是一个独特的环境，旨在鼓励创新、实验和学习，为那些对 DIY 和制造有热情的人提供机会。

创客空间是现代社区和学术环境中的一个新兴现象，它代表了一种强调实践、创新和合作的文化。这些空间通常提供各种工具和设备，从 3D 打印机、激光切割机到编程软件和电子工具等，为用户提供制造、设计和原型开发所需的所有资源。这种空间的存在为个体提供了一个场所，可以在其中探索、发现和分享新的知识和技能。此外，它也为参与者提供了一个环境，可以与志同道合的个体合作，共同解决问题，创造新的事物。这种合作和互动鼓励了跨学科的学习和实践，从而使得创客文化逐渐成为学术和创业领域中的一种趋势。创客空间并不限于提供物理资源。事实上，其中最有价值的可能是它所提供的社群。通过参与这种空间，个体可以与其他创客建立联系，分享经验，获得反馈，并从他人那里学到新的技能或观点。这种社区的力量有时会导致跨越各种界限的合作，例如艺术家、工程师、科学家和设计师之间的合作，从而产生创新的解决方案和观点。

（二）高校图书馆创客空间的发展历程与特点

1. 高校图书馆创客空间的发展历程

创客概念的起源可以追溯到国外的创客运动。这一运动逐渐受到全球的关注，为各国提供了一个理想的平台——从政策和思想层面传播创客文化。中国作为一个经济和文化大国，逐渐接纳并积极推广这一新兴的文化事物。在此过程中，企业界成为创客文化的先锋和最大受益者，因为创客和创客空间在研发和创新方面为企业提供了宝贵的资源。创客概念在企业中的成功应用逐渐引起图书馆界的注意。面对时代的快速发展和服务模式的转型需求，图书馆开始认识到，为满足用户的多元化需求，引入创客空间可能是其中的一个有效策略。而在图书馆领域，公共图书馆由于其服务对象广泛和大众化的特点，成为创客空间的最初实践者。这一点与公共图书馆在服务模式创新和转型上的迫切需求是相符的。公共图书馆的成功经验慢慢吸引了高校图书馆的关注。高校图书馆在学术和研究方面有其独特的优势，同时也面临着满足日益增长的学术需求的挑战。在这种背景下，将创客空间纳入图书馆服务体系，不仅可以为学生和教师提供一个创新和实践的空间，还有助于图书馆更好地满足学术研究的需求。创客空间的引入，为图书馆带来了一系列的积极变化。它提供了一个多功能的环境，可以进行研发、创新和学习。这种空间的设置，使得图书馆不再仅仅是传统意义上的图书借阅地，而是变成了知识创新和交流的中心。此外，创客空间还提供了一个理想的平台，帮助图书馆更好地融入当地的社区，与社区成员建立紧密联系。

麻省理工学院在 2001 年率先尝试，为制造、创造提供微观装配实验室，之后清华大学也紧随其后，为国内高校打开了创客空间的大门。创客空间在初期的目的很明确：为用户提供制造工具和设备。但在这个基础上，它已经不限于一个简单的制造服务平台。随着 3D 打印技术的加入，更多的同兴趣人群聚集于此，不仅分享技能，更是共同探讨、合作完成各种项目。这种团队协作模式，使得创客空间从单一功能逐渐转变为多功能，它不仅提供制作服务，更为用户提供了一个讨论、交流的场所。更值得关注的是，创客空间在图书馆中的设立，其实际上打破了传统图书馆只是图书储存和借阅的旧有观念。创客空间的存在，让图书馆成了一个真正的学习共享中心，为学生和教职工提供一个自由发挥、实践创新的空间。随着更多工具和设备的加入，如激光切割机、电子工作站等，创客空间逐渐形成了一个完整的生态系统。用户的需求和兴趣不再局限于一两种，而是涉及多个领域。在这样的环境中，创客空间所能触及的领域也越来越广泛，包括艺术、设计、科技等多个方面。清华大学创建的"i.Center"创客实验室，就是一个很好的例子。它不仅为学生提供了制造服务，更重要的是为他们创造了一个自由交流、合作的环境，让他们的创意和点子得到真正实践。可以看出，高校图书馆创客空间的发展，实际上是对图书馆服务功能的一种拓展。它不再仅仅是一个静止的空间，而是一个充满活力、创意和交流的地方。同时，创客空间为高校提供了一个实践教学的平台，使学生在理论学习的基础上，得到真正实践的机会。

2015 年，上海海事大学图书馆引领潮流，建立了国内首个高校图书馆创客空间。这一事件标志着高校图书馆正式进入了创客时代。这个趋势的出现并不是偶然，它与全球范围内的教育创新潮流是相互关联的。高校图书馆作为学术的核心，自然也要与时俱进，满足现代学生和教师的需求。高校图书馆创客空间的发展，是高等教育现代化和创新化的必然产物。在全球范围内，高校都在寻找培养学生创新创造能力的方法和手段。图书馆创客空间，作为这一努力的一部分，已经在国内外得到了广泛认可和推广。随着更多的高校认识到其重要性，预计未来这一趋势继续加强。

2. 高校图书馆创客空间的基本特点

（1）受众对象局限性。图书馆创客空间的设计和运营经常与其所在高校的文化、目标和资源紧密相关。因此，大多数高校图书馆创客空间的使用权限首先是针对其在校师生和校友。对于许多高校来说，创客空间的资源（如高端设备、软件和工作坊）可能是有限的。为了确保这些资源能够首先满足其主要受众——在校师生的需求，许多图书馆可能会限制外部使用者的访问。

（2）学习教育性。创客空间的兴起在高校图书馆中呈现了一种创新的学习方式，尤其是其学习教育性的特点，对学生的学习方式产生了深远的影响。这种空间不再仅仅是图书和资源的存放地，它变成了一个动态的、互动的、实践中学习的场所。学习教育性首先体现在其提供的工具和技术上。在创客空间，学生可以接触到各种先进的科技设备，如3D 打印机、激光切割机、编程软件等。这些工具的存在使得学生有机会深入了解技术的工作原理，通过亲自操作和实践，培养其创新思维和解决问题的能力。此外，创客空间还具有开放性和包容性。不同学科的学生可以在此相互交流、分享经验，形成跨学科的合作。这种开放的学习氛围有助于打破学科壁垒，促进知识的交叉融合，使学生在实践中得到真正的多学科教育。

（3）馆员、师生参与运营。高校图书馆创客空间是一种创新的服务形态，旨在提供一个多功能、跨学科的场所，供学生、教师和其他社区成员进行创意合作、学习和创新。其中，馆员、师生参与运营的模式在很大程度上彰显了这种服务形态的独特性。馆员在这种模式下的角色不再仅限于传统的信息提供者或资源管理者，他们成为合作伙伴和学习促进者。通过与师生的深度合作，馆员能够更加了解学生和教师的需求，从而提供针对性服务。同时，师生能够更加主动地参与图书馆的日常运营，使得图书馆变得开放和包容。在这种模式下，图书馆的服务内容和形式不再是由单一的机构或个体决定，而是由整个社区共同参与和决策。这种协作式的运营模式为图书馆带来了更多的创新机会和挑战。例如，师生可以提出新的服务建议或需求，馆员则可以根据这些建议和需求进行调研和实施，从而使图书馆的服务贴近实际需求。此外，馆员、师生参与运营的模式还为图书馆提供了丰富的资源。不同学科背景的师生可以为图书馆带来各种各样的知识和技能，从而丰富图书馆的知识库。例如，艺术学院的学生可以提供关于艺术创作的知识和技巧，而工程学院的学生可以提供关于技术开发和创新的知识。

（4）以信息服务为核心。高校图书馆传统上一直被视为学术研究和学习的中心，其核心职责是为学生、教师和研究人员提供知识和信息资源。近年来，随着技术的快速发展和学习方式的变革，图书馆开始逐步转型，创客空间应运而生。这些空间提供了一系列的工具和资源，鼓励用户创新和实验。然而，在高校图书馆的创客空间中，信息服务仍然是核心特点。信息服务远超过传统的信息检索和知识获取。它包括为用户提供所需的技术、培训、支持和指导，以帮助他们实现创新目标。在这种环境中，图书馆的角色从单纯的资源提供者扩展到了教育者、顾问和合作者。此外，这种以信息服务为核心的创客空间鼓励跨学科合作。由于学术研究变得跨学科，学者们需要访问来自不同领域的知识和信息。图书馆的创客空间为此提供了理想的环境，使用户可以轻松地获取并交流信息，进行合作和创新。

二、高校图书馆创客空间服务的优势及类型

高校图书馆创客空间服务的背景是技术的快速发展和现代学习需求的变化。为了适应这些变化，高校图书馆开始转型，将创客空间纳入其服务范围，从而更好地满足学生和研究人员的需求，促进学术创新和跨学科合作。

（一）高校图书馆创客空间服务的优势

高校图书馆创客空间作为现代教育体系中的新兴元素，凭借其特定的优势，在当今的学术和创新环境中日益受到关注。与其他类型的创客空间相比，如独立个体、公共图书馆或社会团体创客空间，高校图书馆创客空间展现出独特的特质和价值。

核心的服务对象，即本校的师生，为高校图书馆创客空间提供了明确的定位。因此，这些空间的建设和服务多与学校的学科和课程密切相关，从而确保了其专业性和科研性。这种紧密的关联使得高校图书馆创客空间在满足学术需求、支持研究项目和促进教育创新方面具有明显的

优势。更为重要的是，这些空间强调了教育服务的职能。学生可以通过与同伴的学术交流、头脑风暴和创新实践，在这些空间中接触最前沿的科技和知识。这不仅加强了他们的实践学习能力，也促进了团队合作和创新思维的培养。这种教育模式远超传统的课堂学习，为学生提供了更为实际和创新的学习体验。高校图书馆所拥有的文献资源和信息服务人才是其创客空间的另一大优势。这些专业人才能够为创客空间提供与高校图书馆特色相符的创客信息服务，这种服务很难在其他创客空间中找到。这意味着学生和教师可以方便地获得所需的知识和资源，从而有效地开展他们的项目和研究。关于资金来源，高校图书馆创客空间主要依赖于学校的支持。此外，与企业和其他组织的合作也为这些空间提供了额外的资金来源。这与独立个体创客空间形成了鲜明对比，后者往往商业化，关注产品和技术的研发。

（二）高校图书馆创客空间服务类型

高校图书馆创客空间在当代教育领域中逐渐受到重视。随着技术的进步和教育需求的变化，图书馆开始转型，提供多样化和创新性服务。结合我国高校图书馆创客空间的实践现状，其服务大致可以从发展成熟度上分为三个层次：低阶、中阶和高阶。

1. 低阶高校图书馆创客空间服务

低阶高校图书馆创客空间作为一种创新服务模式，以其简洁、直接的特点获得了学生的关注和参与。这类创客空间与传统的图书馆服务相结合，利用现有的图书馆场地资源，提供单一、具体的服务，如创客咖啡、3D打印服务或创业指导讲座等。例如，吉林大学南岭校区工学图书馆的"拾光书咖"以及成都大学图书馆的"轩客会·创客空间"，通过提供"书咖"或"书店"式的研讨服务空间，鼓励学生在其中进行学术交流、团队讨论或个人学习。这种环境为学生创造了一个轻松、自由的学术氛围，有助于激发学生的学术兴趣和创新思维。重庆工贸职业技术学院的创客空间将图书馆的办公室转变为服务中心，通过利用图书馆的相关服务场地，如咨询室、路演厅等，举办各种创客沙龙、讲座和培训活动。这样的模式，可以根据学生的需求和活动的性质进行灵活调整。

2. 中阶高校图书馆创客空间服务

中阶高校图书馆创客空间服务充当了基础与高阶服务间的关键桥梁，强调实际操作和知识应用。面向具有基础创客知识和技能的学生，该服务在保障基础服务功能的同时，逐步引入高阶元素，为学生提供了更加丰富和综合的学习体验。与低阶创客空间服务相比，中阶服务在设备和设施上进行了明显的升级。除了基础的创客工具和设备，中阶服务还引入了复杂的机械和电子设备，以支持学生进行更高级别的创客项目。同时，中阶服务的功能室设置也更加多样化，覆盖了从设计到制造的各个阶段，为学生提供了完整的创客流程。图书馆文献信息资源检索、借阅、咨询服务和线上服务也是中阶创客空间服务的核心组成部分。这些服务旨在帮助学生获取和利用相关知识，支持他们的创客活动。中阶服务强调文献资源的实际应用，鼓励学生将所学知识和技能结合起来，开展实际项目。基本的创客培训、讲座、路演和比赛活动也是中阶服务的特色之一。这些活动不仅提供了学习和交流的平台，还鼓励学生将所学应用于实践，与他人分享自己的成果。路演和比赛活动特别值得关注，因为它们为学生提供了向公众展示自己创意和技能的机会，也帮助他们建立自信和获得认可。在满足学生学习和创新需求的同时，中阶创客空间服务还强调与学校特色的结合。这意味着每所学校的中阶创客空间服务都会有其独特之处，反映了学校的教育理念和特色。这种个性化的服务模式更能满足学生的个性化学习需求，帮助他们在创客活动中找到自己的定位。

例如，电子科技大学图书馆创客空间的设备配置，如 3D 打印机、

3D 电视和高配联想一体机，均为当前技术领域中的热门和关键技术。这些设备不仅为学生提供了直接体验和操作的机会，也促进了学生对新技术的深入了解和应用。更为重要的是，这些设备弥补了一般教学环境中缺乏的实践资源，使得学生在图书馆这一传统的知识场所中，也能够体验到技术的魅力和实践的乐趣。除了高端的设备，电子科技大学图书馆创客空间还设置了高新科技设备体验区。这一区域充分体现了图书馆服务的延展性，使得学生不仅可以接触到当前的技术，还能预览和体验未来的技术趋势。此外，通过定期举办 3D 打印大赛等创客比赛活动，图书馆为学生提供了一个展示技能、交流经验和收获激励的平台。这种活动既有助于提高学生的实践能力，也有助于培养学生的团队合作和创新精神。电子科技大学图书馆创客空间的文献信息资源服务，扩充了其服务的深度和广度。通过为创客提供相关的文献和信息，图书馆使得学生能够更为系统和深入地开展技术研究和项目实践。而联合校内专家组，在创客空间内嵌入 3 个常驻本科生创新基金项目，更是为学生提供了一个得到专业指导、培训和完成项目的机会。这种与专家直接合作的模式，使得学生能够在实践中得到真正的技能提升和知识积累。①

3. 高阶高校图书馆创客空间服务

高阶高校图书馆创客空间集成了空间构造、平台设置、创客活动、图书馆特色服务、与外部机构的协同合作等多个维度，构建成一个全方位的服务体系。此种空间类型具备了高度的成熟度，展现了图书馆服务在创新、科研和教育领域的深度融合。

对于空间构造而言，高阶高校图书馆创客空间着重于提供多功能的实体环境。研讨室为学者们提供了一个交流和思考的平台，让他们能够在此进行深度的讨论和合作。而配备先进创客设备的实验室则为研究和

① 高晓晶，雷萍.高校图书馆创新空间服务的实践与探索：以电子科技大学图书馆"创新实验室"为例 [J].图书情报工作，2016（S1）：3.

创新活动提供了实际的支撑。此外，高新技术体验区、休闲区、创业咖啡区和数字媒体区等功能室都是为了满足不同用户的多样化需求，创造一个综合性的学术氛围。在平台设计方面，实体平台和虚拟平台的联动成了一个新的趋势。线上与线下的结合不仅能够扩大服务的覆盖面，还能提供更为高效和便捷的服务体验。这种双向交互的模式有助于图书馆更好地满足用户在各个层面上的需求。创客活动是创客空间的核心，高阶高校图书馆创客空间不仅设置有基本的培训、讲座等活动，还进一步引入了创新创业项目和课题。这种深度融合有助于打破传统的教学模式，推动学术研究与实际应用的结合。与此同时，图书馆特色的基础文献资源信息服务、创客资源推介服务等为创客活动提供了强有力的支持，使其能够进行高质量和高效率的活动。与外部组织的协同合作也是高阶图书馆创客空间的一个重要特点。通过与校内各组织部门、校外企业、机构组织和科研院所等建立合作关系，图书馆能够借助外部资源，提供更加丰富和专业的服务。图 6-1 为高阶高校图书馆创客空间服务架构图。

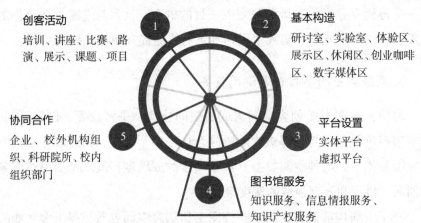

图 6-1　高阶高校图书馆创客空间服务架构图

高阶高校图书馆创客空间代表了创客空间服务的顶尖水平，它汇聚了先进的技术、丰富的资源和专业的指导支持。在我国的高校图书馆中，这种高阶的创客空间仍为数不多，但随着教育改革和技术的进步，其数量和质量均在稳步上升。为了深入探究高阶高校图书馆创客空间的具体特点和服务内容，笔者选择了上海交通大学图书馆、武汉大学图书馆、天津大学图书馆和南京工业大学图书馆为研究对象，进行比较分析。如表 6-1。

表 6-1　四所高校图书馆创客空间实际对比情况

高校名称	基本构造	平台设置	图书馆服务	协同合作	创客活动
上海交通大学图书馆	创意互动研修基地、创意交流空间、7×24 小时阅览室、NFC 技术体验区	线上预约、发布、交流、信息资源共享	基本图书馆服务	与京东商城合作"京东校园"校企合作项目；依附上交大理工科科研基础；嵌入本校优秀专家、学者；与学校各部门联动；产学研一体化	创客讲座、培训、分享会、智能产品发布会、项目研发
武汉大学图书馆	体验区、展示区、俱乐部、活动区、研修室、创业咖啡、休闲小憩区、7×24 小时开放区、数字阅读区	在线预约、虚拟社区、在线交流、知识学习	基本图书馆服务、知识产权服务	与百度合作 AI 图书馆，提供海量资源和人工智能服务；依附信息管理系学科资源；与学校各部门联动	创客沙龙、分享会、培训、比赛、科技文化节
天津大学图书馆	文印服务中心、交流讨论空间、云印刷体验中心	线上客户平台、线下设计、成品、市场一体化开放式自助服务平台	基本图书馆服务	与天津长荣健豪云印刷科技有限公司共建，提供对内学生招聘、培训、管理服务，提供项目研究；与学校各部门联动；产学研一体化	创新创业指导、实训、比赛、项目推介
南京工业大学图书馆	创客梦工厂、实验区、展示区、交流区、设计区	一站式网站服务、线上预约、发布、交流、项目社区研讨平台	基本图书馆服务、专利信息情报服务、知识产权服务	与国家知识产权培训季度专利数据中心、专利信息服务中心成立图书馆专利中心；与国家大学科技园、省大学生创业园合作提供项目、人才	创客导师引导研发项目、创客讲座、实训、比赛

第二节 高校图书馆创客空间服务实证分析

传统的高校图书馆服务模式逐渐无法满足日益增长的信息化学习和创新研究需求，因此图书馆需要转型与创新，以适应高等教育发展的新趋势。在这一背景下，创客空间作为一种创新性的学习空间和服务模式，在全球范围内逐渐崭露头角。武汉大学图书馆创客空间服务属于高阶类型，再加上武汉大学图书馆有着自己独特的创客空间服务体系，为此，实证分析便以武汉大学图书馆为例，为我国高校图书馆创客空间的建设提供有益的参考。

一、武汉大学图书馆创客空间发展历程与建设规划

武汉大学，作为国内著名的综合性研究型学府，拥有深厚的学术传统和文化底蕴。其图书馆作为学校的学术中心，长期以来都在不断地探索如何更好地服务于学术研究和学生学习。在信息科技迅速发展、创新与创业文化日益盛行的背景下，武汉大学图书馆逐渐认识到创客空间的重要性，并开始筹划建设相关的空间和服务。

（一）武汉大学图书馆创客空间发展历程

作为第一批创立此类空间的学校之一，武汉大学在此领域的探索和实践始于 2012 年。从最初仅提供一块供创客们交流与分享的空地，到引进先进的 3D 打印技术，再到正式成立运营的创客空间，每一步都见证了其对"三创"教育理念的深入践行。武汉大学图书馆创客空间不仅强调技术创新和创业精神，更重要的是培育学生的创造力。这也是为什么它能够在短短的时间里，从一个基础的交流分享空间发展成为一个设备齐全、功能丰富、师生参与度高的创客中心。其成功的经验和实践对

于其他高校建立类似空间提供了宝贵的借鉴。武汉大学图书馆创客空间成功举办了诸如"创客嘉年华"和"珞珈之春科技文化节"等大型创客文化活动，这不仅提高了其在校内的影响力和知名度，而且也吸引了众多外校师生的关注和参与。这些大型活动的成功举办无疑证明了创客空间在推动创新创业教育中所起到的积极作用。在资金投入方面，武汉大学图书馆对创客空间的重视体现得淋漓尽致。对于创客空间的资源建设，无论是设备的更新，还是网络数据资源平台的引入，抑或是空间的改造，都体现出了图书馆的前瞻性思维和长远的规划。这样的投资策略不仅确保了创客空间的持续和高效运营，而且也为其未来的发展奠定了坚实的基础。

武汉大学图书馆创客空间的发展充分体现了当代高校图书馆对于传统服务模式的重新审视与革新。在初步的探索阶段，图书馆通过提供3D打印服务及为师生打造的交流场所展现了对于技术与交流融合的初步设想。而后续的创业咖啡厅的构想与实施进一步证明了图书馆在拓展服务领域时的开放态度和尝试精神。创业咖啡厅的设立在某种程度上颠覆了对图书馆的传统认知。将学术场所与创业文化相结合，武汉大学图书馆创客空间为学生提供了一个鼓励思考、碰撞思想的平台。此外，图书馆不再仅仅是存储知识的地方，更是成为孵化创意的场所，映照出当代高校图书馆的新角色——知识的中介与推动者。此外，为了丰富其内涵并增强用户的黏性，武汉大学图书馆创客空间频繁地组织各类创客沙龙和创业分享活动。这些活动使得图书馆成为学术与实践相结合的焦点，同时为学生创业者们提供了一个真实的学习和交流的机会。邀请校友分享创业经验，如小米创始人雷军，既增强了活动的权威性与吸引力，也为在校学生提供了实际的参考和鼓励。而邀请武大有名的"珞珈猫"设计制作人进行创意分享会的做法，不仅仅是一个单纯的经验交流活动。它为学生提供了一个直观的例子，展示了学术与实践、知识与创意如何在图书馆这样的场所中完美结合。同时，此类活动对文创产品的展示和销售，也为图书馆提供了新的经济来源，使其在经济模型上也有所创新。该校图书馆医学分馆的真人图书馆功能引领了一个全新的服务模式，使得传统的图书馆服务得到了丰富与拓展。真人图书馆的功能突破了传统图书馆服务的边界，为师生用户提供了一个与创客交流的新平台。这种创新的服务模式使得图书馆不仅仅是知识的存储与传播中心，更成为创新与交流的场所。师生用户不再是单纯的信息消费者，而是参与者、交流者，甚至是信息创造者。随着技术的进步和教学需求的改变，武汉大学图书馆不断地加入高科技设备，丰富了创客空间的功能和内容。3D 打印机、3D 扫描仪、双屏云学习终端和 AR/VR 设备等不仅为学生带来了先进的技术体验，也为学术研究与教学提供了强大支撑。这些高科技设备不仅使得图书馆服务更加高效、先进，也大大提高了图书馆的吸引力和影响力。为了更好地满足师生的需求，图书馆对创客空间的布局也进行了优化与细化。自主阅览区、休闲区、设备体验区和展示区等功能区域的设立，彰显了图书馆对于多元化服务的追求。这些区域不仅满足了学生的学术研究需求，也满足了他们的休闲与娱乐需求，使得图书馆成为学习、交流与放松的综合场所。以武汉大学信息管理系为依托，信息科学分馆创客空间的成立加强了图书馆与学术部门之间的合作，也证明了学科背景与图书馆服务的密切结合。信息管理系的学术背景和研究方向为创客空间提供了强大的学术支撑和指导，使得图书馆的服务与学科发展和师生需求相契合。

凭借信息管理系独特的资源优势，武汉大学图书馆开启了与多家大型互联网和信息科技公司的合作，从而助推创客空间发展。2017 年与百度公司合作，探索了人工智能与图书馆结合的可能性。这种合作模式为图书馆提供了新的工作模式，使其从一个传统的图书和资料收藏地逐渐转型为一个集合了高科技和创新的中心。百度教育云平台于同年底在武汉大学图书馆上线，为读者提供了海量的资源和数据平台。这一步骤为创客空间注入了丰富的资料来源，从而有力地支持了各种科技创新比赛的举办。通过这些活动,学生们可以直观体验到 3D 打印、人工智能等前沿科技,并激发他们对科技的兴趣。而为了使更多学生了解和掌握 3D 打印工具,图书馆还组织了大型的 3D 打印培训活动。此外,合作伙伴如校团委为这些比赛提供了一系列的激励机制,这种鼓励方式提高了学生参与度。这些活动不仅丰富了学生的实践经验,还培养了他们的团队合作精神、创新意识和多方面的能力。从动手制作到交流沟通,从写作报告到公开演讲,每一项都为参与者提供了宝贵的锻炼机会。图书馆在创客空间的整体建设中起到了重要的作用。每当新的设备、技术或项目被引入时,图书馆都会安排专人进行深入的学习和研究。例如,VR技术的引进和使用,就需要有专门的馆员进行深入研究,确保能够为读者提供最佳的使用体验。此外,图书馆管理员还经常与校内的多个部门合作,如创新创业中心、党团委员会和各种社团,共同策划和举办各种活动。

(二)武汉大学图书馆创客空间建设规划

武汉大学图书馆创客空间的建设规划表现出了对现代教育理念的深刻理解和对创新教育的高度重视。图书馆作为一个传统的学术场所,在当代已经不再满足于提供知识资源,更是融合了各种先进的学术活动和技术应用,形成了一个多功能、开放、共享的学术空间。

1. 与大学生社团、学校职能部门的深化合作

大学生社团既是学生自我管理、自我教育、自我服务的主体,又是大学生团体活动的组织者和实施者。利用学生社团的组织能力和活跃性,图书馆创客空间能够更好地满足学生的实际需求,推动更多的学术交流和创新活动。在这种合作模式下,图书馆创客空间不仅可以为学生提供创新的空间和资源,更能为学生创造一个与各类学术团体互动、交流的机会,提高学生的组织协调和团队合作能力。同时,图书馆与学校

职能部门如团委的合作，也有助于更好地发挥图书馆在大学文化建设和学生思想政治教育中的作用。团委作为学生的核心组织，有着广泛的影响力和组织能力。图书馆创客空间与团委的合作可以为学生提供丰富和多样的活动内容，使图书馆成为学生学习、创新、交流的核心场所。与学校职能部门——国家重点实验室的合作，则是图书馆创客空间的科研导向表现。国家重点实验室作为学术研究的高地，代表了国家和学校在某一学科领域的研究水平。图书馆创客空间与其合作，不仅可以获取最新的研究课题，还可以借助实验室的技术和设备为学生提供更好的学术研究条件。在这种合作模式下，图书馆创客空间成为学生与科研前沿接轨的桥梁，提供了一个开放、共享的学术研究平台。

2. 建设有分馆学科特色的创客空间

创客空间的概念及其在图书馆中的应用已成为现代教育和图书馆服务的热点话题。它不仅提供了一个空间供学生进行实践操作、实验和学习，还鼓励了跨学科的合作与交流。武汉大学图书馆在规划与建设创客空间时，充分考虑到了这些因素，采用了基于分馆学科特色的设计方法。分馆学科特色的创客空间意味着每个分馆都有其独特的主题和功能，这种设计旨在充分利用各分馆的专业建设资源和空间资源。例如，工学分馆主要以创业为中心，提供与工程、技术和创业相关的资源和服务。信息分馆以 IT 创造和创新为核心，提供与信息技术、软件开发和数字创新相关的资源。而医学分馆更注重人际交流和互动，通过真人图书馆的方式，鼓励学生与医学专家进行交流和学习。这种分馆学科特色的设计方法不仅使得每个创客空间都有其独特的功能和特色，还使得学生可以根据自己的专业和兴趣选择合适的创客空间进行学习和创新。此外，通过将不同学科的创客空间整合在一起，武汉大学图书馆也鼓励了跨学科的交流与合作。总馆则采用了开放和综合的设计方法，其创客空间以创作和创意为中心，为学生提供了一个更加开放、多功能的学习和创新环境。这种设计旨在鼓励学生进行跨学科的学习与合作，促进知识的交流与传播。

3.图书馆全面智慧化助力创客空间的发展

图书馆全面智慧化，意味着利用现代科技，尤其是信息技术，将图书馆的资源、服务、管理和运营进行数字化、网络化和智能化。全面智慧化并不仅仅是对图书馆内部资源的数字化处理，更是对外部知识、信息和资源进行整合，为创客空间提供更为广阔的知识资源平台。这种智慧化的图书馆，能够为创客提供精准、便捷的知识服务，提高学生的创新创业创造能力。与此同时，武汉大学图书馆创客空间的建设规划明确提出了与校内科研机构、校外企业的合作。这种合作是对图书馆开放性的一种强化。图书馆不再是一个封闭的空间，而是一个开放的平台。这样的平台能够汇聚校内外的优质资源，为学生提供全面、丰富的知识支持。同时，与校外企业的合作，也为学生提供了一个了解市场、实践创新的机会。这种合作并不是简单地提供资源和平台，更重要的是提供一个与现实市场、与产业前沿紧密结合的创新环境。学生在这样的环境中，不仅能够获取到最新的知识和技术，更能够结合实际，进行产品和项目的研发、创新与创业。图书馆作为学校的核心部门，其使命不仅是提供知识服务，更是推动学校的教学和科研工作。而在当前知识经济时代，创新与创业已经成为高校教学和科研的重要组成部分。因此，图书馆通过创客空间这一新的形式，全面拥抱学校的教学、科研和创新，已经成为其不可或缺的使命。

二、武汉大学图书馆创客空间建设实践情况与服务模式

武汉大学图书馆创客空间的建设实践和服务模式，是在当前社会经济和教育背景下的必然产物。通过这一模式，武汉大学图书馆成功地将自己转型为一个综合性的学习和创新中心，为学生和学者提供了更多的

机会和平台，实现了图书馆服务的深化和延伸。

（一）武汉大学图书馆创客空间建设实践

1. 信息科学分馆创客空间

武汉大学图书馆信息科学分馆创客空间的建设，展现了现代高校图书馆对于其功能和角色的重新定位。以"智慧、创新、活泼、传统"为建设宗旨，这一空间不仅致力于提供知识和信息，更着眼于培育学习者的创新能力和实践精神。

（1）新技术产品体验馆。新技术产品体验馆作为创客空间的一个重要部分，旨在为读者提供高新技术产品和设备的体验服务。这不仅可以让读者对最新的技术产品有一个直观了解，还可以提高其对相关技术的应用能力。例如，自助预约取书机、触摸全媒体阅读器等，都为读者提供了便捷和高效的知识获取方式。此外，双屏 IT 云学习终端、Mac 电脑和非线编视频加工系统等，都为读者提供了一个与现代信息技术紧密结合的学习和创作环境。这样的环境不仅有助于提高读者的学习效果，还可以促进其对新技术的探索和创新。在二楼到四楼，VR/AR 体感设备和 3D 打印、扫描系统的设置，丰富了创客空间的内容。VR/AR 体感设备可以为读者提供一个沉浸式的学习和体验环境，而 3D 打印、扫描系统则为其提供了一个将创意转化为实物的工具。这些设备的引入，使图书馆不再仅仅是知识的存储和检索中心，更是一个创意的发源地和实践的平台。与此同时，图书馆在提供自助借还和预约服务的基础上，还引入了自助打印和图书自助杀菌服务。这一方面体现了图书馆对于服务质量的持续提升，另一方面体现了其对于读者健康和安全的高度关注。[①]

（2）创新作品展示馆。创新作品展示馆的设计与功能，旨在将创新

---

① 张翩翩.我国高校图书馆创客空间服务研究[D].昆明：云南大学，2018：28.

的概念从纸面文字转化为实物展示，从而激发学生们的创新意识和参与热情。设立在一楼的创新作品展示区，选择了图书馆的流量高峰区域，确保最大范围的可见性和影响力。这种考虑不仅使学生更容易接触到各种创新作品，而且提高了整个社区对于创新活动的认知和重视。3D 打印大赛的获奖作品展示不仅是对获奖者的肯定和鼓励，更是对其他同学的激励。通过观看这些实际的 3D 打印成果，学生们能够直观地了解到 3D 打印技术的应用范围和潜在价值，从而激发他们参与创客活动。此外，参赛作品投票区域的设置，强化了学生对于创客文化的参与感，他们不仅是观众，还是参与者。与此同时，文创作品和创新设计作品展示区，提供了一个为学生展示自己设计和创意的平台。这不仅仅是为了展示，更重要的是提供了一个与同学、老师，甚至校外人士交流和反馈的机会。通过这种交流，学生们能够从不同的角度和层面对自己的作品进行思考和改进。

（3）读者创新集散地。为了鼓励和培育用户的创新创造能力，创客空间设计了多个功能区域，以满足不同创意活动的需求，并提供一个开放的环境来支持学习、实践和交流。其中，创客俱乐部、创意活动区、创意研修室等专门设立的空间，体现了图书馆对于支持创新活动的重视。这些空间不仅为读者提供了物理上的工作和学习环境，更重要的是，它们为读者提供了一个创意碰撞和交流的平台。读者可以在这里分享自己的创意、获取他人的反馈、与志同道合的人交流和合作，从而推动创意的迭代和完善。同时，通过组织各种活动、比赛和技能培训，图书馆为读者提供了丰富的学习和实践机会。这些活动不仅能够帮助读者提高自己的技能和能力，更能够为他们提供一个应用所学和展现自己的平台。通过这些实践活动，读者可以将自己的创意思维转化为实际的产品和成果，从而实现知识和技能的价值。而思维导图、手绘创意、创想记录和工作日志等创意表达方式，不仅帮助读者整理和梳理自己的思路，更能够为他们提供一个结构化的思考框架。通过这些表达方式，读者可以清晰、系统地呈现自己的创意，从而更好地与他人交流和合作。原型创造和验证探究等方法，支持了读者的创意实践。原型是创意的初步实现，它可以帮助读者验证自己的想法，发现问题和不足，从而进行迭代和优化。通过这种方法，读者可以科学、系统地进行创意实践，确保其创意更具可行性和实用性。演说、写作、展示等成果呈现方式，为读者提供了一个展现自己的平台。这些成果呈现方式，不仅能够帮助读者展现自己的创意和成果，更能够为他们提供一个与他人交流、获得反馈、完善自己的机会。如图 6-2。

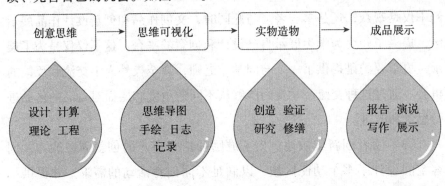

图 6-2　创意成果转化思维导图

（4）读者学习、休闲的温馨之家。读者学习、休闲的温馨之家，是对信息科学分馆创客空间的准确定位。这种定位旨在创造一个友好、舒适、具有家的感觉的环境，使用户能够更加专注和高效地学习和工作。创客咖啡休闲区、创客小聚区和懒人沙发睡眠区等设计，充分考虑到用户在学习和工作过程中的生理和心理需求。这种人性化设计，不仅提高了用户的满意度和使用度，更有助于激发用户的创新和创业激情。智能休闲家居的引入，丰富了信息科学分馆创客空间的功能和服务。这种家居旨在为用户提供舒适和便利的环境，使他们能够轻松地学习和工作。同时，这种家居也体现了图书馆对于技术和服务的融合和创新。通过技术的引入和应用，图书馆能够为用户提供更加个性化、智能化和人性化的服务。7×24 小时开放区域和数字资源阅读专区的设计，进一步体现了图书馆对于用户需求的关注和满足。这种全天候开放的形式，使用户能够根据自己的时间和需求，灵活地使用图书馆的资源和服务。数字资源阅读专区则为用户提供了一个专门的、高效的学习和研究环境。这种环境不仅有利于用户深入而全面地获取和利用知识，更有助于他们进行创新和创业的实践。饮料售卖机和外卖使用区的建设，是对信息科学分馆创客空间服务的完善。这种服务旨在满足用户在学习和工作过程中的生活需求，使他们能够专注和高效地进行学习和工作。同时，这种服务体现了图书馆对于用户体验的重视和提升。通过对生活服务的引入和完善，图书馆能够为用户提供一个完整、全面和舒适的学习和创新环境。

2. 工学分馆创客空间

武汉大学图书馆工学分馆创客空间不仅是知识的储存与传递场所，更成为创新创业的实践基地和创客理念的传播中心。其独特的管理和运营模式，凸显了当代图书馆服务的深化与延伸。工学分馆创客空间的管理运营、设计布置以及食品制作的整个过程都由大学生创新实践中心组织，体现了真正的"创客精神"。这种模式鼓励在校大学生参与，使他们有机会从中学习和实践。更为关键的是，这一操作模式体现了图书馆对学生能力的充分信任和重视，将他们从被动的接受者转化为主动的参与者。此外，创客空间的设计与布置反映了学校对于创新创业实践的重视。通过举办创客沙龙和分享会，创客空间不仅为学生提供了学习和交流的机会，更为他们打造了一个实践和展示的舞台。这种模式鼓励学生分享经验、交流观点、展示创意，使他们在相互学习和合作中，不断提高和完善。创客空间由大学生创业中心承建，图书馆与校团委联手指导学生自主运营。这种合作模式既充分利用了图书馆的资源优势，又结合了校团委的组织能力，为学生提供了更为完善和高效的服务。同时，聘请校友担任创客导师，不仅为学生提供了专业的指导和帮助，更为他们搭建了一个与社会、企业接轨的桥梁。工学分馆创客空间的设备、会议场所和展示区等资源，为师生提供了一个集探索、创造和分享为一身的平台。这一平台不仅满足了学生的学习和交流需求，更为他们提供了一个实践和展示的机会。创客空间计划在本馆开设的创客工作坊、创想时空和创意教育等新功能区域，扩展了图书馆的服务范围和深度，使其成为一个真正的创新创业的实践基地。

（二）武汉大学图书馆创客空间服务模式

武汉大学图书馆创客空间的服务模式展现了一个深度融合、跨学科与多方合作的现代图书馆构思。该创客空间的特色在于总分馆共建的构建模式，旨在最大程度地利用各分馆的空间资源、人力资源以及学科资源，从而为其用户提供精细化、专业化和多元化的服务。在总分馆共建的模式中，各分馆能够综合利用各自的资源和特色，形成各具特色的服务体系。而在此基础上，整合各分馆的优势，使得总分馆之间能够形成互补、共生的关系。这种模式不仅能够满足用户的多样化需求，更能够确保图书馆服务的持续性和稳定性。武汉大学图书馆创客空间的服务模式特色也在于其对用户创客需求的细致划分。根据用户在创客过程中的整体需求，主要分为创新需求和创业需求。这种细致划分使得图书馆能够精准地为用户提供所需的服务，并确保资源的最大化利用。对于创新需求，图书馆提供创客馆员指导服务、平台服务和实践项目服务。创客馆员指导服务致力于为用户提供专业化的知识与技能指导，帮助他们在创新过程中避免盲目和误区，确保创新项目的顺利进行。平台服务则提供给用户一个集思广益、交流合作的场所，使他们能够获得更多启示和帮助。而实践项目服务针对用户的具体项目，提供一系列的支持和协助，确保其项目的顺利实施。对于创业需求，图书馆与其他部门、社团、企业等合作，为用户提供一系列的创业支持服务。这种协同合作的模式，使得图书馆能够充分利用外部资源，为用户提供更加全面和专业的创业服务。同时，图书馆通过与其他部门、社团、企业等的合作，也为用户提供了一个广阔的合作与发展平台，使他们能够在创业过程中获得更多的机会和资源。如图 6-3 为是武汉大学图书馆创客空间服务模式示意图。

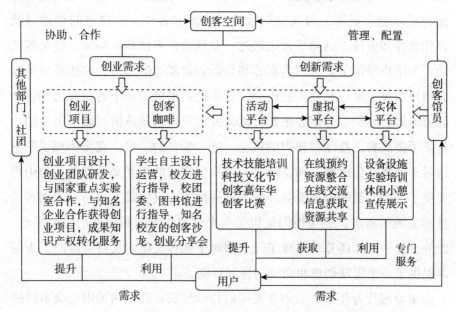

图 6-3　武汉大学图书馆创客空间服务模式示意图

武汉大学图书馆创客空间服务模式展现了现代图书馆向多功能、互动、创新服务的转型。该模式结合实体平台、虚拟平台和活动平台三者的优势，为用户提供了一个全方位、多层次的创客服务环境。实体平台作为一个具体的空间，为用户提供了体验、实践和头脑风暴的场所。其中包括新技术设备体验区、创意活动区、交流讨论区等多功能区域，均为用户提供了将创意转化为实体成果的机会。这些空间不仅满足了用户对新技术的体验需求，更为他们提供了交流、合作和实践的平台。例如，交流讨论区可以促进用户之间的沟通与交流，而展示区为用户提供了展示自己创意和成果的机会。这一平台的设置，充分体现了图书馆对于用户体验和实践的重视，为用户创造了一个实现创意和交流的良好环境。虚拟平台则满足了用户对于创客电子资源获取和社交讨论的需求。

用户可以在虚拟平台上预约功能区域和设备、发布宣传及活动信息、参与活动讨论等。这一平台不仅为用户提供了方便快捷的服务，更为他们提供了一个与其他创客交流和合作的平台。通过虚拟平台，用户可以方便地获取创客资源，与其他创客进行交流和合作，为自己的创意寻找合作伙伴和资源。活动平台则通过一系列的创客比赛、培训、展会等活动，为用户提供了提升创客素养和创新创造能力的机会。这些活动不仅为用户提供了学习和交流的机会，更为他们提供了一个展示自己创意和能力的舞台。例如，创客比赛可以激发用户的创新热情，而培训为用户提供了提高自己技能和知识的机会。这一平台的设置，充分体现了图书馆对于创客文化的推广和支持。三个平台之间的相互交叉支撑，为用户提供了一个完整的创客服务环境。这一模式不仅满足了用户对于创客信息和实践的需求，更为他们提供了一个学习、交流和实践的综合平台。此外，这一模式还充分体现了图书馆对于创客文化的支持和推广，为创客提供了一个实现创意和交流的良好环境。

结合现代青年群体对创业需求的持续增长，该空间采用与众不同的方式，以满足用户多元化的创业需求。创客咖啡作为创客空间的基础，不仅为用户提供了一个轻松、舒适的交流与合作环境，而且为他们搭建了一个与创业领域专家、企业家、创业者交流与合作的平台。这种独特的氛围，旨在鼓励用户分享创意、汲取知识，并不断扩大其人脉网络。配合创客咖啡，创客沙龙、创客路演和创业分享会等一系列活动，增强了图书馆创客空间的功能与影响力。这些活动不仅涵盖了创业的各个环节，从创意的产生、项目的策划、资金的筹集，到项目的执行与市场推广，都为用户提供了全方位的支持与指导。与此同时，创客空间与知名企业、国家重点实验室等机构的合作，提升了其服务的深度与广度。这种合作模式为用户提供了真实的课题与项目，使他们有机会将理论知识与实际操作相结合，不断提高其创业创造的实际能力。头脑风暴、想法创意的产生，以及对创意方案的制造研发，都为用户提供了真实的实践机会。而知识产权服务的提供，加强了创客空间的功能。创意与创新，无论其价值大小，都需要得到法律的保护。为用户提供知识产权服务，旨在帮助他们申请专利，确保其创意与创新成果得到充分的保护。与此同时，与企业的对接，为用户提供了将项目成果转化为实际产品并投放市场的机会。这种模式不仅为用户提供了更多的创业机会与可能，而且为企业提供了一个与高校创客空间合作、寻找合适的项目与人才的平台。

创客馆员，作为这一服务模式中的关键因素，扮演着多重角色，这既是他们的机会，也是他们的挑战。在创客空间内，馆员的角色已经超越了传统意义上的信息提供者和管理者，他们更多地成为活动策划者、技术指导和连接桥梁。他们在用户创客活动中起到策划和举办的作用，这需要他们具备广泛的知识面和高度的组织协调能力。他们必须了解创客活动的核心内容和目标，确保活动的流畅进行。此外，他们还需要具备一定的技术知识，以便为用户提供设备技术等方面的指导。此外，创客馆员也是连接创客与专家、学者的关键纽带。这一角色需要他们具备良好的人际交往能力和沟通技巧。他们不仅要与创客建立联系，了解他们的需求和困惑，还要与专家和学者保持联系，确保他们的知识和经验能够有效地传递给创客。这种双向沟通与交流，使创客馆员成为知识传递的关键节点。同时，创客馆员在创客服务过程中还要与图书馆、创客空间、学校其他部门和社团进行合作。这需要他们具备高度的协调和组织能力。他们必须确保各方资源的有效整合，以便为创客提供全方位的服务。此外，与校外企业和研究院的合作，也为创客馆员提供了一个扩展服务领域和深化知识的机会。这种跨界合作，不仅可以为创客提供更多的资源和机会，也为创客馆员带来了广泛的发展空间。

第三节　高校图书馆创客空间服务优化建议

一、以用户创新创造需求为导向的服务优化

在当前信息社会，用户的需求已不再局限于传统的借阅服务。尤其在高校图书馆这一特殊场景下，学生和教职工对于图书馆的期望已经从单一的学术资源提供者，转变为多功能、互动性强的知识创新平台。为了满足这种变化中的用户需求，高校图书馆必须进行服务优化，确保其功能与用户的创新创造需求相匹配。

（一）科学改造图书馆物理空间

传统的图书馆空间设计往往注重对藏书的保护和展示，而新时代的图书馆需要开放、灵活和互动。这就要求图书馆在物理空间的布局、设计和装饰上都要进行科学的改造，以适应用户创新创造的活动。

1. 创客空间的布局形式

在科学改造图书馆物理空间方面，创客空间的布局形式是重要的。不同的高校图书馆由于其独特的历史、文化、学科布局等因素，都拥有自己独特的布局特色。因此，在考虑创客空间的布局时，不能简单地模仿或复制其他图书馆的模式，而是要根据本校图书馆的实际情况进行设计与安排。创客空间的布局应该满足以下几点要求：灵活性、多功能性和开放性。灵活性意味着空间的布局可以根据不同活动的需求进行调整，以适应各种形式的创客活动。多功能性要求空间不仅能够满足学生的学术研究需求，还要能够满足他们的创意实践和社交互动需求。而开放性意味着创客空间应该是一个能够吸引各类用户、鼓励跨学科合作的地方。

2."动静相隔"的布局方式

传统上，图书馆被视为知识的殿堂，为学生提供一个安静的学习和阅读空间。然而，随着社会和教育模式的变化，图书馆的功能已经不仅仅局限于图书借阅和自习。特别是近年来创客文化的兴起，创客空间在图书馆中的地位逐渐显现。创客空间的出现，为学生提供了一个讨论式、动手式的学习模式，这无疑为图书馆注入了新的活力。但这种新型的学习方式与图书馆传统的"静"的学习阅读氛围形成了鲜明的对比。如何在不破坏传统学习阅读氛围的前提下，成功地整合这两种截然不同的学习方式，成为图书馆在服务优化过程中所面临的关键问题。"动静相隔"的布局方式是一个可行的解决方案。这种布局方式可以确保师生的主要借阅自习区与创客空间有一个明确的分隔。例如，可以选择空间较大、噪声较大的一楼大厅进行改造，将其设立为创客空间的讨论和实验室。这样，即使在创客空间内有讨论和动手实践的活动，也不会影响到其他学生在图书馆内的阅读和自习。另外，对于借阅量较小、离主要自习借阅室较远的仓库、收藏室或借阅室，也可以考虑进行改造，将其转化为创客空间。这样，不仅可以充分利用图书馆现有的空间资源，还能为学生提供更多的创客学习机会。

3.创客空间功能服务类型按需确立、集中分布

创客空间的功能服务类型需要有针对性地确立并集中分布。由于每所高校都有其独特的学科背景和学术特点，因此创客空间的功能服务类型也应当与之相适应。例如，对于文科类、师范类或艺术类的高校，其创客空间更应当以创客课堂、多媒体、录播室等为核心，以满足学生对于多媒体创新与实践的需求；而对于理工类、医学类高校，创客空间应当更多地设置实验室、研讨室等，以适应学生的科研实践和团队协作需求。当然，综合类高校则需要更为灵活和综合的考虑，确立多主题并存

的创客空间功能室。与此同时，在布局创客空间时，应考虑到创客过程的各个阶段需求，使之能够有机地相互衔接。例如，创客讨论室和实验室应当安排在相对靠近的位置，这样可以确保在进行头脑风暴后，学生可以迅速地转向实验，从而提高创新的效率。与此类似，创客资料的借阅查询应当设置在离讨论室和实验室较近的位置，从而确保学生在进行文献检索或数据查询时，能够迅速地获得必要支持。此外，创客咨询室应当设置在这些功能室的中间位置，以方便学生在遇到问题时能够迅速地找到创客馆员进行咨询。

（二）学科馆员与创客馆员之间的转型

高校图书馆的学科馆员具备一系列独特和专业的能力，使他们在图书馆服务模式中扮演了不可或缺的角色。这一职能的核心在于其与院系、学科的深入联系，为图书馆提供了一个与学术界的紧密连接。而在当今的知识经济时代，高校图书馆创客空间作为一个旨在培养学生创新和创业能力的平台，日益成为学术界关注的焦点。在这种背景下，学科馆员与创客馆员之间的转型显得尤为必要。

第一，学科馆员通常具有丰富的专业知识和经验，在对口的院系和专业中深入了解其教育和科研需求。这种深入了解使他们能够为创客提供有价值的信息资源、科研课题和项目咨询。这些资源和咨询服务对于创客来说是非常有价值的，可以帮助他们更好地进行创新和研究。除了提供专业资源和咨询服务，学科馆员还可以利用他们在专业领域的人脉资源。他们可以联系校内的教授和校外的专业人士，为创客用户组织创客培训、创客讲座和创客路演等活动。这些活动可以帮助创客获得最新的专业知识和技能，增强他们的创新能力。同时，学科馆员还可以扮演创客指导和咨询师的角色。他们可以参与创客项目的头脑风暴，为创客师生提供宝贵的建议和意见。这种直接的交流和互动可以加强图书馆与创客之间的联系，增强图书馆的服务能力。但是，学科馆员与创客馆员之间的转型并不是一个简单的过程。这需要学科馆员具备一定的创客知识和技能，以及与创客进行有效的沟通和交流的能力。图书馆需要为学科馆员提供相关的培训和学习机会，帮助他们完成这一转型。这可能包括创客技能培训、项目管理培训、沟通技巧培训等。

第二，学科馆员持有的关于各类数字资料和数据库资源的深度知识为他们在创客空间内提供特定服务提供了坚实基础。利用这些知识，他们可以为创客提供精准的文献资源和数据资源检索服务。这些服务直接支持了创客在项目研发、原型构建和市场验证等关键阶段的信息需求。除了基本的文献和数据检索，学科馆员还能为创客提供专利信息检索、分析和竞争情报评估等高级知识情报服务。这类服务不仅帮助创客了解当前行业或领域的技术发展趋势，还可以为他们在市场竞争中提供有价值的参考和建议。例如，通过专利信息分析，创客可以了解某一技术领域内的研发热点和技术壁垒，从而制定明确和有针对性的研发策略。进一步地，学科馆员可以为创客团队提供专题项目跟踪服务。这一服务模式意味着学科馆员不仅仅满足于提供单一的信息检索服务，而是深入到项目的每一个阶段，与创客团队进行深度合作。他们可以根据团队的具体需求，为其提供针对性的创客信息服务，确保团队在每一个关键节点都能够获得所需的信息支持。学科馆员与创客馆员之间的转型，实质上是图书馆对于新的服务需求的一种响应和适应。它代表着图书馆从传统的知识仓库转变为知识服务提供者的角色转换。这一转变不仅提高了图书馆的服务效率和满意度，还为图书馆带来了更多的合作和发展机会。

第三，学科馆员在转型过程中可以发挥其原有的学科专长，为创客用户提供专业化的信息服务。例如，他们可以根据创客活动的内容，为用户提供相关的学科资料、技术文献和研究报告。此外，他们还可以通过与校内外的专家、学者进行合作，为创客用户提供专题讲座、研讨会和技术培训。同时，学科馆员可以负责对馆内职工进行创客信息素养和创客相关技能的培训。这种培训不仅可以提高图书馆员的整体素质，还可以帮助他们更好地为创客用户提供服务。培训的内容可以包括创客理念、创客技术和创客活动组织等。除此之外，学科馆员需要对创客用户的使用情况进行追踪服务，及时收集用户的意见和建议，撰写服务情况调研报告与用户需求报告。这些报告不仅可以为图书馆的决策提供依据，还可以为创客服务的持续优化提供方向。学科馆员在转型为创客馆员的过程中，需要关注创客所需的设施、设备和虚拟数据平台的购买计划。他们可以根据用户的需求和创客活动的内容，为图书馆提供购买建议，确保创客空间的设备和资源始终处于先进和完善的状态。

（三）提供图书馆特色的读者创客信息服务

图书馆创客空间不同于其他类型的创客空间，它强调的是知识的创新和分享，而不仅仅是技术的实践和应用。因此，提供与图书馆特色相结合的创客信息服务成为其服务的核心内容。这种服务旨在满足创客在知识获取、信息检索、技术应用等方面的需求，帮助他们更好地实现自己的创新创造目标。

1.创意思维形成和思维转化阶段

图书馆具有众多的资源和信息，通过特色的读者创客信息服务，可以更好地满足创客用户的需求。例如，创客期刊和创客网络新媒体为创客用户提供了一个探索和获取前沿创新资讯的平台。这些资讯可以激发创客用户的创新思维，帮助他们在创意形成阶段找到灵感和方向。同时，图书馆还可以为创客用户推荐相关的课题和项目文献信息资源。这些资源可以为创客用户提供深入的研究材料和背景知识，帮助他们更好地理解和掌握所研究的领域。除了提供创新资讯和文献资源，图书馆还可以通过文献传递和专题服务来帮助创客用户形成创客课题和项目的创意方案。文献传递是一种将图书馆资源与创客用户的需求相结合的服务。通过这种服务，图书馆可以为创客用户提供他们所需要的专业文献，帮助他们在短时间内获取所需的知识和信息。同时，专题服务可以为创客用户提供更为系统和全面的研究资料，帮助他们深入地探讨所研究的课题。另外，为了确保创客课题和项目的可研究性和创新性，图书馆还可以提供科技查新服务。这种服务可以帮助创客用户了解所研究课题的最新进展和研究动态，确保他们的研究具有前瞻性和创新性。此外，这种服务还可以帮助创客用户避免重复研究，确保他们的研究成果具有独特性和价值。

2. 创意方案的原型创造和概念验证阶段

创客在创造原型和验证概念时，往往需要对其方案进行深入的研究和分析。这时，图书馆创客空间可以根据创客的需求，提炼方案中的信息知识内容。通过对现有的科技、专利文献和技术成果的检索，图书馆创客空间可以为用户提供相关的技术知识和情报。这不仅可以帮助创客获取所需的知识，还可以为他们提供技术案例，帮助他们在验证概念的过程中找到问题的解决方案。图书馆创客空间可以与学校的其他部门和研究机构进行合作，共同为用户提供知识和技术支持。例如，图书馆创客空间可以与学校的科研机构合作，共同组织技术讲座和研讨会，为创客提供技术指导和支持。同时，图书馆创客空间可以与学校的教育和培训部门合作，组织技术培训班和工作坊，帮助创客提高其技术能力。

3. 形成创客成果阶段

在形成创客成果的阶段，图书馆信息服务馆员将扮演起法律顾问的角色，为创客提供专利侵权风险评估服务，帮助他们在申请专利前规避潜在的法律风险。这不仅保障了创客的权益，也确保了创新项目的成功进行。此外，图书馆需为创客提供创新性评估报告，为他们的项目提供权威的第三方评价。成品面向市场时，图书馆需要转变角色，为创客提供市场竞争情报服务，帮助他们更好地把握市场脉搏，指导成品的市场走向。这要求图书馆不仅要有丰富的市场信息资源，还要具备深入的市场分析能力。

（四）形成读者创客激励机制，增强用户黏性

在现代的知识社会中，高校图书馆的角色已不仅仅局限于传统的信息提供和资料借阅服务，而是不断向创新和创造的方向延伸。为此，构建以用户创新创造需求为导向的服务体系，变得尤为关键。特别是在创客空间这一创新型服务模式中，如何更好地吸引和留住用户，是各大高校图书馆都在探索和努力的方向。形成读者创客激励机制，正是响应这一挑战的重要策略。通过设立激励机制，高校图书馆可以更有针对性地调动用户的积极性和创造性，从而达到增强用户黏性的目的。例如，通过定期举办各类创客比赛，高校图书馆可以为用户提供一个展现才华、交流技能和获得认同的平台。这种竞技形式不仅能够刺激用户的参与热情，还有助于形成良性的学术和技术交流环境，提升图书馆的知识服务水平。对于有创新意念和实践能力的用户，图书馆可以提供相应的项目支持，如提供创客工具、空间、资金和技术指导等。这种支持不仅有助于实现用户的创新创造目标，还可以为图书馆带来更多的实践经验和案例积累。为了提高用户的创作动力，图书馆可以设立专门的区域或平台，对优秀的创客作品进行展示和推广。这不仅是对创作者的鼓励和肯定，也是对其他用户的一种启示和激励。通过上述激励机制的实施，高校图书馆不仅可以激发用户的创新热情，还可以增强他们与图书馆的联系和对图书馆的认同。在这一过程中，图书馆与用户之间形成了一种共创、共享和共赢的关系，实现服务的优化。

（五）完善服务评价机制，跟踪用户需求

高校图书馆创客空间作为一个旨在培养学生创新能力、提供技术支持和实践机会的环境，需要确保其服务能够满足用户的真实需求和期

望。为了实现这一目标，对服务评价机制的完善及用户需求的跟踪显得尤为关键。

确切地理解和捕捉用户创新创造需求，是图书馆创客空间能够提供具有针对性和有效性的服务的前提。因此，对用户的使用情况及服务满意度进行定期的调查和访谈，旨在深入探寻用户在使用创客空间过程中的真实体验和需求，成为确保服务与用户需求对接的关键途径。归纳并总结用户反馈信息，不仅有助于图书馆获得创客空间的真实使用状况，还能让图书馆明确目前存在的问题及潜在的改进方向。与此同时，通过记录、统计和数据分析，形成对服务效力的评价报告，可以为图书馆提供一个客观、全面的视角，从而促使图书馆系统地思考创客空间的服务内容、功能设置和人员结构。这种报告不仅提供了对创客空间当前状况的反馈，更为图书馆提供了针对未来发展的策略建议。在对创客比赛、活动、课题和项目的用户参与情况进行记录时，图书馆能够深入了解创客空间在培养学生创新能力和提供实践机会方面的成果。这些记录可以为图书馆提供一个对创客空间价值和效用的评估基准。通过分析记录的数据和内容，图书馆可以明确地认识到哪些服务和功能是受到用户欢迎的，哪些可能需要调整和优化。

二、创客导师制度下的图书馆创客空间服务优化

创客导师涵盖了从学科馆员到知名创客、相关专家、学者、企业家等多种身份的专业人员。这种多元化的组合确保了创客用户在面对不同问题和需求时，都可以获得合适的指导和帮助。创客导师制度不仅代表了对传统教育模式的创新，也映射出图书馆在适应现代教育需求方面的努力与拓展。通过结合创客导师制度，高校图书馆创客空间将系统地引导学生在创新实践中获得深层次的学习体验。而围绕这一制度，创客团队模式和创客课程设置也作为其核心组成部分，对于优化图书馆创客空间的服务起到不可或缺的作用。

（一）创客导师制度下的创客团队模式

创客导师制度为高校图书馆创客空间注入了新的活力与深度。这种制度所引导的创客团队模式反映了当今教育与创新发展的核心理念：综合化、跨学科和专业性。在此背景下，创客团队的工作方式和组织结构也逐渐呈现出两种明显的趋势：独立项目模式和合作众包模式。

1. 独立项目模式

独立项目模式作为其中的一种形式，突出了竞争性和个体化的特点，尤其在竞争激烈的创客比赛中得到了广泛应用。独立项目模式的特色在于，各创客团队在创意方案和成果的形成过程中都保持了高度的独立性。这种独立性不仅体现在创意的生成，更延伸到了实施过程中。以3D打印设计大赛为例，各团队基于各自的创意和目标进行设计和制作，每个参赛作品都是其团队独特思考和努力的产物，这种多样性为比赛注入了活力，也使得大赛的评价与选择更具挑战性。对于高校图书馆创客空间来说，这种模式要求其提供精细化和个性化服务。每个团队在参与竞赛的过程中都有其特定的需求，这就需要图书馆创客空间为其配备与其方案相对应的技术馆员、学科馆员和咨询馆员。这些专业馆员为团队提供技术和信息方面的指导，确保每个团队都能在技术和知识方面得到充分的支持，从而确保其创意方案得到有效实现。赛制的侧重点则决定了评价标准和奖励方式。对于高校来说，颁发相应的奖项和证书不仅是对参赛团队努力的认可，更是对其创新能力和实践能力的肯定。同时，这为其他未参与比赛的学生设置了明确的目标和榜样，激励他们在未来也积极参与这种竞赛。

2. 合作众包模式

合作众包模式旨在将复杂的项目或课题进行细化拆分，进而由专业性更强、具备特定能力的团队分工合作完成。在当今的创新驱动环境中，高校图书馆创客空间面临的项目和课题通常具有跨学科性、技术复杂性和创新性，单一团队可能难以完全覆盖所有所需的专业领域和技能。此时，合作众包模式便能够发挥其独特的优势。这种模式允许创客团队根据各自的擅长领域，选择适合的项目部分，进而确保每一个项目环节都能得到专家级的处理和关注。这种模式不仅提高了项目的执行效率，还能确保项目的品质和创新性。当某个创客团队在研究过程中遇到技术瓶颈或知识空白时，不再需要长时间的自我摸索和学习，而是可以直接将该部分"外包"给其他具备相关经验和技能的创客团队。这样不仅节省了时间，更确保了项目的连续性和完整性。此外，合作众包模式还有助于形成高校之间的合作网络。不同的学校和图书馆创客空间可以通过这种方式交流经验、共享资源，形成一个广泛的创新生态圈。在这个生态圈中，知识、技术和经验得到充分流通和共享，促进了各团队之间的互相学习和成长。

（二）创客导师制度下的创客课程设置

创客导师制度下的创客课程设置不仅涉及课程内容的确定、教学方法的选择，还涉及如何更好地将图书馆服务特色与学生、学校的实际需求结合起来。此外，为了确保课程的实效性和针对性，图书馆需要与学校各组织部门、企业、科研院所进行深度合作，充分发挥各方的优势资源。

1.图书馆特色的创客信息检索分析课程

在知识信息化的时代背景下，数字信息检索和分析能力对于创客至关重要。这种能力使得创客能够更加高效地获取、分析和利用各种信息资源，为其创新活动提供强有力的支持。图书馆特色的创客信息检索分析课程正是基于这样的认识而设计的，它不仅强调信息检索的技能，更注重信息分析、筛选和利用的能力。为了确保这种课程能够满足学生的实际需求，技术馆员和学科馆员的参与显得尤为关键。他们不仅具备专业的知识和技能，更了解图书馆的资源和服务。在他们的指导下，学生能够学习如何利用图书馆各种数据库、网站、新媒体等进行有效的信息检索，更能够学会如何对检索到的信息进行深入的分析和评价。此外，该课程着重培养学生主动获取创客资源的能力。在当前的信息环境中，信息的获取和利用不再是被动的过程，而需要学生具备主动的态度和方法。图书馆特色的创客信息检索分析课程正是基于这样的理念，帮助学生培养自主检索、分析和利用信息的能力，为其后续的创新活动提供坚实的基础。

2. 与专业相挂钩的创客培训和实践演练课程

此类课程的核心价值在于其与专业课程体系的有机融合，为学生提供一个平台，使其能够将理论学习与实践操作结合起来。通过专家、学者和学科馆员的引导教学，学生能够得到深入的专业知识和技能指导，使其在实践中更为得心应手。同时，这种课程设计也有助于学生对所学学科有深入的理解和应用，从而完善和巩固其理论学习。在这种创新创造课程中，学生不仅能够获得专业性和学科性较强的课题、项目和培训，更能在真实的操作和实践中加强自己的动手能力和创造能力。这对于学生而言，不仅是对所学知识和技能的验证与巩固，更是一次对自己能力的挑战和提高。而在团队间的合作中，学生还能提高自己的协同合作能力，学会如何与他人沟通、协作，达到共同的目标。此外，此类课程也有助于激发学生的创新思维和创意。在专家、学者和学科馆员的引导下，学生能够运用所学的新知识，产生新的创意和想法，拓宽自己的学术视野和实践范围。这种学习方式不仅能够提高学生对所学学科的兴趣，更能够增强其学习的信心，使其在未来的学习和工作中得心应手。

3. 跨学科教学课程

跨学科教学课程的核心目的是激发和培养创客用户的交叉学科思维。在日常生活和工作中，人们往往会受到自身学科背景的限制，导致思维和实践中的局限性。但通过跨学科的教学和实践，可以打破这种局限，为创客提供开放和多元的视角。这种视角不仅有助于找到技术和方案的突破点，而且能够在创新过程中找到新的思考和创意角度。在实施跨学科教学课程时，通过头脑风暴的方式将来自不同学科背景的同学聚集在一起，可以为学生提供与众不同的交流和讨论环境。在这种环境下，创客可以相互碰撞出新的思想和灵感，为课题和项目提供新的方向。此外，混合型的创客团队在不同学科背景的同学的合作下，可以更好地应对复杂和多元的问题，从而实现更高效和有创意的解决方案。为了确保跨学科教学课程的有效性，图书馆需要引入不同学科的馆员、专家和知名创客作为课程的指导和辅导人员。这些人员可以为创客提供专业的知识和工具，帮助他们更好地学习和实践跨学科的工作和思维方式。通过他们的指导，创客可以深入地理解交叉学科的知识和技能，从而在实践中实现更为成功和有创意的成果。

三、协同合作开发图书馆创客空间新服务

协同合作无疑是开发高校图书馆创客空间新服务的重要途径。无论是高校内部的合作，还是馆际和校企的合作，都为创客空间提供了宝贵的发展机会和资源。

（一）高校内部合作开发创客空间新服务

高校图书馆通过与其他校内组织和部门的深度合作，不仅可以为学生提供完善和丰富的创客服务，还能够充分利用校内资源，从而实现创客空间的最大价值和效果。

图书馆与校内就业创业机构和组织的合作，能为学生提供专业和实用的创客知识和技能。这种合作可以帮助学生更好地应对就业市场的挑战，为他们提供与实际工作和创业相关的知识和技能。此外，图书馆还可以与这些机构和组织共同举办活动，为学生提供更多的学习和实践机会。与学生创新创业社团的合作，可以为图书馆提供直接和实时的学生需求信息。通过与这些社团的深度合作，图书馆可以更好地了解学生的创客需求和兴趣，从而为他们提供更为贴合实际的创客服务。此外，图书馆还可以与这些社团共同开展创客项目和活动，为学生提供广泛和深入的实践机会。图书馆与创新实践中心、学生会、研究生等组织的合作，能为创客空间提供丰富资源和专业支持。这些组织在学术、技术和管理方面都有着丰富的经验和资源，与它们的合作可以为图书馆提供广泛和深入的支持。此外，图书馆还可以与这些组织共同开展创客活动和项目，为学生提供更为全面和专业的学习和实践机会。与校党（团）委员会、组织宣传部、校园媒体等部门的合作，对于创客空间的宣传和推广起到关键作用。这些部门在信息传播和推广方面有丰富的经验和资源，与它们的合作可以为创客空间提供更为高效和广泛的宣传效果。此外，图书馆还可以与这些部门共同开展创客活动和项目，为学生提供各种各样的学习和实践机会。

（二）高校图书馆馆际合作开发创客空间新服务

高校图书馆馆际合作开发创客空间新服务成为近年的一大趋势。通过图书馆联盟、创客空间联盟、数据资源联盟和高校图书馆联合体等机制，高校图书馆之间可以实现资源和服务的共享。这种合作不仅有助于解决资源和服务的重复和浪费问题，而且可以为用户提供更加丰富和多元的服务内容。创客空间作为高校图书馆的新兴服务方式，需要大量的前沿科技信息、技术方案、案例和跨学科的资料和数据。这些资源的获取往往需要高额的成本和大量时间，而图书馆间的合作可以有效地解决这一问题。例如，通过馆际互借和网络数据平台资源共享，用户可以在本地图书馆获得其他图书馆的资源，从而节省时间和成本。此外，文献传递、参考咨询、科技查新、馆员和用户培训以及学术交流等服务也可以在图书馆间进行共享和合作。这不仅可以提高服务的效率和质量，而且可以为用户提供全面和深入的服务内容。例如，一个图书馆的专家可以通过远程视频或其他方式为其他图书馆的用户提供专业的咨询和培训，从而实现专家资源的共享。高校图书馆馆际合作的另一个重要作用是促进创客空间的发展和创新。通过与其他图书馆的合作，创客空间可以获得更多的创新思路和方案，从而更好地满足用户的需求和期望。此外，合作可以促进创客空间之间的交流和互动，从而形成一个更为活跃和有创意的学术和技术社群。

（三）校企合作开发创客空间新服务

校企合作对于高校图书馆创客空间来说，不仅是资金来源、技术更新和人才补充的有效途径，更是为了融合产业界的实际需求与学术界的理论研究。在这种合作模式下，创客空间得以借助企业的资金和技术优势，为学生提供前沿的技术和设备，以及与产业界的实际对接，从而使学生的创新项目更具市场价值和实用性。当高校图书馆创客空间与软件开发企业或互联网公司进行合作时，信息资源、数据库资源和网络新技术成为合作的主要内容。这种合作使得创客空间能够得到最新的技术支持，为学生提供先进和完备的技术工具和资源，使他们能够更好地进行技术研究和创新。与智慧图书馆企业的合作可以为创客空间带来智慧管理系统和智慧设备，从而使得创客空间的管理更加智能和便捷。这不仅可以提高创客空间的运营效率，还可以为学生提供个性化服务。与咖啡企业的合作，侧重于为学生提供创业与就业的机会和经验。这种合作模式可以为学生提供一个与企业家、创业者和产业专家进行交流和合作的平台，从而帮助学生更好地理解市场需求，得到真实的创业经验，并获得更多的就业和创业机会。

　　除了直接的合作外，另一种广泛和深入的合作模式是加入企业的创客空间联盟。这种联盟不仅连接了高校和单个企业，还能将多个企业、创客空间和高校聚集到一个统一的平台上，为所有参与者提供更多的资源和机会。例如，杭州高校创客空间联盟所采用的模式，通过将杭州的众多创客空间与本地的高校连接起来，为两者之间建立了一个高效的交流和合作渠道。这种联盟模式的优势在于：它能够实现高校创业教育与社会创业实践的有机结合。学生不仅可以在学校内部的创客空间中获得知识和技能的培训，还可以在校外的创客空间中进行实践和应用，与真实的企业和市场进行接触和交流。这种结合不仅提高了学生的创业创新能力，还使他们更容易找到合适的合作伙伴和投资机构。此外，通过与众创空间、知名投资机构和企业的合作，高校可以更好地整合社会上的创业创新资源，为学生提供全面而实用的服务和支持。这种资源的整合有助于减少重复建设，提高资源的利用效率，同时为学生创业创新提供了广阔的空间和机会。

第七章　智慧时代高校图书馆服务的创新

第一节　智慧时代高校图书馆服务创新认识

一、智慧时代概述

在 21 世纪，智慧时代逐渐成为全球的主导趋势，其所涉及的技术和思维方式对各个行业和领域都产生了深远的影响。特别是随着信息技术、人工智能、云计算和大数据等技术的飞速发展和广泛应用，这一时代的到来显然改变了人们的生活和工作方式。

（一）智慧时代的特征

智慧时代的崛起，标志着人类社会从工业时代向一个先进、复杂和智能的时代迈进。对于这一特殊时代的诸多特征，有五个主要的维度值得深入探讨。

1. 以技术应用为支撑的智能性

以技术应用为支撑的智能性，意味着信息技术和先进的数据分析手段已渗透到社会的各个角落。这种智能化不仅限于单一技术的应用，而是多种技术的融合与互补，如云计算、物联网、大数据、人工智能等。

这些技术并非孤立存在，而是在特定的应用场景中相互结合，为用户带来便捷和智能的体验。例如，在医疗领域，大数据与人工智能技术的融合使得医生能够准确地对疾病进行诊断和治疗。通过分析患者的历史数据和症状，智能系统可以为医生提供有关疾病的最新研究成果和治疗建议，从而提高医疗服务的质量和效率。在交通领域，物联网和云计算技术的应用则为用户提供了便捷的出行选择。车辆可以实时上报其位置和状态信息，通过分析这些数据，智能系统可以为用户推荐最佳的出行路线，避开拥堵路段，提高出行效率。在商业领域，以技术应用为支撑的智能化为企业带来了全新的商业模式和机会。通过分析消费者的购买记录和偏好，商家可以为消费者提供更为个性化的产品和服务，提高消费者满意度和忠诚度。同时，企业可以利用智能技术优化生产流程，降低生产成本，提高生产效率。

　　2. 以知识创新为内容的知识性

　　知识性在智慧时代显得尤为重要。在这个时代，传统的知识体系和结构正在经历着前所未有的变革。与此同时，新的知识体系和思维模式正在迅速崛起。这种转变不是简单地从一个固定的知识体系转向另一个，而是一个持续的、动态的过程。知识创新在这一过程中起到核心的作用，它不仅推动了新知识的形成，还为已有知识的重构和整合提供了新的视角和方法。在智慧时代，知识的价值不仅体现在其所包含的信息量，更重要的是其所蕴含的创新潜力和变革力量。知识不再是被动地从外部获取和吸收，而是需要主动地创造和重构。这种主动性体现在各个层面，无论是个体还是组织，都需要积极参与知识创新的过程，以满足不断变化的需求和挑战。此外，以知识创新为内容的知识性也意味着知识的边界正在不断地拓展和模糊。在这个时代，不同学科和领域之间的交叉和融合成为常态，为知识创新提供了丰富和多元的土壤。这种交叉和融合不仅促进了知识的深化拓展，还为解决复杂问题提供了新的视角和方法。与此同时，知识的传播和流动变得快速和自由，为知识创新创造了有利的环境。

3. 以尊重和体现人的需求和价值为本质的人本性

智慧时代，作为技术与社会结合的产物，不仅仅体现在对技术的追求与应用上，更加强调人与技术之间的和谐关系。在这一时代中，人本性的体现成为其核心特征之一，而人的需求和价值被放在了重要的位置。这一现象可以从多个角度进行深入探讨。技术发展的背后，始终是人类的需求驱动。在以往的工业时代中，技术和生产力的迅速提高可能会牺牲个体的需求与价值，但在智慧时代，这一现象得到了明显改变。新技术如人工智能、物联网、大数据等，都在不同程度上突出了对人的尊重和关注。例如，人工智能在设计之初，就需要理解用户的需求与习惯，以提供贴心与个性化服务。人本性的体现，不只是在技术上，更多的是在社会文化层面。智慧时代强调的是每个个体的独特性与价值，不再是单纯的生产力工具。这一点在许多领域都有所体现：在教育领域，越来越多的教育机构强调因材施教，关注每个学生的独特性与发展潜力；在医疗领域，精准医疗逐渐兴起，旨在为每个患者提供个性化的治疗方案；等等。在智慧时代中，尊重和体现人的需求和价值也反映在企业的运营模式上。传统的生产模式更加注重效率与规模，而在现代，越来越多的企业转向为用户提供更为人性化、贴心的产品与服务。这种转变不仅仅是为了满足消费者的需求，更多的是为了与消费者建立长期的关系与信任。

4. 以开放、热情、活力为象征的生机性

在智慧时代，生机性显现出开放、热情和活力的特质。这些特质不仅代表了这个时代的精神面貌，还反映了人们对于未来的乐观态度和对于新技术、新思想的热切期待。

开放性是智慧时代信息流通和知识共享的基石。在这个时代，不受地域、文化、经济或其他任何限制的信息交流变得前所未有地容易。数字技术、网络通信和社交媒体为知识的传播创造了无限的可能性。无论是个人、企业还是政府，都能从这种开放的信息交流模式中受益。开放性不仅促进了全球化的深化，还为创新提供了肥沃的土壤，因为创新往往源于不同文化、不同领域知识的碰撞与交融。热情则代表了这个时代人们对于新事物、新思想的渴望和追求。随着智慧时代的到来，无论是科技、艺术还是社会各个领域，都涌现出一大批富有创意和创新精神的人才。他们带着对未知的好奇，对创新的热情，探索着这个充满可能性的新世界。这种热情不仅推动了技术和思想的进步，还为社会带来了活力和活跃的氛围。活力，作为生机性的另一个重要组成部分，体现了智慧时代的动态和多变特性。在这个时代，快速的技术进步和社会变迁使得一切不断更新发展。人们需要不断适应和学习，以应对日新月异的挑战。这种活力使得社会在各个层面都充满了生命力和创造力，为经济、文化和科技的发展提供了强大的动力。生机性，作为智慧时代的一大特征，为社会带来了前所未有的机会和挑战。开放、热情和活力三者相辅相成，共同塑造了这个时代的特色和风貌。它们不仅代表了智慧时代的核心价值，还为人类的未来指明了方向。在这样一个充满无限可能性的时代，人们有机会创造一个和谐、繁荣和可持续的世界。

（二）智慧时代对高校图书馆服务的影响

智慧时代，一种以信息技术和互联网为核心的时代，对高校图书馆服务带来了深刻的影响。特别是在服务方式、服务内容、服务理念和服务用户等方面，智慧时代的影响愈发显著。

1.服务方式

在传统模式下，高校图书馆以自动化集成系统为核心，主要为到馆用户提供基本的借阅、检索、咨询服务。而智慧时代，赋予了图书馆全新的可能性。结合Web2.0与智慧技术，图书馆服务由被动转向主动，由简单的信息提供向多维度的智慧服务拓展。

　　智慧时代下的自助服务逐渐成为高校图书馆服务的标配。基于RFID技术的自助图书馆使得用户可以在没有馆员介入的情况下完成图书的借阅与归还，大大提高了服务效率，满足了现代人对于高效、便捷的需求。与此同时，自助服务还降低了图书馆的人力成本，使得馆员可以有更多的时间和精力投入其他更高价值的服务中。主动推送服务是另一个突出的变革。高校图书馆不再仅仅等待用户的查询，而是通过数据分析，预测用户可能的需求，主动向其推送相关资源和信息。这种服务模式不仅提供了用户所需，还有可能为用户发现前所未知的新知识和资源。集群协同服务体现了智慧时代下的资源共享理念。通过网络技术，各个图书馆可以将资源进行整合，为用户提供丰富的检索和访问服务。例如，基于云计算技术的高校图书馆资源共建共享服务，不仅打破了地域限制，还实现了资源的最大化利用。而基于移动通信技术的移动服务，完美地融合了现代人的移动生活方式。用户可以随时随地通过手机、平板等移动设备，访问图书馆资源，享受各类服务。这种移动开放的服务模式，无疑为图书馆服务带来了更大的用户群体，也更好地满足了现代人的生活习惯。

　　2.服务内容

　　传统的高校图书馆服务内容在很大程度上固化于基础的检索借阅和参考咨询。这些服务对于当时的学术社区来说是足够的，但随着技术的飞速进步，这些基础服务已无法满足现代学者和学生的需求。智慧时代要求图书馆不仅提供传统的服务，还需要对其进行升级和创新。其中一个显著的变化是资源内容的提供方式。在智慧时代背景下，这些内容不再仅仅是静态的文字和图像，而是向知识服务发展。这意味着图书馆不再仅仅是一个物理存储知识的地方，而是成为一个动态的、互动的学习平台，为用户提供深入和广泛的学习资源。此外，随着互联网和移动通信技术的普及，虚拟参考服务成为图书馆服务内容的重要组成部分。这种服务方式允许用户在任何时间、任何地点与图书馆员进行交互，获得所需的信息和帮助。这不仅大大提高了服务的便利性，还使图书馆能够更好地满足用户的个性化需求。空间服务也在这个变革中起到关键作用。传统的基于场所的服务已经无法满足用户的多样化需求，因此智能空间和第三空间服务应运而生。智能空间结合了物联网、人工智能和其他先进技术，为用户提供一个高度互动和个性化的学习环境。而第三空间服务为用户提供一个非正式的、开放的交流和创新平台，促进跨学科和跨文化的交流与合作。整合化和共享化发展也是智慧时代对图书馆服务内容的重要影响。在这个时代，知识和信息的边界变得越来越模糊，因此图书馆需要与其他机构和组织进行合作，共同提供全面和高效的服务。这不仅可以最大限度地利用资源，还可以为用户提供一个一站式的学习和研究平台。

3.服务理念

在智慧时代，信息技术和数字资源无处不在，用户可以随时随地获取和分享信息，他们的信息需求和行为模式也发生了深刻变化。因此，高校图书馆必须重新定义自己的角色和价值，从被动的信息提供者转变为积极的信息服务创新者和推动者。在这一背景下，高校图书馆的服务理念也发生了根本的变化。从"重藏轻用"的传统理念，转向"以用户为中心""注重用户参与和协同共建""可持续发展创新"的现代理念。这种变化不仅仅是在口号或策略层面，更是在实际操作和实践中得到了体现。例如，IC信息共享空间的建设反映了图书馆服务理念的变化，旨在为用户提供开放、协同、创新的学习和研究环境，而不仅仅是提供传统的图书资源。用户可以在这个空间中与其他用户交流和合作，共同创造和分享知识，图书馆则扮演着支持和引导的角色，而不再是单纯的管理和控制。

4.服务用户

传统上，高校图书馆的主要用户群体为学生和教职工。但在现今的信息环境下，用户群体已经得到显著扩展，除了学生和教职工外，还包括了企业科研人员和社会各阶层群体。这种扩展的用户群体意味着图书馆需要提供多样化和专业化服务。企业科研人员可能需要访问专业数据库、进行复杂的数据分析或使用特定的软件工具，而社会各阶层群体可能希望得到与其日常生活、职业和兴趣相关的信息和资源。这些新的用户群体与学生和教职工有着不同的信息需求和使用习惯，因此高校图书馆在服务内容、方式和工具上都需要进行相应的调整和创新。与此同时，智慧时代下的用户不仅信息素养得到了显著提高，而且对信息的自我服务意识也越来越强烈。这意味着图书馆不能仅仅依赖传统的服务模式，如人工咨询和现场指导，而应该提供智能化、个性化和自主化的服务。例如，可以通过建设智能推荐系统、提供在线培训课程和工具，以及开放 API 接口等方式，帮助用户更加高效、灵活和深入地获取和使用信息。

二、智慧时代高校图书馆服务创新的理念与方法

在智慧时代背景下，高校图书馆需要与时俱进，构建适应现代学术需求和技术变革的服务模式。这意味着图书馆需要从传统的服务理念转变，积极拥抱技术，采用创新的方法为学术社群提供丰富和高效的服务。

（一）服务创新理念

在智慧时代，图书馆的传统服务已经难以满足日益增长的学术需求。为了更好地适应这一变化，高校图书馆必须进行服务理念的创新。

1. 以用户为中心理念

以用户为中心的服务创新理念意味着高校图书馆需要放弃传统的、以馆藏资源为中心的服务模式，转而重视用户的体验和满意度。这需要高校图书馆进行深入的用户研究，包括对用户的学习和研究习惯、信息检索习惯和服务期望进行调查和分析。基于这些研究，图书馆可以设计和提供更为贴近用户需求的服务。例如，高校图书馆可以提供个性化的资源推荐服务，根据用户的学习和研究历史，为其推荐相关的书、文章和其他资源。此外，高校图书馆还可以提供更为智能化的检索服务，通过先进的技术，如人工智能和机器学习，帮助用户快速和准确地找到所需的信息。此外，以用户为中心的服务创新理念还要求高校图书馆提供便捷化的服务。在智慧时代，用户希望能够随时随地获取信息和服务，因此，高校图书馆需要提供便捷的移动服务，如移动图书馆应用、在线咨询服务等，使用户可以在任何地点、任何时间访问高校图书馆的资源和服务。

2. 泛在服务理念

泛在服务理念作为智慧时代对高校图书馆服务创新提出的基本要求，为图书馆服务带来了全新的理念和方法。泛在服务理念强调的是服务的无处不在，即图书馆的服务不受时间和空间的限制，可以随时随地为用户提供服务。这一理念的提出，对高校图书馆提出了更高的要求，使其不仅要为用户提供传统的线下服务，还要为用户提供线上的、智能化的服务。为了实现泛在服务理念，高校图书馆需要进行技术上的创新。高度智能化的技术支撑，特别是网络通信基础架构的建设，是实现泛在服务理念的关键。这意味着图书馆需要加强与 IT 部门的合作，利用先进的网络通信技术，为用户提供稳定、高速的在线服务。除了网络通信技术外，高校图书馆还需要利用其他先进的技术，如云计算、大数据、人工智能等，为用户提供个性化、智能化服务。例如，利用云计算技术，高校图书馆可以为用户提供在线的资源存储和检索服务；利用大数据技术，高校图书馆可以分析用户的检索习惯和偏好，为用户提供精准的推荐服务；利用人工智能技术，高校图书馆可以开发智能助手，为用户提供 7×24 小时的在线咨询服务。泛在服务理念的实现，不仅可以为用户提供便捷、高效的服务，还可以提高高校图书馆的服务质量和效率。对于图书馆来说，实现泛在服务理念，意味着其需要不断地进行技术和服务上的创新，以适应智慧时代的变革。

3. 大同融合理念

大同融合理念本质上是对技术大同时代的响应。在这个理念之下，高校图书馆的服务应当表现为服务集成化、资源共享化、资源整合化和用户服务交互化。服务集成化意味着高校图书馆不再是单一的文献存储和检索中心，而是成了一个综合性的知识服务平台。这个平台将各种信息资源、工具和服务进行整合，为用户提供一站式的服务。无论是学术研究、课题讨论还是个人兴趣探索，用户都能在这个平台上找到所需的资源和支持。资源共享化强调的是跨界和开放的合作精神。在这一理念指导下，高校图书馆将与其他图书馆、研究机构和信息服务提供者进行资源共享，打破传统的资源壁垒，使得更多的用户可以轻松地获取到丰富和多样的资源。资源整合化则是对高校图书馆现有资源的最大化利用。通过对各种资源的整合和优化，高校图书馆可以为用户提供更为系统和完整的服务，满足他们在学术、研究和生活各个方面的需求。用户服务交互化体现的是高校图书馆与用户之间的双向互动。在这一模式下，高校图书馆不仅提供服务，还会根据用户的反馈和建议进行服务的调整和优化。这样，高校图书馆能够更好地了解用户的需求，为他们提供个性化服务。

4.可持续发展理念

在服务创新过程中，可持续发展理念逐渐浮现为关键的指导思想，它要求图书馆在追求短期效益的同时，着眼长远，确保资源的合理配置与利用，避免重复建设与资源浪费。高校图书馆作为知识的仓库和学术的中心，它的服务与发展方向必须与图书馆未来的发展趋势和顶层设计目标紧密结合。可持续发展不仅仅是对环境的关心，也是对未来的一种责任。绿色节能和低碳环保在高校图书馆建设中的重要性日益突出，不仅因为它们可以节省大量的成本，更因为这样的建设方向可以使高校图书馆在未来得到更好的利用与发展。此外，以最小的成本和投入实现效益最大化是高校图书馆追求可持续发展的重要方向。这需要高校图书馆在服务创新中，采用先进的技术与方法，确保服务的高效、快捷与便利，同时，要保证服务的持久性与稳定性。这样，图书馆不仅可以满足当前用户的需求，还可以为未来的发展打下坚实的基础。智慧时代的核心理念在于通过智能技术提高效率，减少浪费，实现系统的健康、高效、绿色、持续运行。高校图书馆在智慧时代的服务创新中，应当深入挖掘这一理念，将其融入每一个服务环节，使图书馆真正成为一个智能、绿色、可持续的学术中心。

（二）服务创新方法

在智慧时代，信息的获取和传递方式发生了巨大的变化，高校图书馆的服务也需要进行相应的调整。为了更好地满足师生的需求，图书馆可以采取以下几种服务创新方法：

1.基于原有服务和空间，优化改造与创新

现代高校图书馆在传统的纸质文献收藏与服务基础上，逐渐融合了数字资源、多媒体资源等多种信息资源，形成了一个复合型的服务体系。然而，受限于传统服务模式和空间布局，这一复合型服务体系并未能充分发挥其潜在价值。为了适应智慧时代的学习与研究需求，高校图书馆需要对原有的服务与空间进行深度的优化改造与创新。

高校图书馆可以对原有的服务流程进行再设计，以提高服务效率和用户满意度。例如，通过引入人工智能技术，高校图书馆可以实现对用户查询需求的智能匹配，为用户提供精准的信息检索结果。同时，高校图书馆可以利用大数据技术，对用户的使用行为进行分析，以发现用户的潜在需求，从而为用户提供个性化服务。在空间布局方面，高校图书馆可以结合现代建筑设计理念，对原有的空间进行功能性的划分与优化。例如，高校图书馆可以设置多功能学习区、创客空间、沙龙讨论区等多种功能区域，以满足不同用户的学习与研究需求。此外，通过利用现代化的家具和装饰材料，图书馆还可以为用户创造一个更为舒适、宜人的学习环境。另外，高校图书馆还可以结合数字技术，对原有的服务与空间进行有机融合，形成一个真正意义上的智慧图书馆。例如，通过引入物联网技术，高校图书馆可以实现对图书的智能管理与追踪，为用户提供便捷的借阅体验。同时，通过利用虚拟现实技术，高校图书馆还可以为用户提供沉浸式的学习体验，使用户能够深入地探索知识的海洋。基于原有服务和空间的优化改造与创新，不仅可以为高校图书馆提供一个先进、高效的服务体系，还可以为用户创造一个智能、人性化的学习环境。这一方法不仅是图书馆服务创新的重要方向，更是图书馆适应智慧时代、实现自身转型与超越的关键途径。

2. 应用新技术，拓展新服务

在智慧时代，高校图书馆作为学术知识和信息的中心，面临着来自技术、用户需求和学术环境的挑战与变革。为了维持其核心地位并提供更高效、先进的服务，图书馆需积极探索和采纳新的信息技术，以实现服务方式和内容的创新。

新技术在高校图书馆服务创新中扮演着关键角色。例如，RFID 技术的引进有助于图书馆管理、资料检索和服务的自动化，提高服务效率并减少人为错误。而云计算技术为图书馆提供了强大的数据存储和处理能力，支持大数据分析、深度学习和其他先进的数据驱动方法，为用户提供精准、个性化的服务。此外，新的服务设备和终端的引入，如移动设备、智能终端和传感器，不仅丰富了高校图书馆的服务形式，还使得服务智能和互动。结合移动网络技术，高校图书馆可以拓展移动图书馆新功能，如移动检索、移动阅读和移动咨询，为用户提供随时随地的学习和研究支持。当然，新技术的引入不仅仅是为了追求技术前沿或响应技术潮流。更重要的是，新技术可以帮助高校图书馆实现立体互联、全面感知和泛在智能的智慧服务。立体互联意味着图书馆的服务不再局限于实体空间，而是融合线上和线下，实现服务的无缝连接和交互；全面感知强调对用户需求、行为和环境的深入理解和感知，以实现服务的精准匹配和个性化；泛在智能则体现在高校图书馆的服务无处不在，智能化程度高，可以实时响应用户的需求并提供智能化的支持和推荐。

3. 寻求合作，实现效益最大化与最优化

图书馆作为知识信息的中心，有丰富的资源。但在现实中，由于各种限制，某些资源可能未能得到充分利用，或者某些服务可能存在局限。此时，与其他图书馆或第三方合作机构共建的合作联盟模式成为一种有效的策略。此模式立足于高校图书馆现有的资源、技术和服务，专注于整合馆内与馆外的资源，以弥补自身的不足。对于高校图书馆来说，与校内其他机构的合作具有天然的优势。校内其他机构，如研究中心、实验室等，都有自己独特的资源和技术，可以与图书馆产生互补。此外，与其他图书馆的合作也是一种重要的策略。各高校图书馆在馆藏、技术和服务上都有自己的特色，通过合作可以实现资源共享，扩大服务范围。非营利性第三方机构也是高校图书馆合作的重要对象。这些机构通常有丰富的经验和专业的团队，能够为图书馆提供技术、经验和资源的支持。与此同时，商业机构如数据库系统商、系统开发商、网络运营商等，因其独特的商业模式和技术，为图书馆服务创新提供了新的可能性。不同项目间的合作建设则是从项目管理的角度出发，实现资源的整合和优化。例如，一项关于古籍数字化的项目，可能需要技术、资金和人力等多方面的支持，通过与其他相关项目合作，可以实现资源共享、风险分散，提高项目的成功率。通过开展与利益相关者的有效合作，图书馆服务的效益最大化和最优化不再是一个理想，而是一种可能。这不仅可以帮助图书馆提高其核心竞争力，更能满足广大用户的多元化、个性化的需求。

第二节　智慧时代高校图书馆服务创新体系及模式探索

一、智慧时代高校图书馆服务创新体系的构建

在智慧时代的大背景下，高校图书馆面临着从传统的信息管理模式转型为现代化、智能化服务的挑战。为此，构建一个针对性、系统性的服务创新体系显得尤为重要。

（一）构建以智慧技术为基础的技术支撑体系

1. 拓展与升级高校图书馆自动化集成管理系统

高校图书馆的自动化集成管理系统不仅是图书馆管理与服务的基石，更是构建智慧图书馆服务体系的核心支柱。

自动化集成管理系统在传统图书馆管理中主要负责馆藏的管理、流通、统计和查询等功能。然而，在智慧时代，此系统不仅需要继续

维护这些基本功能，还需与时俱进，拓展与升级，以适应图书馆服务个性化的需求。例如，基于人工智能的推荐算法可以为读者提供个性化的阅读推荐，而基于大数据分析的统计功能可以为图书馆管理提供数据支持，帮助其进行精准的决策。此外，随着物联网、云计算等新技术的发展，自动化集成管理系统也需要进行相应的拓展与升级。例如，通过与物联网技术的结合，可以实现对馆内设备的远程监控和管理，提高图书馆的管理效率和服务水平。而基于云计算的数据存储和处理，可以实现图书馆数据的云端备份、共享和远程访问，为图书馆师生提供便捷服务。

2.搭建高校图书馆网络通信基础架构

现代高校图书馆所需提供的服务已远远超越传统的借阅与查询，其需求日益多样化和智能化。为满足这些需求，无线局域网络、传感网络和移动通信网络成为不可或缺的技术手段。这些网络不仅可以实现高校图书馆的多网融合立体型基础网络架构，而且为高校图书馆服务提供了泛在互联的可能性。这意味着，无论用户身处何地，都能够无缝接入图书馆的服务系统，实现跨时空的学习与研究。例如，无线网络的普及使得用户在图书馆的任何一个角落都可以轻松接入互联网，获取在线学习、资源下载、远程咨询等服务。蓝牙和Zigbee网络则为高校图书馆提供了短距离、高速、低功耗的数据交换方式，使得图书馆内部的信息系统、自助服务终端、智能书架等设备之间的数据交互高效和稳定。而移动通信网络和互联网的结合，为高校图书馆服务带来了更大的想象空间。用户可以通过手机、平板、笔记本等移动设备，随时随地访问图书馆的电子资源、进行在线咨询、预约场馆，甚至是进行远程参与各类活动。此外，校园网的存在更为图书馆与校内其他机构、部门的合作提供了便利，使得课程资源、研究数据、实验成果等信息能够在校内流通，为教学与科研提供有力支持。这样的网络通信基础架构不仅保证了高校图书馆服务的连贯性与一致性，还为其提供了泛在化、无缝移动的服务路径。用户的需求和反馈能够得到及时响应，而高校图书馆的服务因此变得精准和高效。

3. 以物联网技术和云计算技术为支撑

在智慧时代，技术的进步与应用为高校图书馆的服务创新提供了新的机遇。物联网和云计算技术的结合成为当前高校图书馆迈向服务创新的关键所在，为传统图书馆模式赋予了更多的智能化和高效的特质。物联网技术基于信息感知的特性，在高校图书馆领域的应用主要体现在对图书、设备的传感器节点的管理。每一个传感器节点都如同图书馆的细胞，不断地收集、传输信息。这些信息通过无线传感网流向云计算中心，进而进行分析处理和共享应用。这种方式确保了图书馆的资源、设备和服务能够被高效地管理，并为用户提供便捷服务。例如，当读者进入图书馆时，物联网技术可以自动检测读者的需求并推荐相关资源，或者当某一图书被频繁借阅时，系统可以自动为其调整存放位置，提高流通效率。而云计算则为高校图书馆提供了一个共享式的计算环境，以及强大的信息存储和处理的支撑。图书馆内的各种应用系统可以根据需要获取所需的计算能力、存储空间及软件服务，无需担心计算能力的限制。此外，云计算的另一大特点是信息的集中和融合。远程的各种网络资源、专题数据库、数字图书馆等被融汇在一起，所有的信息和数据都在"云端"进行综合预处理。这种处理方式为高校图书馆提供了综合和个性化的信息服务、参考咨询等的支撑，提高了服务的质量和效率。[1]在智慧时代，信息的价值在于其能够被准确、快速地获取并应用于实践中。物联网与云计算技术的结合使得图书馆在信息获取、管理、处理和应用上都达到了前所未有的效率。更为重要的是，这种技术融合为图书

---

① 赖群，黄力，刘静春. 借助"物联网"与"云计算"技术构建智慧图书馆[J]. 新世纪图书馆，2012（5）：5.

馆提供了更多智能化、个性化服务的可能性，满足了现代读者日益增长的需求。

（二）构建完善的信息资源保障体系

在智慧时代的浪潮下，高校图书馆作为知识和信息的中心，面临着前所未有的机遇和挑战。为了适应这一时代背景，高校图书馆必须构建一个完善的信息资源保障体系，确保其在知识信息服务中的核心地位。

1.拓展和优化高校图书馆信息资源的建设方式

在智慧时代背景下，高校图书馆的信息资源不仅仅局限于传统的图书和期刊，还包括了电子资源、大数据、多媒体资料等多种形式。因此，拓展信息资源建设方式应从多方面进行考虑。一方面，针对电子资源的日益增长，高校图书馆需要加强与数据库供应商、电子书出版社的合作，确保图书馆用户能够获取到最新、最全的学术资源。同时，也需要考虑到不同学科、不同领域的特殊需求，确保电子资源的覆盖面和深度。另一方面，随着大数据技术的发展，图书馆的信息资源建设也应考虑如何整合、利用各种数据资源。这不仅包括传统的图书馆藏数据，还包括社交媒体数据、开放数据等。这些数据资源在经过适当的处理和分析后，可以为图书馆提供深入、精准的服务，如用户行为分析、资源推荐等。此外，多媒体资料也是高校图书馆信息资源建设的重要方向。随着数字技术的进步，多媒体资料如视频、音频、图像等形式的资料越来越丰富。图书馆应加强与多媒体内容提供商的合作，确保用户能够获取到高质量、多样化的多媒体资源。在优化高校图书馆信息资源建设方式时，不仅要考虑资源的内容和形式，还要考虑资源的获取、管理和利用方式。这需要图书馆不断更新技术、改进工作流程、培训人员，确保信息资源的有效性和可用性。

2. 构建高校图书馆网络平台与数据中心

云计算技术为图书馆提供了一个高效、灵活和可扩展的数据存储解决方案。通过利用云计算技术，图书馆可以轻松地扩容其数据存储空间，保证数据的安全性和完整性，同时能节省大量的硬件和维护成本。这意味着，无论是传统的纸质资料，还是现代的电子资源，都可以得到有效的存储和管理，从而更好地服务于广大读者。而随着数据量的不断增长，如何对这些数据进行高效的挖掘、抽取、关联和整合，实现数据的最大价值，也成了一个关键问题。这时，语义 Web 技术、本体技术和网格技术展现出了其重要性。这些技术不仅可以对海量数据进行深度分析，还可以提取出数据之间的关联性，为读者提供更为精准、个性化的检索和推荐服务。例如，语义 Web 技术可以帮助图书馆实现对文献、图书、电子资源等内容的深度挖掘，从而提供多维度的检索结果。本体技术可以建立起一个结构化的知识体系，为读者提供准确的知识推荐。而网格技术可以整合图书馆内外的各种资源，打破传统的信息孤岛，实现资源的高效共享。更为重要的是，通过这些技术的应用，图书馆的数字资源将从传统的数据库模式，逐步转向数据海模式。这不仅意味着数据的存储方式和检索方式都将发生深刻的变革，更意味着图书馆将真正成为一个智慧的云服务中心，为广大读者提供便捷、高效的服务。

3. 优化资源发现渠道

在智慧时代，信息的获取速度与准确性已成为检验图书馆服务能力的关键指标。为满足现代用户对于快速、精确检索的需求，构建完善的信息资源保障体系显得尤为重要。高校图书馆要做的是如何优化资源发现渠道，确保高效的信息检索与提取。构建一站式的资源发现系统和知识服务平台是实现这一目标的重要措施。这样的系统不仅整合了馆藏纸质文献、电子书、电子期刊和数据库等传统资源，还融入了多媒体资源、网络资源、商业资源以及与其他高校图书馆和第三方机构的联合资源。通过这种集成方式，可以确保用户在单一的平台上就能够发现并获取到广泛的、符合其需求的信息资源。为了增强用户的检索体验，创建学术资源或知识导航系统变得重要。这样的导航系统可以直观地揭示高校图书馆的现有馆藏和馆外资源。通过信息的可视化展示，用户可以便捷地查找所需的资源，从而提高检索的速度和准确性。更重要的是，这样的导航系统还可以弥补传统资源分类所带来的局限性，如分类的简单化与宽泛性。

（三）构建以创新型人才为依托的人员体系

在智慧时代背景下，高校图书馆服务创新已逐步转型，呈现出复杂性和多维性的特点。其中，构建以创新型人才为依托的人员体系成为其中的核心要素。这不仅涉及服务内容与方式上的创新，更关乎服务主体的全面升级与转型。

1.建立图书馆员行业准入制度和资质认证制度

在智慧时代背景下，高校图书馆服务的创新与其馆员的综合素质紧密相关。高校图书馆员的知识、技能和态度是决定图书馆服务质量的关键因素。因此，建立图书馆员行业准入制度与资质认证制度显得尤为重要。高校图书馆员的行业准入制度旨在确保进入这一行业的人员具备一定的基础素质和能力。这一制度可以确保高校图书馆的馆员队伍在基础素养、学术背景、职业道德等方面达到一定的标准。而资质认证制度确保馆员在具体的业务领域具备相关的专业知识和技能。例如，上海交通大学图书馆承建的CALIS"馆员素养培训与资质认证"子项目，这一项目为高校图书馆员提供了一个系统的学习与认证平台。通过远程与现场渠道的结合，采用多种培训方式，如访问、巡讲等，使得馆员能够获得广泛和深入的学习机会。

2. 建设创新型的学科馆员队伍

智慧时代要求高校图书馆服务更具针对性、智能性和个性化。学科馆员在此背景下应当具备跨学科的知识结构、高级的信息技能以及丰富的创新思维。具备这些能力的学科馆员能够准确地为学者提供所需的信息资源，指导他们高效地使用各种信息工具，并为他们在学术研究中遇到的问题提供解决方案。为建设创新型的学科馆员队伍，高校图书馆应在招聘、培训和激励等方面进行系列改革。在招聘环节，除了传统的学科背景和信息技能外，还应重视候选人的创新思维和跨学科协作能力。在培训环节，高校图书馆应为学科馆员提供持续的学习机会，如参与学术会议、研修课程等，帮助他们了解最新的学科发展和信息技术。在激励环节，高校图书馆应建立与创新绩效相关的激励机制，鼓励学科馆员积极探索服务创新的可能性。此外，高校图书馆应与学院和研究中心加强合作，形成学科服务的共同体。通过与学院的紧密合作，学科馆员能够深入地了解学者的需求，提供针对性服务；与此同时，学院能够从图书馆获得更多支持，如文献资源、信息工具和研究方法等。

3. 打造图书馆服务研究与推广团队

高校图书馆需要重视并打造一个专门负责服务研究与推广的团队。这个团队应汇聚跨学科的专家，从信息技术、数据分析、用户体验设计等多个领域集结力量，致力于研究和推动图书馆服务的创新与发展。在智慧时代，数据是新的石油，而这些数据需要得到有效挖掘和利用。服务研究与推广团队应具备数据科学的背景和技能，能够对图书馆的大数据进行深入的分析，从中洞察用户的需求和行为模式，进而为用户提供个性化服务。此外，该团队还应注重用户体验设计。随着智慧时代的到来，用户的需求和习惯也在发生变化，他们追求高效、便捷和人性化的服务。通过深入研究用户的需求，团队可以为用户提供贴心服务，提高用户的满意度和忠诚度。与其他机构和企业的合作也是服务研究与推广团队需要考虑的。通过与其他机构和企业的合作，可以引入外部的技术和资源，加速图书馆服务的创新和发展。这种合作不仅可以为图书馆带来新的技术和资源，还可以为其开拓新的服务领域和市场。

二、智慧时代高校图书馆服务创新的主要模式

随着信息技术的迅速发展和社会信息化进程的深入，智慧时代对高校图书馆提出了更高的要求和期望。传统的高校图书馆服务模式已经难以满足现代学术和研究的需求。因此，高校图书馆服务模式必须进行深入的创新和变革，以适应这一新的时代背景。

（一）以引导自助型服务为基础的创新模式

在智慧时代背景下，高校图书馆面临着多样化、个性化的信息需求和快速变化的技术环境。其中，引导自助型服务创新模式作为其核心运行机制，日益受到学术界与实践领域的重视。此模式主要基于用户为中心的建设理念，强调用户的主体地位与个性需求，尤其注重保护用户隐私，旨在加强用户的自主意识并鼓励其参与。

1. 自助查询系统

自助查询系统作为这一模式的基石，为用户提供了一个强大而灵活的平台。该系统集成了高效的搜索算法和庞大的数据库，确保用户能够迅速找到所需的信息资源。此外，该系统通常还包含多种筛选和排序功能，使得用户可以根据自己的需求，对查询结果进行深入的分析和挖掘。

2. 自助借还书系统

基于 RFID 技术的自助借还服务通过无线电频率进行自动识别和数据交换，从而简化了传统的借还书流程。在此系统下，图书馆用户无需

前往服务台或通过工作人员手动办理借书手续，只需将所需图书放至自助借还设备的指定区域，即可实现快速借书。这样的机制不仅大大提高了图书借还的效率，还节约了大量的人力资源。7×24 小时自动还书箱为读者提供了更为灵活的还书选择。无论是深夜或清晨，读者都可以将图书归还至自动还书箱，从而满足其不同的时间需求。这种服务模式无疑增强了图书馆的服务能力，让读者在任何时间都能享受到方便、快捷的还书体验。此外，基于 RFID 的自助借还系统还支持多册图书的同时借还，提高了借阅效率。用户无需一本一本地处理，只需将多册图书放置于设备上，即可快速完成整体的借还操作。

3. 自助文印

自助文印模式主要包括自助打印、自助复印和自助扫描。这一模式的核心思想在于，通过技术手段，实现用户在没有图书馆工作人员介入的情况下，自行完成打印、复印和扫描的各项任务。大大节约了图书馆的人力资源，提高了服务效率，也使得用户在使用过程中体验到流畅、便捷的服务。为了实现这一服务模式，高校图书馆常采用校园一卡通作为自助文印的身份认证方式与扣费手段。校园一卡通作为学生身份的象征，具有普及度高、易于管理和操作便捷等特点，成为自助文印服务的理想选择。用户仅需持有余额充足的校园一卡通，即可在图书馆内的任何自助文印点进行操作。以北京大学图书馆为例，其基于校园一卡通的自助文印与扫描服务，为用户带来了极大方便。只要手中的校园一卡通余额大于 0.2 元，用户便可以在图书馆的各个服务点，随时完成打印、复印和扫描的需求，无需等待。

4. 自助座位管理系统和研读空间的自助预订管理系统

高校图书馆经常是学生研究、学习、集思广益的重要场所，因此座位与研讨空间的需求日益增长。传统的管理方式往往无法满足用户的即时需求，而自助查询与预订系统正好可以解决这一问题。此系统为用户提供了一个高效、方便的渠道，使他们能够在任何时间、任何地点进行座位和研读空间的查询与预约。在线查询预约功能使用户无需前往图书馆实地考察，即可知晓座位与研读空间的实时状态。而座位管理或研读空间管理系统简化了预约流程，使用户能够通过简单的点击即可完成预约，大大提高了用户的使用体验。另外，对于不习惯使用在线工具的用户，电话查询与预定功能也为他们提供了一个方便的选择。这种自助式的管理模式不仅提高了用户的满意度，还为图书馆的管理带来了便利。通过系统，高校图书馆可以实时掌握座位与研读空间的使用情况，合理调整资源分配，提高资源利用率。

5.基于 RFID 的自动定位系统

RFID 技术通过无线射频信号，实现目标对象的识别与追踪。在图书馆领域，RFID 标签被附着在图书上，使得这些图书能够被迅速识别和定位。这一技术为图书的管理与查询提供了极大便利。用户在进行 OPAC 查询后，不仅可以得到图书的基本信息，还可以获取图书的馆藏精确位置。进一步，通过微机终端或用户的移动终端，系统还能为用户提供最优路径信息。这意味着，用户不再需要在书架间盲目地寻找，而是可以依靠导航地图，迅速、准确地找到所需的文献。这种服务模式大大减少了用户的时间成本和精力成本，提高了图书馆的服务效率与用户满意度。

（二）以整合共享服务为核心创新模式

在智慧时代，信息的快速流动和技术的日新月异促使了传统服务模式的不断改革。高校图书馆作为学术研究和知识传播的中心，其服务模式的创新尤为关键。以整合共享服务为核心的创新模式，成为高校图书馆服务创新的重要方向。

整合共享服务模式重视的是资源的整合和服务的共享。在此模式下，高校图书馆不仅仅是单一的信息和知识提供者，而是转型为一个平台，整合各种资源，包括数字资源、实物资源和人力资源，以实现服务的共享。对于数字资源，通过与其他图书馆、研究机构以及第三方合作，实现资源的互通共享，为用户提供广泛和深入的学术资源。此外，通过技术手段，实现数字资源的整合、分类和智能推荐，提供个性化服务。实物资源如图书、实验材料等，可以通过跨馆借阅、共享采购等方式实现共享，降低资源的冗余度，提高利用率。同时，通过智能化手段，如自助借阅、预约等，提高用户体验。人力资源的整合共享，主要体现在图书馆员的培训和流动。通过共享培训资源、组织交流活动等，提高高校图书馆员的业务水平和服务能力。

整合共享模式的目标，主要是实现资源集成共享和服务集成获取。这意味着，无论是跨平台的服务集成、跨时空的资源共享、跨部门的深度整合，还是跨馆际的物流传递，都应能够为用户提供一站式的获取体验。这种模式为用户提供了更便捷、高效的服务，同时提高了高校图书馆的运营效率和资源利用率。跨平台的服务集成通过技术手段，可以实现不同平台、系统之间的信息资源和服务的无缝整合，为用户提供统一、完整的查询和获取体验。例如，一个学生在搜索某个主题时，可以同时获取到图书、期刊、数据库和其他类型的信息资源。跨时空的资源共享则涉及图书馆的开放时间、空间利用和数字资源的远程访问等多个方面。通过智能化的技术手段，可以使用户在任何时间、任何地点都可以方便地获取到所需的信息资源。跨部门的深度整合主要体现在图书馆内部各部门之间的合作。各部门的资源和服务可以进行深度的整合和共享，形成一个完整的服务体系。例如，借阅部门和信息检索部门可以共同开展信息素质教育活动，提高用户的信息素养。跨馆际的物流传递则涉及图书馆之间的合作。通过合作，可以实现图书和其他物质资源的互借互还，扩大资源的覆盖范围，满足更多用户的需求。

这种模式主要通过集群方式来实现资源与服务的整合共享。集群服务模式可细分为基于平台的服务集群和基于空间的服务集群。基于平台的服务集群关注于构建一个服务集成的平台或系统，该平台或系统集成了多种 Web 服务功能，如一站式检索、资源获取、信息导航、个性化定制与推送、移动服务、空间服务、参考咨询，以及网上虚拟社区互动等。这种集成模式使得用户能够直观地了解和接触到高校图书馆所提供的各种资源与服务，从而实现真正的一站式服务体验。与基于平台的服务集群不同，基于空间的服务集群注重物理空间的整合。它旨在将高校图书馆的资源、服务和设备集中于同一个空间，使得用户在图书馆空间内可以方便地获取和使用各种信息资源和服务，不再需要在不同的空间和部门之间频繁地转移。这种模式的核心思想是利用空间的集约性来提供更加高效和方便的服务。无论是基于平台的服务集群还是基于空间的服务集群，其核心目标都是实现资源的共建性整合、集约性显示、无障碍转换和跨时空传递。这种整合共享服务的模式，不仅可以提高资源使用的效率，还能为用户提供便捷和高效的服务体验。高校图书馆通过集群化的综合服务模式，成功实现了对资源和服务的优化配置和整合，有效地满足了用户日益增长的多样化和个性化的需求。

（三）以个性开放服务为重点创新模式

个性开放服务重视用户的差异化需求。在传统模式中，高校图书馆主要提供统一、标准化的服务，很难满足所有用户的特定需求。但在智慧时代，随着大数据、人工智能等技术的应用，图书馆可以深入挖掘用户的行为习惯、学习和研究方向，从而为其提供精准的资讯推荐、查询服务和学习支持。

个性开放服务主要模式涵盖了个性化知识服务和个性化的移动图书馆服务，充分响应了现代学习者追求的个性化、智能化的学习体验。

1. 个性化知识服务

个性化知识服务，作为此模式的核心组成部分，重点在于提供针对性、高效的知识服务，满足用户独特的学习和研究需求。整合集群的个性化知识发现平台，将众多的信息资源进行高效整合，为用户提供快速、精准的检索服务。这种平台能够识别用户的信息需求，通过先进的算法，为用户推荐与其研究兴趣和学习目的高度匹配的知识资源。个性化学科服务进一步加深了个性化知识服务的细化程度。该服务重点是为特定学科或研究领域的用户提供专门化、深入的知识支持。每个学科领域都有其特定的知识体系、研究方法和信息需求，个性化学科服务能够为这些特定领域的用户提供精准的信息检索、资源推荐和知识咨询服务。个性化定制与推送服务是对用户的主动服务。高校图书馆可以根据用户的研究兴趣、学习习惯和历史使用记录，为用户定制个性化的信息推送服务。这种服务不仅可以帮助用户及时获取与其研究和学习相关的最新信息，还可以为用户节省大量的时间和精力。

2. 个性化移动图书馆服务

个性化的移动图书馆服务是基于位置和情境的移动信息服务，以其独特的优势，为用户提供了便捷和精准的信息服务。如 Solomo（社交本地移动）图书馆所示，该模式结合了移动终端设备、用户地理位置和社交网络特点，提供了一种全新的信息服务模式。Solomo 应用的核心在于用户情境信息的匹配。与传统的信息检索方法不同，它不直接满足用户的信息需求，而是先通过分析用户的情境信息，获得资源与用户需求兴趣的聚类参数，然后应用于资源和服务发现与推荐。因此，它精准地满足了用户的实际需求。值得注意的是，社交的充分程度将直接影响到该服务的个性化程度。越是充分的社交信息，获取的用户情境信息就越多，服务的个性化就越明显。此外，这种模式促进了高校图书馆虚拟空间和实体空间的立体互联和高效融合。在这个模式下，用户不仅可以通过移动终端设备获取信息，还可以在高校图书馆的实体空间中与其他用户进行交流和互动。这样，高校图书馆的服务不再局限于传统的借阅和查询，而是扩展到社交、交流、互动等。

第三节　智慧时代高校图书馆服务创新基本路径

一、构建基于第三空间的高校图书馆创新服务

在智慧时代背景下，高校图书馆不仅要满足传统的信息查询和资源借阅需求，还需要针对现代学生的多元化、个性化需求，提供更加创新的服务。这种服务模式的转变背后，是对图书馆作为第三空间的重新认识和定位。第三空间，不同于家庭与工作的第一和第二空间，是人们进行交流、学习、休闲和创新活动的公共场所。基于这样的理念，如何将高校图书馆塑造为一个充满活力、开放互动的第三空间，成为服务创新的关键路径。

（一）树立高校图书馆作为第三空间的建设与发展理念

1. 彰显图书馆使命、文化与社会职能

在现代智慧时代，高校图书馆正处于转型与升级的关键时期。其中，将图书馆建设为"第三空间"已被提上日程，其旨在构建一个多功能、开放性的公共空间，满足日益多样化的用户需求。高校图书馆的核心使命自然是知识资源的储存与传播。然而，作为第三空间，高校图书馆的角色远超传统意义上的知识仓库。它不仅要为用户提供丰富的知识资源，还要为用户提供了解历史、文化和社会动向的场所。这意味着高

校图书馆不再仅仅是一个学习和研究的场所，更是一个可以融合历史、文化和社会各种元素的综合性空间。文化的传播与价值的共鸣是高校图书馆作为第三空间的重要职能。高校图书馆不仅仅是图书的集中地，更是文化和历史的交汇点，使得用户可以通过图书馆这一平台，深入探讨和体验各种文化和历史现象。

2. 创建大学用户活动"中心圈"

创建大学用户活动"中心圈"的目的，正是为了满足高校用户多元化、个性化的需求。这一"中心圈"并不仅仅是一个物理上的空间，更重要的是它所蕴含的理念与功能。作为信息中心，高校图书馆为学生和教师提供了一个集中、高效、现代化的信息检索和获取平台；作为发展中心，它助力于学生的职业发展和学术研究，提供多种形式的培训和指导；作为展览中心，它成为校园内各类文化和艺术活动的展示平台；作为社交中心，它为学生提供了一个与他人交往、交流的场所；而作为文化艺术中心，它则是校园内文化和艺术氛围的缩影。可以看出，高校图书馆作为第三空间的建设与发展，不仅仅是提供一个物理空间，更是为高校用户提供一个综合性、多功能性的服务平台。在这里，学生可以深入学习，也可以与他人交往、交流，还可以参与各种文化和艺术活动，体验多种多样的校园生活。

3. 实现高校图书馆"物理场所"功能再造与创新

"第三空间"理念的提出，为高校图书馆的物理场所功能再造与创新提供了一个新的发展方向。这一概念强调的是图书馆除了其传统的学术与知识属性外，还有其作为"场所"的价值，即为用户提供一个既非家也非工作场所的公共社交空间。在此背景下，如何发挥并强化图书馆的"场所"价值，成了一个关键问题。整合图书馆内外空间，是实现其"物理场所"功能再造与创新的一个重要策略。这意味着图书馆不应仅局限于其传统的阅览室、书架等空间，而是应该打破传统界限，与周边环境形成一个有机整体，如图书馆广场、露天阅览区、与其他学术机构的连廊等，都可以作为图书馆空间的延伸，为用户提供丰富多样的学习、交流和娱乐空间。同时，关注、提升、创新图书馆内外空间的价值，也是推进图书馆作为"第三空间"建设的关键。这要求图书馆不仅要考虑其空间的功能性、舒适性和美观性，还要注重其文化、社交和创新属性。例如，图书馆可以设置专门的交流区、创意工坊和文化沙龙，以鼓励用户之间的互动与合作，激发其创新思维与创意能力。

（二）合理布局与规划高校图书馆第三空间

在智慧时代下，高校图书馆服务已经不再局限于传统的图书借阅与信息查询，而是向着更加开放、交互和多元化的方向发展。第三空间不仅仅是一个物理上的空间，更是一个融合了学习、交流、创新与休闲的综合性场所。在这样的背景下，如何合理布局与规划高校图书馆的第三空间，成为每一个高校图书馆在追求服务创新中必须思考的问题。在构建图书馆第三空间时，其物理存在形态通常呈现为一整层楼、与图书馆其他功能区域相联系与互通的大开放空间或者甚至以一整栋大楼为载体。这样的设计旨在最大化地利用空间资源，为用户提供更为舒适与自由的环境。空间的大开放性不仅有助于提高其使用效率，还有助于促进用户之间的交互与合作。为了营造一个环境幽雅、气氛宽松、服务周全且兼具知识交流与服务功能的图书馆第三空间，空间元素的合理布局与规划显得尤为关键。空间的布局应该根据功能需求来进行，例如，学习与交流区域应设置足够的座位与讨论区，而创新与休闲区域则可以配置更为宽敞与舒适的家具与设施。此外，考虑到第三空间的多功能性，其内部设置也应当兼具灵活性。这意味着，当某一功能需求增加时，相关区域能够迅速进行调整以满足用户的需求。例如，在期末考试周，学习区的座位需求可能会增加，此时，部分休闲或创新区域可以临时转化为学习区来满足学生的学习需求。

（三）优化资源布局，提供技术与设备支持

资源布局优化是服务创新的关键一环。实体资源布局的调整需要考虑到用户的行为模式和需求变化，以满足其学习、研究和交流的多样化需求。与此同时，高校图书馆需要不断提升资源服务能力，通过先进技术和设备，为用户提供高效、便捷、个性化服务。

第三空间技术与设备支持正是高校图书馆服务转型的技术基础。例如，多媒体试听、计算机、检索终端等设备提供给用户方便的信息检索和获取手段；自助文印设备、缩微设备、教学投影仪等设备为用户创造了便利的学术活动环境；有线与无线上网功能保证了用户在图书馆内可以随时随地访问互联网，获取所需信息。技术的发展也带动了高校图书馆服务方式的革新。RFID 技术、无线移动网络技术和云服务等先进技术为图书馆提供了自助、智能、无缝一站式的全方位服务能力。RFID技术的应用，使得用户可以轻松地办理借阅、续借和归还等业务，大大提高了服务效率。云服务则为用户提供了便捷的数据存储和分享平台，使其可以方便地进行学术研究和交流。荷兰国家图书馆的"椅子部队"（智能椅）为我们提供了一个生动的例子。这种创新性的设计，使得持卡者只需拿 RFID 的智能卡在每个椅子上刷一下，椅子即可自动组成所需的排列方式，为用户提供了便捷的会议和交流空间。这不仅仅是技术应用的体现，更是对图书馆空间利用的全新思考。

二、开展基于物联网技术的高校图书馆创新服务

物联网技术为高校图书馆打开了全新的服务创新之门，使图书馆能够更好地适应和满足智慧时代下用户的多样化、个性化需求。在这一背景下，高校图书馆需要不断进行技术和服务创新，以实现真正的智慧服务。

（一）开展基于智能馆舍的智慧环境服务

随着物联网技术的发展和应用，高校图书馆的服务模式和内容也正经历着深刻的变革。物联网技术架构下的高校图书馆馆舍转变为一个集故障分析、设备监控、能耗管理及物业管理于一身的智能化平台。该平台不仅具有对图书馆内部设施如照明、设备、环境和安防等的智能化控制与统一管理能力，而且能够提供高效、精确和实时的服务。分布式的温度传感网络和照明传感网络对图书馆的室内环境进行实时监控和调节，保证图书馆的温湿度、照明、光亮达到最佳状态。特别是馆内的光敏传感器，能够根据室内外光线的变化自动调节灯光亮度和窗帘的开启程度，从而实现绿色节能，同时为用户创造了一个舒适、宁静的学习和阅读环境。在此环境下，用户能够专心于学习和研究，提高效率，而图书馆的服务价值和效果因此得到显著提升。舒适化和智能化的图书馆环境是用户与图书馆空间、服务的完美融合。图书馆不仅是知识的仓库，还是学术交流、研究和创新的场所。一个优越的学习环境能够刺激用户的学术热情，促进学术交流和创新。智慧时代下，高校图书馆的发展和服务创新不应停留于传统模式，而应主动引入物联网等先进技术，与时俱进，满足用户的多样化和高水平需求。物联网技术的引入，使得图书馆的服务不仅仅是传播知识，更是为用户提供高效、便捷、舒适的学习环境，提升用户体验。此外，高校图书馆还应探索与其他领域的合作，如与能源管理、环境监控、信息技术等领域的结合，提升图书馆的智能化和服务水平，为智慧时代下的高校提供高效、精准和人性化的服务。

（二）优化与拓展基于 RFID 技术的图书馆服务创新

在智慧时代背景下，物联网技术日渐成为连接现实与虚拟、实体与数字的桥梁。高校图书馆作为知识与信息的中心，自然地受到此技术的影响并逐渐整合进其服务之中。目前，RFID 技术成为物联网在高校图书馆中的重要应用，为图书馆的服务创新提供了广阔的空间和可能性。

1. 自助服务

基于 RFID 的自助借还书机实现了图书的流通自动化，使得读者不再受限于高校图书馆的开放时间，从而极大地提高了借还书的效率和便利性。此外，7×24 小时自助图书馆使得图书资源真正成为触手可及的公共资产，为用户创造了可以随时随地学习与阅读的环境；RFID 技术为图书文献馆藏位置的精确定位和三维导航提供了技术支持。用户不再需要在书架间迷失、盲目寻找，只需通过 OPAC 终端或移动设备终端显示的最优路径，便可轻松找到所需的图书文献。这种导航方式，不仅减少了用户寻书的时间和努力，也有效地增强了用户的高校图书馆使用体验。

2. 个性化服务

个性化服务已经成为现代服务行业的核心竞争力。通过分析 RFID 所收集的动态借阅数据，高校图书馆能够深入了解用户的阅读偏好和习惯。这不仅使高校图书馆能够精准地为用户提供所需资源，还有助于高校图书馆在资源采购、分类和布局上做出明智决策。例如，对于某一特定领域的文献，如果其借阅率较低，但又具有很高的学术价值，那么高校图书馆可以考虑采取一系列策略，如组织相关的学术活动、推出特定的阅读推荐等，从而提高其流通率。而对于那些具有很高借阅率的文献，高校图书馆需要确保其库存充足，以满足用户的需求。此外，RFID 技术还使高校图书馆能够更加高效地管理其馆藏资源。通过对文献的利用历史进行分析，高校图书馆可以及时了解某一资源是否已经过时，从而决定是否需要替换或淘汰。同时，高校图书馆可以根据数据分析结果，调整文献流通策略，从而使其合理、高效。

3.资源共享

资源共享在当今的图书馆领域中已成为一种趋势。区域性的资源整合和共享、服务集成和共享、文献流通和传递可以极大地增强图书馆的服务能力，满足更多用户的需求。RFID 技术作为一个高效、可靠的技术手段，为资源共享提供了强有力的技术支持。统一 RFID 标签的使用标准，可以确保在区域范围内的图书馆之间实现无缝的资源流通和信息传递。上海交通大学、清华大学、香港城市大学联合成立的高校图书馆 RFID 技术应用联盟是一个成功的案例。这种联盟通过制定统一的 RFID 使用需求和规范，确保了各图书馆之间的服务协同和资源共享。而在这一统一基础上，各图书馆根据自己的实际情况和需求，与厂商签订协议，成立研发基地或研究实验室，确保了 RFID 技术和产品真正符合其自身的需求。

4.多维交互服务

RFID 技术，作为一种无线识别技术，拥有许多优势。例如，它能够实现远距离、非接触、多目标的快速识别。这为高校图书馆的资源管理、流通和使用提供了极大便利。而与智能手机的 SIM 卡结合，更为 RFID 技术打开了一个广阔的应用领域，为图书馆创新服务提供了广泛的可能性。结合移动智能手机等手持移动终端的应用，RFID 技术能够实现高校图书馆的智能移动服务，满足用户在移动环境下的各种需求。例如，基于 RFID 的智能借阅，用户可通过手机快速办理借阅手续，避免了传统的等待与排队，大大提高了效率。而查询、定制和账户交易的功能使得用户可以随时随地获取所需的图书馆资源和服务，满足其学习、研究和交流的需求。导航定位的智能移动服务，更为用户提供了便捷的导航功能。在高校图书馆庞大的藏书中，用户往往难以快速找到所需的资料，而基于 RFID 的导航定位功能，用户可以获取资料的精确位置，进行快速定位，节省时间和精力。

在智慧时代背景下，用户的需求和习惯正在发生深刻的变化。高校图书馆需要紧密结合这一背景，充分挖掘 RFID 技术的潜力，为用户提供多维交互服务，满足其多样化、个性化的需求。而这样的服务模式，不仅可以提高图书馆的服务质量和效率，更能够为用户带来更好的体验，实现图书馆与用户之间的紧密连接。

三、构筑高校图书馆服务创新"云"

构筑"云"服务已经逐渐成为高校图书馆技术革新的核心方向。将高校图书馆的服务和资源构建在"云"上，不仅可以实现资源的高效整合和共享，还能为用户提供便捷、灵活的访问和使用方式。

（一）构建高校图书馆云数据库

智慧时代的到来标志着信息与数据驱动的新纪元，为社会的各个领域带来了巨大的转变与机会。高校图书馆作为知识与信息的宝库，也面临着深度的变革与挑战。云数据库的概念和技术为图书馆提供了一个全新的视角，使其能够更好地管理、整合与分享其庞大的资源与数据。

高校图书馆云数据库的构建意味着把分散在不同地域、不同国家甚至全球范围的高校图书馆信息与资源进行互联互通。这种互联性不仅涉及物理资源，如纸质图书、教材等，还包括各种类型的电子资源、教参资源、学位论文库、多媒体资源等。此外，各种专业知识库、专题知识库、学科资源库和特色资源库也被纳入这一统一的框架。这种统一与整合是基于统一的协议和标准进行的，确保了数据的一致性与可用性。云数据库的构建消除了所谓的"信息孤岛"现象。在过去，不同的图书馆可能会各自维护和管理其资源，导致了资源的重复、分散和浪费。而在云数据库的框架下，所有的资源都存储在一个虚拟的资源池中，可以实现真正的资源共享和协同。这不仅提高了资源的使用效率，还使得用户可以按需获取他们所需要的信息和知识，而不受物理位置的限制。网络虚拟环境为信息资源的共享协同提供了强大的支持。无论是图书馆的工作人员还是用户，都可以通过网络轻松地访问和使用云数据库中的资源。这种灵活性和便捷性无疑会促进学术研究、教学和学习的发展，使得知识的传播和创新更为迅速和广泛。

（二）开发与拓展高校图书馆的云终端应用功能

在智慧时代，云技术作为一种先进的信息技术，正在为各种业务和服务带来革命性的变革。高校图书馆作为知识与信息的中心，也需要利用云技术进行服务创新，满足用户日益增长的需求。

1.建立统一的云检索平台（知识发现平台）

云检索平台的构建，是对传统检索方式的深度革新。这种平台运用了云计算技术，充分发挥了其强大的计算能力与数据处理功能。当用户进行检索时，海量数据可以在短时间内得到处理，确保用户得到快速、准确的反馈。这不仅极大提高了用户的检索效率，而且确保了检索结果的准确性。此外，云检索平台具有统一检索的特点，实现了高效的信息聚合与共享。传统的检索方式往往局限于单一的数据源，而云检索平台打破了这一限制。用户进行一次搜索，即可获取到本地图书馆馆藏、联盟馆藏、网络数据资源乃至全球联合目录等多个数据源的相关信息。这种全面性与高效性，满足了用户对于知识与信息的多样化需求。云检索平台还实现了馆际互借与资源共享的功能。基于云技术的平台，使得各个图书馆之间的信息交流变得便捷，为馆际互借提供了技术支持。无论是当地、区域还是全国，甚至是全球范围内的图书馆，都可以实现资源共享，使得用户能够方便地获取到所需的资料。

2.开发统一校外访问软件

高校图书馆的电子资源大都受到许可协议的约束，限制在校内使用。但在当前的教育背景下，大量师生选择住在校外，因此，如何提供方便的校外访问方式就成为图书馆服务创新的关键点。开发支持校外访问的统一软件平台，意味着无论师生身处何地，只要有网络连接，即可随时访问图书馆的电子资源。OCLC（联机计算机图书馆中心）的EZproxy是此类软件的代表。其核心功能是为用户提供合法的IP地址代理，从而实现校外对电子资源的访问。这种方法不仅简化了技术流程，还大大增强了资源的可用性和灵活性。通过这种代理访问，不仅能够实现多用户同时在线访问，还可以动态、实时地显示和控制正在进行的访问活动。此外，这种统一的云终端应用功能有助于加强高校图书馆资源的管理和维护。通过云平台，高校图书馆可以对电子资源进行集中管理，及时更新资源，以及监控和调整资源的使用情况，从而更好地满足用户的需求。同时，该云终端应用功能有助于提高高校图书馆的服务水平。

3. 实现联合虚拟参考咨询

高校图书馆在云计算技术的推动下，不再仅仅是一个物理空间的知识存储中心，而是变成了一个在线的、实时的信息服务平台。这种转变要求图书馆在服务、技术、资源和合作模式上进行重构。在这个背景下，联合虚拟参考咨询的需求和意义日益明显。它是对传统图书馆参考咨询服务的延伸和升级，不仅可以满足用户的实时需求，还可以突破地域和时间的限制，实现资源和技术的最大化共享。联合虚拟参考咨询服务要求高校图书馆进行合作与共建。这种参与式、协作交互的模式，使得各个图书馆之间可以紧密地联系在一起，共同为用户提供服务。其中，数字参考咨询服务（CDRS）是一个典型的应用场景。它利用实时交互技术，为用户提供专家级的咨询服务，满足其学术、研究和学习的需求。为了实现这种模式，一些成功的项目和平台为高校图书馆提供了借鉴。例如，CALIS（中国高等教育文献保障系统）三期项目中的 CARS 参考咨询子项目，以及 OCLC 的 QuestionPoint 项目。它们都是基于 Web 界面，为用户提供实时的、在线的参考咨询服务。在这种模式下，用户提出的问题首先由本馆的专家回答。如果问题超出了本馆的能力范围，系统会自动将其转发给其他成员馆。这样，用户不仅可以得到及时回答，还可以得到专业和精确指导。此外，联合虚拟参考咨询系统还提供了统计与分析功能。这对于高校图书馆来说，是非常有价值的。它可以帮助高校图书馆了解用户的需求、行为和习惯，进而对服务进行持续的优化和调整。

4. 创建图书馆的云门户界面

图书馆的云门户界面旨在建立一个统一的在线平台，将分散的资源进行集中、整合，形成一个规模化的高校图书馆资源池。此举不仅可以实现大学城或者高校联盟的统一身份认证，还可以建立统一的检索平台，方便用户检索所需的资料。而馆际互借与原文传递服务的实现，更是为用户提供了更为便捷的服务方式，无须因为某一图书馆没有所需的资料而感到困扰。此外，联合虚拟参考咨询服务也是云门户的一个重要功能。通过整合各高校图书馆的人员资源，可以为用户提供专业、全面的咨询服务，帮助其解决在学术研究中遇到的问题。然而，仅有图书馆的内部资源整合是不够的。为了形成一个真正的规模化资源池，还需要与外部资源进行整合。这包括与出版商、数据加工商的数据库等进行合作，将这些外部资源纳入图书馆的云门户，为用户提供丰富、多样的资源。值得注意的是，建立图书馆的云门户界面并不是一个简单的技术任务，而是一个涉及多方面因素的复杂工程。这既需要图书馆有先进的技术基础，也需要其具备与各方进行合作的能力。此外，保护用户的隐私、确保数据的安全性也是云门户建设中不可忽视的重要问题。

第八章 高校图书馆服务营销

第一节 高校图书馆服务营销诠释

一、服务营销与高校图书馆服务营销

在 21 世纪的背景下，高校图书馆作为学术和知识中心，面临着众多的挑战和机遇。其中，如何有效地提供用户服务并吸引更多的使用者，成为高校图书馆持续关注的重点。因此，将服务营销的理念和策略引入到高校图书馆的服务中，已经成为当前的发展趋势。

（一）服务营销

1. 服务营销的概念

服务营销在传统意义上是指对非实物产品的市场营销活动，它重点关注的是服务质量、顾客满意度、忠诚度以及与服务提供者的关系管理。而与商品营销相比，服务营销的特点在于其无形性、不可分割性、不可存储性及变异性。这些特点为服务营销提供了其独特的策略和方法。

2. 服务营销的特征

与商品营销相较，服务营销展现出独特的四个特性：无形性、不可

分割性、不可存储性及变异性。

无形性意味着服务是无法触摸和看到的，这为营销策略带来了挑战。顾客无法在购买前看到、摸到或试用服务，因此信任和口碑在服务营销中的重要性凸显。为此，服务提供者必须确保每一次服务交付都达到或超越顾客的期望，以建立品牌的声誉。

不可分割性涉及服务的产生和消费，两者是同时进行的。例如，顾客在餐厅用餐时，服务的提供和接受是同时发生的。这要求服务提供者在服务交付过程中，必须保持对服务质量的严格控制，确保每一次的服务体验都能满足顾客的需求。

不可存储性则意味着服务无法像商品那样被存储起来等待销售。一旦一个服务机会被错过，它就无法再次获得。这使得对服务的需求和供应的平衡成为服务营销的关键，需要通过有效的需求预测和调度来确保服务资源的最优利用。

变异性体现在服务的不可复制性，即同一种服务在不同的时间、地点或由不同的人提供时，可能会有所不同。为确保服务的一致性，服务提供者需要进行持续的培训和质量控制。

（二）高校图书馆服务营销

高校图书馆服务营销主要是指图书馆为了更好地满足用户的需求，采用营销的手段和方法，进行服务产品的开发、推广、销售和售后服务。其核心目标在于提高图书馆的服务质量，增加使用者的满意度和忠诚度，从而促进图书馆的可持续发展。

高校图书馆服务营销不同于一般的商品或服务营销，它更多地强调图书馆的服务质量、使用者的满意度以及图书馆与用户之间的长期合作关系。图书馆服务的本质是提供信息和知识，这决定了它具有公益性、非营利性的特点。因此，高校图书馆服务营销应注重用户需求的了解、服务产品的设计和推广、服务过程的管理以及服务效果的评价。为了更好地满足用户的需求，图书馆需要对用户进行深入的研究，了解他们的信息需求、使用习惯和满意度等。这可以通过问卷调查、深度访谈、用户观察等方法来实现。通过对用户需求的了解，图书馆可以设计符合用户需求的服务产品，如特定主题的资料推荐、专业的文献检索服务、线上资源的共享等。服务产品的推广是高校图书馆服务营销的另一个重要环节。图书馆需要通过各种渠道，如社交媒体、学校官方网站、线下宣传活动等，向用户传递图书馆的服务信息，引导他们来图书馆使用服务。此外，图书馆还可以通过合作与联盟的方式，与其他机构或企业共同开展服务活动，扩大服务的影响范围。服务过程的管理关系到图书馆服务的效果和用户的满意度。图书馆需要建立一套完善的服务流程和管理制度，确保服务的顺利进行，及时解决用户在使用过程中遇到的问题。这包括服务的前期准备、中期执行和后期评价等各个环节。服务效果的评价是高校图书馆服务营销的最后一环，也是非常关键的一环。图书馆需要定期对其服务进行评价，了解服务的效果和用户的反馈。这可以通过用户满意度调查、服务质量评估等方法来实现。通过对服务效果的评价，图书馆可以及时调整服务策略，不断提高服务质量，提高用户的满意度和忠诚度。

二、高校图书馆实施服务营销的必要性和可行性

服务营销，从其定义来看，是以用户需求为导向的一种策略，其核心理念为满足用户的感受和满意度，以提高用户忠诚度。在高校图书馆中实施服务营销，是为了更好地满足读者的需求，提供更为精准和高效的服务，从而增强图书馆的影响力和竞争力。

（一）高校图书馆实施服务营销的必要性

1. 外部环境的压力

随着技术的演进，数据库供应商、商业化的信息传递机构以及免费信息服务提供者逐渐浮现。这些机构和提供者，凭借其专业性、实时性和个性化的服务，逐渐赢得了众多用户的青睐。其中，尤为明显的是依赖先进技术与雄厚资金的数字图书馆实施者，其所能提供的海量、高质量且易于检索的信息资源，使其迅速成为高校图书馆的有力竞争对手。这样的外部环境压力，对于高校图书馆来说，意味着必须重新定位其核心价值并调整服务策略。而实施服务营销，正是在这样的背景下显得尤为必要。服务营销不仅关注提供服务的内容和形式，更关注如何更好地满足用户的需求、提高用户满意度和忠诚度。考虑到当前学生与教职工的信息获取习惯及需求，高校图书馆必须与时俱进，提供便捷、专业、个性化的服务。通过有效的服务营销策略，高校图书馆可以更为明确地了解用户需求，然后根据这些需求优化资源配置、改进服务流程、推出新的服务项目，从而更好地为用户服务。同时，高校图书馆应该意识到，其核心竞争力不仅仅在于所拥有的资源数量，更在于如何有效、高效地为用户提供所需的服务。因此，高校图书馆需要不断进行自我革新，寻找与其定位和特色相匹配的服务营销策略，进而为用户提供有区别度的、高价值的服务。

2. 高校图书馆可持续发展的内在需求

高校图书馆，作为高等教育体系中的重要组成部分，始终面临着为师生提供高效、先进、多元化的信息服务的挑战。随着信息技术和社会经济环境的不断变化，图书馆的发展模式也需要进行相应的调整和转型。在这样的背景下，实施服务营销已经成为高校图书馆可持续发展的内在需求。对于高校图书馆来说，服务营销不仅仅是一种宣传手段，更是一种满足用户需求、提高自身服务质量和竞争力的有效途径。传统的图书馆服务模式已经不能满足当代师生多样化、个性化的学习和研究需求。通过服务营销，图书馆可以准确地了解用户的需求，制定出精准的服务策略，从而提高服务质量和用户满意度。同时，服务营销还可以帮助图书馆建立起与用户之间的长期合作关系。通过对用户的需求进行深入的了解和分析，图书馆可以为用户提供更具有针对性的服务，增加用户对图书馆的信赖和依赖。这样，图书馆不仅可以吸引更多的新用户，还可以稳定现有的用户群体，实现用户数量和活跃度的双重增长。此外，实施服务营销还可以为高校图书馆带来更为可观的经济效益。通过服务营销，图书馆可以开发出更多的增值服务，为用户提供多样化的付费服务，从而增加图书馆的经济收入。这样，图书馆就可以有足够的资金进行技术升级、资源采购和人员培训，确保其在未来的竞争中始终保持领先地位。

3. 图书馆用户需求变化的要求

高校图书馆作为知识与信息的中心，其核心服务对象为在校师生。这一特定群体的满意度不仅影响图书馆的存在价值，更决定其发展前景。在数字社会的大背景下，全国已有超十亿用户接入互联网，成为一个庞大且充满活力的数字社区。这种广泛的数字化浪潮无疑地标志着网络化、数字化和移动化成为用户阅读的主流趋势。随着数字化技术的发展和普及，搜索引擎已逐渐成为用户获取信息的首选渠道。而在这种环境中，用户对信息的需求日益个性化、多元化和便捷化。为了适应这种变化并满足用户需求，高校图书馆的服务和营销策略必须进行相应的创新与调整。网络环境为图书馆提供了无数的营销机会。例如，微博营销和 RSS 服务营销能够迅速将图书馆的资源和活动推向大众，提高高校图书馆的知名度和影响力。事件营销则可以在特定时期或针对特定事件，将高校图书馆的资源进行有针对性的推广，从而吸引更多用户关注和参与。而移动图书馆营销充分利用了移动化的趋势，为用户提供随时随地的信息获取和阅读服务，进一步满足其便捷化的需求。为了真正达到服务营销的目的，高校图书馆不仅需要利用新的营销方式进行推广，更需要确保其所提供的服务真正满足了用户的需求。这意味着高校图书馆必须不断地对自己的服务进行评估和优化，确保其与用户需求的匹配度。只有这样，高校图书馆才能真正提高用户的满意度，从而确保其在数字社会中的持续发展和繁荣。另外，随着用户需求的变化，高校图书馆也需要不断地更新和完善自己的营销策略。这不仅包括引入新的营销方式，还需要对现有的营销策略进行调整和完善。只有这样，高校图书馆才能确保自己始终处于市场的前沿，为用户提供满意的服务。

（二）高校图书馆实施服务营销的可行性

1.高校图书馆具备营销优势

最明显的可行性体现在高校图书馆在信息资源方面所持有的优势。除了拥有丰富、专业和系统的传统印刷文献，高校图书馆还具有大量的数字资源。这些数字资源因其便利性和不受时空限制的特性，无疑满足了现代读者的需求。这为图书馆构建和实施服务营销策略提供了坚实的基础。数字化的信息资源可以快速、方便地传递给读者，满足他们的即时需求，为图书馆赢得更多的忠实用户。高校图书馆在专业人才方面的优势也不容忽视。除了一支业务熟练、经验丰富的工作人员队伍，图书馆还受益于学校内部的专家、学者、教授这一宝贵的人力资源。这些学术界的佼佼者在信息分析和研究方面拥有深厚的实力，他们与图书馆之间的紧密合作，不仅提高了图书馆资源的利用率，还增强了图书馆的学术影响力。这种双重的人力资源优势，使得高校图书馆在信息服务领域具有了强大的竞争力。再者，高校图书馆在基础设施方面所展现出的技术领先性，为服务营销提供了坚实的支撑。先进的光盘数据库、多功能的信息检索工具、多样化的音响视听设备，以及高效的计算机设备，为读者提供了丰富、便捷、多元的信息获取渠道。这些高新科技设备不仅增强了图书馆的信息处理和存储能力，还为深度的信息加工提供了有利条件，增强了高校图书馆的服务营销潜力。高校图书馆在开展服务营销活动时所具备的信息资源优势、专业人才优势以及基础设施优势，都为其实施服务营销提供了有力支持。这三大优势的结合，使得高校图书馆在服务营销方面的可行性得到了极大提升，为图书馆赢得了广阔的发展空间和更高的社会影响力。

2. 营销理念适用于高校图书馆的发展

其一，在现代商业环境中，营销理念已经从单纯的商品销售转变为更为复杂且以人为本的服务营销。这一转变的核心思想是顾客的满意和忠诚。高校图书馆，作为信息与知识的提供者，同样受益于这种以用户为中心的服务思维。高校图书馆的根本目标是为用户提供所需的知识和信息资源。与此相似，服务营销的核心是识别、满足并超越顾客的需求和期望。因此，当高校图书馆采纳这一营销理念时，它们实际上是在强化其根本职责，即以用户为中心，努力提供更高质量的服务。当高校图书馆与用户之间建立起更强的联系时，这种联系不仅能够满足用户的短期需求，还能培养他们的长期忠诚。这种忠诚意味着用户将更有可能重复使用图书馆的资源和服务，推荐图书馆给其他人，并对图书馆的新服务或活动持开放态度。此外，满足用户的需求和期望还可以提高图书馆的公众形象，使其在高等教育机构中获得更高的地位。

其二，在当下的环境中，单纯依靠"酒香不怕巷子深"的观念，期待用户自行上门，显然已经不再适应高校图书馆的发展需要。相反，主动"走出去"与"迎进来"的营销策略，正逐渐成为高校图书馆服务发展的核心。营销的核心在于满足并引导顾客需求。高校图书馆不再只是被动地为用户提供服务，而应采纳营销策略，主动了解用户需求，预测信息趋势。高校图书馆还应利用营销手段引导用户需求，从而提供更为前沿、创新的服务内容。高校图书馆面临的不仅是其他图书馆的竞争，更有各类新兴的信息服务机构作为竞争对手。在这样的背景下，单纯依赖图书馆本身的服务品质，无法确保用户的长期忠诚。只有增强营销观念，积极执行营销策略，图书馆才能够有效提升自身的形象和声誉，进而吸引更多的用户并满足他们的多样化需求。

其三，营销不仅仅是商业组织的特权，它的核心理念——满足用户需求、创造价值——在高校图书馆这样的非营利组织中同样适用。营销的基本流程为图书馆提供了一套科学的、系统的方法框架。从市场机会分析到市场细分，再到目标市场的定位，以及营销组合（4P）策略的确定，这一流程帮助图书馆更为精准地识别其用户的需求、特点和期望。而确定的营销计划和策略，能够为高校图书馆提供明确的方向和目标，有助于集中资源、减少浪费。执行力是营销流程中不可或缺的一环。没有高效的执行，再完美的营销计划也只是空中楼阁。现实中，一些高校图书馆在营销计划的制订上已经做得较好，但在执行过程中出现了许多问题，如执行不到位、馆员的参与度低、工作效率低等。这些问题不仅导致了图书馆资源的浪费，还可能影响用户的满意度和图书馆的形象。因此，引入营销的执行和控制机制，可以为高校图书馆提供有效的方法和工具，确保营销计划的顺利实施，提高馆员的工作积极性和效率。同时，售后服务和信息反馈机制也是营销流程中的重要环节，它可以帮助高校图书馆及时了解用户的反馈，调整和完善服务。①

---

① 郑文晖.基于SWOT分析的高校图书馆企业信息服务营销策略研究[J].情报杂志，2009（11）：5.

第二节　高校图书馆服务营销策略

一、强化自身建设管理以提供营销的内部环境

高校图书馆想要更好地满足用户需求并在激烈的信息服务市场中保持其核心竞争力，不仅需要有创新的服务产品和优质的服务，还需要有一套明确且可行的服务营销策略。这种策略应当强调图书馆的内部环境建设与管理，为服务营销提供坚实的基础。

（一）重视服务营销理念创新

随着社会和经济环境的变革，市场营销理念也在不断地进化和更新。这种变革的脉络在高校图书馆领域也同样显现，尤其体现在服务营销理念的创新上。为了满足日益增长的用户需求和期望，高校图书馆应从几个关键方面入手，重新塑造其服务营销理念。

1. 从"业务导向"转向"用户导向"

为了更好地服务于广大的用户，高校图书馆需要转变其服务营销理念，从原先的"业务导向"转向"用户导向"。这种转变意味着图书馆不再仅仅是一个被动地提供信息资源的场所，而是一个主动去了解和满足用户需求的服务机构。这需要图书馆放下传统的服务模式，更加关注用户的实际需求和使用习惯。"一切为了用户，为了一切用户，为了用户一切"的口号表达了这种用户导向的服务理念。它强调图书馆应该从用户的角度出发，提供便捷、高效和个性化的服务。无论是线上的数字资源服务，还是线下的实体藏书借阅，图书馆都应该充分考虑到用户的操作习惯、学习需求和时间限制，为他们创造舒适、便捷的使用环境。

这种转变也意味着图书馆需要加强与用户的沟通和互动。图书馆可以利用社交媒体、用户论坛和反馈机制，与用户建立起直接的沟通渠道，及时收集他们的反馈和建议，并据此不断完善和改进服务。此外，图书馆还可以开展各种用户培训和教育活动，帮助用户更好地利用图书馆的资源和服务。

2. 从"满足用户需求"转向"引导用户需求"

高校图书馆的用户群体具有多样性，包括教师、学生、研究人员等，他们的需求也各不相同。更为复杂的是，很多需求并没有被明确表达出来，称为隐性需求。这些隐性需求可能是用户自己也没有完全意识到的，但一旦被满足，往往能够带来更高的用户满意度。因此，高校图书馆不仅要满足用户的明确需求，还要努力挖掘和了解用户的隐性需求。这需要高校图书馆通过各种手段，如调查、统计、访谈等，深入了解用户的实际使用情况、信息检索习惯、学术研究方向等，从中发现用户可能的潜在需求。与此同时，高校图书馆还要转变自己的服务思路，从被动地满足用户需求，转向主动地引导用户需求。这意味着高校图书馆不仅要提供用户所需的服务，还要为用户创造新的需求，如推荐相关的学术资源、组织学术交流活动、提供研究指导等。这种服务模式不仅能够更好地满足用户的隐性需求，还能够帮助用户发现和形成新的需求，从而提高高校图书馆的服务价值和影响力。

3. 从"服务营销是营销馆员的活动"转向"服务营销是全员的活动"

过去，许多图书馆的服务营销活动主要集中在营销部门或具有相关专业背景的馆员身上。他们负责策划、组织和实施各种服务营销活动，而其他部门和馆员往往只是被动的执行者或参与者。这种模式在一定程度上限制了服务营销活动的广度和深度。然而，图书馆的每一个部门和每一个馆员都与用户有直接或间接的接触，他们都可以成为服务营销的主体。无论是采访部门、编目部门、阅览部门还是外借部门，每一个部门都可以根据自己的职能和特点，进行有针对性的服务营销活动。例如，采访部门可以根据用户的需求进行图书和资料的采购，编目部门可以根据用户的检索习惯优化编目规则，阅览部门可以根据用户的阅读习惯提供个性化的推荐服务，外借部门可以根据用户的借阅习惯提供方便快捷的外借服务。

（二）加强服务营销规划

在现代的高等教育背景下，高校图书馆作为知识与信息的重要仓库，面临着如何更好地满足学生、教师和其他用户需求的挑战。为此，服务营销规划在高校图书馆的战略管理中显得尤为关键。

组织机构的改革是服务营销规划中的一个核心环节。增设服务营销管理部门可以使图书馆更好地开展服务营销活动。该部门的馆员需享有一定的自主权，以保证他们可以根据市场和用户需求的变化，灵活调整服务策略和手段。同时，弹性管理也可以激发馆员的工作积极性和效率，增强他们对图书馆的归属感和向心力。情感激励和小组行动是构建服务营销文化的有效手段。一个鼓励创新和合作的文化氛围，可以引导馆员更为主动地参与服务营销活动，形成一个积极、团结和向前看的图书馆团队。这不仅有助于提高图书馆服务的质量和效率，还可以增强图书馆在校内外的形象和影响力。馆员的学习与培训同样是服务营销规划中不可或缺的一环。随着信息技术和市场环境的快速变化，馆员需要不断地提高自己的知识和技能水平，以应对新的挑战和机会。因此，图书馆应完善学习与培训机制，为馆员提供各种学习资源和培训机会，确保他们在服务营销活动中始终保持高水平的执行力和工作热情。营销信息的共享和体系的构建，对于提高服务营销效果具有关键作用。只有当图书馆各部门之间能够进行充分、及时和有效的信息沟通，服务营销活动才能够得到有效的指导和支持。此外，一个完善的营销信息体系，可以为图书馆提供关于市场、用户和竞争对手的各种有价值的信息，帮助其精准地制定和实施服务策略。

（三）开展针对员工的内部营销

员工是图书馆服务营销的重要执行者。高校图书馆应当重视对员工的内部营销，确保他们具有良好的服务营销意识和技能。

1. 执行完善的馆员招聘制度

执行完善的馆员招聘制度是内部营销策略的关键环节之一。高校图书馆作为知识传播的中心，馆员的专业能力、服务态度以及与用户的互动能力直接影响到图书馆服务的质量和用户的满意度。因此，如何选择并招聘合适的馆员显得重要。一个完善的馆员招聘制度不仅要明确馆员的职责和要求，还应该设定合理的选拔标准和流程。在确定馆员的职责时，应该结合图书馆的服务定位和目标，明确馆员在服务中的角色和职责。此外，对馆员的专业能力、沟通技巧、服务态度等方面的要求也应该明确并写入制度中。与此同时，在设定选拔标准和流程时，应该考虑到各个岗位的特点和要求，确保选拔出的馆员能够满足图书馆的服务需求。完善的馆员招聘制度不仅可以确保招聘到合适的人才，还可以为馆员的培训和发展提供方向。通过明确的职责和要求，馆员可以明确自己的工作目标和发展方向，从而为提供优质服务做好准备。

2. 完善绩效评估制度，奖惩分明

绩效评估制度是内部营销中的一个重要工具。通过绩效评估，高校图书馆可以了解员工的工作状态、服务质量和工作成果，为图书馆的管理和决策提供依据。一个完善的绩效评估制度不仅可以为图书馆提供关于员工工作的客观、准确和及时的反馈信息，还可以激励员工提高工

作效率，提升服务质量。奖惩分明是绩效评估制度的一个重要原则。对于工作表现优秀的员工，高校图书馆应给予适当奖励，如提高工资、升职、授予荣誉证书等。这些奖励不仅是对员工工作的肯定，也是对其努力工作的激励。相反，对于工作表现不佳的员工，高校图书馆应该给予适当惩罚，如扣减工资、降职，甚至解雇。这些惩罚旨在提醒员工改正错误，提高工作效率。需要注意的是，绩效评估制度不应只是简单地奖励和惩罚员工，高校图书馆应该在评估中提供具体、明确和可操作的反馈信息，帮助员工了解自己的工作中的优缺点，为其提供改进的方向和方法。此外，绩效评估制度应该注重公正性和透明性，确保所有员工在同等条件下受到公正、公平对待。

3.加强馆员的营销训练

当前，高校图书馆面临着专业服务营销人才短缺的问题。这不仅影响到图书馆的服务质量和效率，更对图书馆在高校中的地位和形象造成了不利的影响。因此，加强对馆员的营销培训显得尤为重要。讲座、课程教学和实际演练是提高馆员服务营销能力的有效途径。通过这些方式，馆员可以系统地学习服务营销的理论知识和实践技能，增强其对市场趋势和用户需求的敏感性。而高校图书馆的特殊性决定了馆员在服务营销中不能仅仅满足于基础的知识和技能，更需要具备宽口径、高素质和厚基础的专业能力。在此基础上，加强馆员的终身学习理念是提高其服务营销能力的关键。只有不断地学习，馆员才能跟上市场的变化，及时了解用户的需求，为广大师生提供满意的服务。同时，高校图书馆的特点决定了馆员在服务中不仅要具备专业的知识和技能，更要具有较高的信息灵敏度，准确把握市场行情，快速响应用户的需求。

二、引入服务市场营销策略并加以改造运用

在传统的服务市场中，营销策略主要围绕目标市场、营销组合、关

系营销以及文化营销等方面展开。高校图书馆，作为特殊的非营利服务机构，同样可以借鉴这些策略，并根据自身特点进行适当的改造和运用。

（一）目标市场策略

在服务市场营销中，明确并确定目标市场是策略制定的关键环节。对于高校图书馆来说，这一策略尤为重要，因为它既是教育机构的一部分，也是服务提供者。因此，将传统的服务市场营销策略引入并进行适当的改造，以适应高校图书馆的特点和需求，是目标市场策略制定的核心。

高校图书馆的目标市场主要是学生、教师和学者，但也可能包括其他校园内外的使用者。由于不同的用户群体有不同的信息和知识需求，图书馆需要对其目标市场进行细分，确定各个细分市场的特点和需求，从而为其提供针对性服务。例如，研究生和教师可能需要专业和深入的文献检索服务，而本科生可能更关心通识教育和休闲阅读材料。通过对目标市场的细分，图书馆可以更好地了解各个用户群体的需求，为其提供匹配的服务，从而提高用户的满意度和使用率。另外，高校图书馆也需要考虑其目标市场的动态性。随着教育模式、科研方向和技术的变化，用户的需求也会发生变化。因此，图书馆需要定期对其目标市场进行重新评估，确保其服务始终与用户需求保持一致。在引入传统的服务市场营销策略时，高校图书馆需要对其进行适当的改造，以适应其特点和需求。例如，图书馆可以加强与教师和学者的合作，通过他们深入地了解学生的需求，从而提供匹配的服务。同时，图书馆也可以利用现代技术，如数据分析和人工智能，对用户的行为和需求进行分析，从而为其提供个性化服务。

（二）营销组合（4P）策略

在市场营销的领域中，营销组合（4P）策略一直被认为是最基本、最核心的营销工具之一。它涵盖了产品（Product）、价格（Price）、地点（Place）和推广（Promotion）这四个要素。为适应高校图书馆服务的特点和需求，对此策略进行适当的引入与改造是必要的。

1. 产品（Product）

在高校图书馆的背景下，产品主要指的是图书馆提供的各种服务和资源。这包括但不限于书、期刊、电子资源、专题研究、文献检索和参考咨询等。为满足用户的不断变化的需求，图书馆需要定期审视其服务组合，确保其与学术研究和教育的发展趋势保持同步。

2. 价格（Price）

作为非营利性机构，高校图书馆的服务通常是免费的。但"价格"在此不仅仅指金钱的交换，还包括时间、精力和用户体验等方面的成本。图书馆应探索合理的资源分配策略，确保用户在最短的时间内获得最高效的服务，从而提高用户对图书馆服务的价值感知。

3. 地点（Place）

高校图书馆的地理位置固定，但其服务的传递不受地理限制。数字化和网络技术的发展为图书馆提供了线上服务的可能。通过构建用户友好的线上平台、提供远程咨询服务和线上资源访问等方式，图书馆可以突破地理限制，让服务触及广泛的用户。

4. 推广（Promotion）

推广策略在高校图书馆服务营销中占据关键位置。图书馆应充分利用各种传播工具，如社交媒体、学校官方网站、线下活动等，来提高用户对图书馆服务的认知度。同时，通过与教学与研究机构的合作，图书馆可以拓展服务的影响，进一步提升图书馆的品牌形象和社会价值。

结合高校图书馆的实际情况，对4P策略进行适当的改造和调整是关键。这需要图书馆与用户进行深入的交流和合作，了解他们的真实需求和期望，从而制定出符合实际情况的营销策略。此外，随着社会和技术的变革，图书馆还需要定期审视和更新其营销策略，确保其始终与时俱进，满足用户的不断变化的需求。

（三）关系营销策略

关系营销，作为现代市场营销的一个重要分支，注重与客户建立长期、稳定的合作关系，以实现双方的共同价值。高校图书馆作为高等教育机构中的重要组成部分，面对复杂多变的信息服务市场，亦需要引入关系营销策略，并加以改造运用，以更好地服务于各类用户。

高校图书馆在运用关系营销策略时，需从学校、供应商、社会机构和个人方面等多个层面进行深入探讨和实践。从学校方面考虑，高校图书馆与学校内的各个部门和单位有着紧密的合作关系。这些部门和单位既是高校图书馆的内部用户，也是高校图书馆的合作伙伴。高校图书馆需要与学校内的教学、科研等部门建立良好的沟通机制，了解其信息需求和使用习惯，提供针对性的服务产品。此外，高校图书馆可以与学校的行政、宣传等部门合作，共同开展各种文化和科技活动，提高图书馆的社会影响力。供应商方面，作为高校图书馆的外部合作伙伴，其与高校图书馆存在着长期、稳定的合作关系。高校图书馆需要与供应商建立稳固的合作关系，确保图书和信息资源的稳定供应，提高高校图书馆的服务效率和质量。同时，高校图书馆可以与供应商共同开发新的服务产品，如电子图书、数据库等，扩大服务的覆盖范围。社会机构和个人方面，作为高校图书馆的外部用户，其与高校图书馆有着直接的服务关系。高校图书馆需要与社会机构和个人建立互信的合作关系，了解其信息需求和使用习惯，提供个性化的服务产品。另外，高校图书馆可以与社会机构和个人合作，共同开展各种学术、文化和科技活动，提高图书馆的社会影响力。

（四）文化营销策略

文化营销策略是一种特殊的营销策略，图书馆凭借其深厚的文化底蕴和文化背景，在文化营销策略上具备与众不同的发展方向。每个高等教育机构都承载着特定的文化和历史，它们既是知识的宝库，也是传统与现代文化交融的场所。每一所高校都有其独特的办学特色和优势学科，这体现出本校的学术重点，同时代表了某一地区的特色和文化传统。高校图书馆正是这种文化和传统的承载者，它们旨在为用户提供丰富、系统、独特的文献资料，从而强化文化传承与创新。

以汕头大学图书馆为例，其对潮汕文化的保护和传承非常重视。这一特色使得图书馆不仅成为学术研究的中心，更成为潮汕文化传播和推广的重要平台。该图书馆注重对华侨、港澳台特色文献与潮汕文献的收藏，而这种收藏又并非仅仅停留在物理资源的收集，而是进一步发挥其价值，建立了多个与潮汕文化相关的特色数据库，如"潮学论文库""潮汕多媒体数据库"等。这些数据库不仅为学术研究者提供了便捷的检索工具，也为普通读者展现了潮汕地区的文化魅力。此外，汕头大学图书馆在文献推广方面也做出了不少努力。通过举办各种活动，如讲座、培训、宣传服务周等，图书馆吸引了大量的读者，增强了与用户的互动。与此同时，图书馆利用网络新媒体，如特藏网，进一步扩大了其影响范围，让更多的人了解和热爱潮汕文化。

高校图书馆应充分挖掘其文化资源，结合时尚元素，设计并推出一系列具有互动性和参与性的文化服务活动。这些活动不仅可以吸引更多的用户参与，更可以帮助培养学生的学习意识和习惯，为其终身学习打下坚实的基础。例如，黑龙江大学图书馆与东语学院联合举办的黑大阿拉伯文化宣传周活动，就是一个很好的例证。此次活动不仅展示了丰富的阿拉伯文化资源，还结合了实际的校园文化，为广大师生提供了一个了解和体验阿拉伯文化的良好平台。此外，通过举办此类文化活动，图书馆还可以与其他学院和部门进行深度合作，充分发挥各自的优势和资源，共同为用户提供更加丰富和多元的服务。这种合作模式不仅有助于提高图书馆的服务效果和用户满意度，更有助于强化图书馆在高校中的文化中心地位。然而，文化营销策略的应用并不仅限于此。高校图书馆还可以通过各种渠道，如社交媒体、学校官方网站等，进行文化宣传和推广，使更多的用户了解和参与图书馆的文化活动。同时，图书馆应重视用户的反馈和建议，不断优化文化服务活动，以满足用户的多样化需求。

三、明确高校图书馆服务营销策略实施环节

在当今知识经济和信息化社会背景下，高校图书馆的服务营销已成为其持续发展的核心竞争力之一。而为了确保服务营销策略的有效实施，明确各个实施环节重要。以下几个关键环节为图书馆服务营销的主要构成部分，它们相互联系、相互作用，共同促进了服务营销策略的成功实施。

（一）确定图书馆的服务营销目标

在高校图书馆服务营销策略中，明确服务营销目标是重要的一步。高校图书馆的服务营销目标不仅决定了其服务方向，还影响着整体的营销策略和方法。因此，为确保高校图书馆服务营销的有效性和长远性，务必对服务营销目标进行深入研究与明确定位。

服务营销目标的确定需基于高校图书馆的实际情况和用户的需求。在此基础上，考察图书馆的资源、能力、技术、文化等多方面因素，确

保服务营销目标的实际性和可行性。同时，这些目标需具备明确性、可衡量性、可达成性、相关性和时效性，简称 SMART 原则，以便对其进行有效的监控和评估。明确的服务营销目标有助于高校图书馆更加专注地进行资源配置和决策。当图书馆清晰知晓其所要达到的目标时，各项服务活动、资源整合和用户互动都将围绕这一目标进行。此外，明确的目标有助于激励图书馆员工，让其对自己的工作有清晰的认知和更高的工作热情。在高校图书馆的服务营销目标中，满足用户需求是其核心内容。因此，图书馆需要通过各种方式，如问卷调查、深度访谈、在线反馈等，深入了解用户的真实需求，从而明确服务营销目标。此外，高校图书馆还需密切关注教育与学术研究的发展趋势，确保其服务营销目标与高校的教育教学目标相一致，从而提高其服务效果和满意度。为了确保服务营销目标的实施效果，高校图书馆还需定期对其进行评估和调整。这一评估应基于图书馆的实际运营数据和用户的反馈信息，确保服务营销目标的适应性和时效性。

（二）做好用户调查，了解服务营销环境

在高校图书馆的服务营销策略中，用户调查的重要性不言而喻。用户调查是图书馆精准地了解和掌握用户需求、喜好和使用习惯的关键手段，为图书馆制定贴合实际的营销策略提供数据支撑。了解用户的真实需求是图书馆服务的核心。为此，高校图书馆应系统地进行用户调查，采用问卷调查、深度访谈、观察法等多种方法，全面掌握用户在图书馆服务使用中的实际体验和期望。此外，定期的用户满意度调查也是了解服务质量和完善服务的重要手段。服务营销环境的了解则涉及图书馆外部环境的变化，包括技术、政策、市场竞争等因素。高校图书馆应关注外部环境的动态变化，特别是与图书馆服务相关的技术和政策的更新，以便及时调整和完善自身的服务营销策略。用户调查的数据和外部环境的变化分析为图书馆提供了宝贵的决策参考。基于这些信息，图书馆可

以更有针对性地制定营销策略，如资源采购、服务创新、技术应用等，确保图书馆服务始终保持与用户需求和外部环境的高度匹配。此外，用户调查不应仅仅是一次性的项目，而应成为图书馆常规工作的一部分。随着时间的推移，用户的需求和喜好可能会发生变化，而外部环境也会有所调整。只有持续地、系统地进行用户调查，图书馆才能够始终保持对用户需求的敏感度，确保其服务营销策略始终与时俱进。同时，高校图书馆在做好用户调查的基础上，还应建立一个反馈机制，鼓励用户对图书馆的服务提出建议和意见。这不仅可以进一步了解用户的需求，还能够增强用户对图书馆的归属感和忠诚度。

（三）制订服务营销计划，以便于控制

在高校图书馆的日常运营中，服务营销计划成为确保服务质量和满足用户需求的关键环节。一个明确、具体且针对性强的服务营销计划不仅能帮助图书馆管理层对服务方向进行系统的思考和预判，还能确保各部门间的高效协同工作。

服务营销计划的六个特点为其实施提供了清晰的方向。这六个特点分别是：（1）促使决策层进行系统的思考和预判。确保图书馆能够根据市场趋势、用户需求等因素做出正确的决策。（2）促使决策层制定服务目标，并将其作为控制的标准。这有助于图书馆持续地对自身的服务水平进行评估，确保其始终与目标保持一致。（3）使图书馆的业务更加协调。确保各部门在实施过程中能够形成合力，避免资源的浪费。（4）促使图书馆对服务目标和方案进行管理。图书馆能够根据实际情况及时调整服务策略，确保服务的针对性和有效性。（5）促使图书馆做好应急规划。当面临突发事件或者市场的巨大变化时，图书馆能够迅速做出响应，确保服务的连续性。（6）促进各部门之间的协调。保证各部门间的沟通畅通，确保资源、信息的共享，提高工作效率。

高校图书馆的服务营销计划应当是全面而详细的。这意味着计划

不仅要包含本次营销的用户调查结果，还需要明确图书馆营销所要达到的目标、具体的行动方案、可能遭遇的外部影响因素等。此外，为了确保服务营销的实施效果，计划中还应当明确营销参与部门和个人的工作分配，并在营销完成后进行评估，确保图书馆能够从中获得宝贵的经验教训。

（四）执行服务营销方案

在高校图书馆服务营销中，执行服务营销方案是实现策略目标的核心。只有高效、准确地执行方案，图书馆才能确保所提供的服务能够满足用户的需求，增强用户满意度与忠诚度。为了确保方案的有效执行，高校图书馆必须提高其执行力。这要求图书馆具备一支专业、经验丰富且对任务有强烈责任感的团队。该团队不仅要对方案内容有深入理解，还需要具备相关的执行技能和知识，确保方案能够按照预定的目标和标准进行。与此同时，对方案执行进行全程控制，确保方案在每一个环节都得到准确、及时的执行。这需要对每一个执行环节进行跟进，确保所有活动都按照预定的流程和标准进行。而当出现偏差或问题时，应迅速进行反馈，确保问题得到及时解决。反馈是控制的重要组成部分，它为责任人提供了关于方案执行情况的实时信息。只有通过反馈，责任人才能全面了解服务营销活动的实际开展情况，从而做出相应调整、修改和完善。值得注意的是，控制并不是一次性的工作，而是一个持续的循环过程。每一次的反馈都为责任人提供了新的信息和启示，引导其完善方案。经过反复的控制和调整，方案才能更加接近预定的目标，最终实现图书馆服务营销的成功。为了确保方案执行的成功，图书馆还需要考虑如何与其他相关部门或团队进行协同工作。这些部门或团队可能涉及方案的某些关键环节，他们的配合和支持对方案的成功至关重要。

（五）评估服务营销活动

在高校图书馆服务营销活动中，评估环节占有重要的地位。成功的营销策略需基于对之前工作的深入理解和准确评估，从而为未来的策略制定提供有力的参考。对服务营销活动进行评估，意味着在活动结束后，要对用户的反应和满意度进行深入的调查和研究，这样才能为图书馆的后续工作提供明确的方向。高校图书馆应采用多种方式对服务营销活动进行评估。其中，用户满意度调查是一种有效的方法。通过问卷调查、面对面访谈或在线反馈等方式，图书馆可以了解到用户对于新产品和服务的真实感受。这样的反馈信息对于图书馆来说具有无可比拟的价值，因为它可以直接反映出营销策略的效果，明确哪些策略是有效的，哪些需要改进。除此之外，数据分析也是评估服务营销活动的重要手段。例如，图书馆可以通过统计工具对用户使用新服务的频率、时长、偏好等数据进行分析，这些数据可以为图书馆提供直观和客观的评估依据。当然，这需要图书馆具备一定的数据分析能力，以确保数据的准确性和可靠性。评估报告是对服务营销活动评估的总结和梳理，通过数据表格、工作总结等形式，评估报告可以系统地呈现出评估的结果。这不仅是对图书馆员工作的肯定，更是对工作效率和质量的提升。一个清晰、具有洞察力的评估报告，可以帮助图书馆管理者更好地理解服务营销活动的得失，从而制定出合理和有效的策略。

第三节 高校图书馆服务营销案例

一、南京大学图书馆微电影《那年秋天》

（一）案例

南京大学图书馆微电影《那年秋天》是一个非常出色的服务营销案例，通过精心策划和实施，成功地提升了图书馆的认知度、利用率以及与读者的互动性。这部微电影以南京大学图书馆为背景，通过真实场景和细节的展现，将图书馆的资源、氛围和服务巧妙地融入故事，让观众在不知不觉中对图书馆有了深刻认识。同时，微电影将主人公们在图书馆学习、探索和交流的过程真实地呈现在观众面前，打破了图书馆与读者之间的传统界限，加强了读者与图书馆之间的联系。微电影通过情感化的叙事方式，将读者与图书馆紧密相连，使读者对图书馆产生亲近感和依赖感。这种情感化的营销策略不仅提高了图书馆的凝聚力，还增强了读者对图书馆的信任度和忠诚度。

《那年秋天》在南京大学校园内广泛传播，其传播速度快、覆盖面广，极大地提高了南京大学图书馆的知名度。这种利用微电影进行服务营销的方式，不仅吸引了读者的关注，还引发了其他高校图书馆的效仿，进一步推动了微电影在图书馆服务营销中的发展。

（二）启示

1. 以读者为中心

微电影的故事情节和人物形象都是围绕着读者展开的，通过展现图书馆对读者学习、科研和情感交流的重要作用，让读者深刻认识图书馆的价值和意义。这种以读者为中心的服务营销策略，能够更好地满足读者的需求，提高读者的满意度和忠诚度。

2. 情感化营销

微电影通过情感化的方式将读者与图书馆紧密相连，通过细腻的描绘和感人的情节，引发读者的共鸣和情感上的回应。这种情感化营销策略能够提高读者对图书馆的亲近感和依赖感，增强读者与图书馆之间的联系和互动。

3. 创意与感染力

微电影通过富有创意和感染力的表现方式，成功地吸引了读者的关注和喜爱。它通过唯美的画面、紧凑的剧情和优秀的演员表演，将图书馆的特点和优势呈现得淋漓尽致，让观众在愉悦的观赏过程中，自然地接受图书馆的宣传信息，提高对图书馆的认知度和好感度。

4. 多元化的传播渠道

微电影在南京大学校园内广泛传播，通过多元化的传播渠道和方式，如校园电视台、官方网站、社交媒体等，迅速扩大了影响力。这种多元化的传播策略，不仅提高了微电影的覆盖面和到达率，还引发了其他高校图书馆的效仿和学习，进一步推动了微电影在图书馆服务营销中的发展。

二、清华大学《爱上图书馆》短剧

（一）案例

《爱上图书馆》作为一部由学生自编、自导、自演的高校图书馆营销短剧，展现了深厚的创意力量。该短剧以清新唯美的画面和诙谐幽默的对白，呈现了图书馆中常见的问题，如图书超期、私自占位和偷藏图书等。通过这种方式，清华大学图书馆用幽默和戏剧的方式向读者传达了正确使用图书馆的信息，成功地提高了读者的关注度和参与度。除了短剧，清华大学图书馆还推出了"爱上图书馆之疯狂大排架"游戏。该游戏为读者提供了一个欢乐互动的平台，帮助读者掌握图书馆的图书排序规则和书库的具体分布。这种方式不仅能够提高读者的使用效率，还可以增强读者对图书馆的认同感和依赖感。可以看出，清华大学图书馆成功地将创意、技术和学术相结合，创作出了这样一次有深度、有创意的营销活动。这种成功的营销活动，不只是为了获取声誉和关注，更重要的是向读者提供了有价值、有意义的服务。在这个案例中，清华大学图书馆展现了其在创新思维、技术应用和服务理念上的卓越能力。

（二）启示

1. 引入湿营销理念，引起用户的情感共鸣

在现代营销环境下，湿营销理念逐渐成为一种重要的营销策略。与传统的"硬营销"方式相对，湿营销更强调情感的投入、用户的真实体验与感受。清华大学图书馆制作的《爱上图书馆》短剧，正是将这种湿营销的理念应用得当的一个实例。短剧以校园爱情为主线，不仅引起了观众的情感共鸣，还轻松地传达了与图书馆服务相关的知识。这种结合情感与知识传递的方式，大大提高了观众的关注度和接受度，使得营销活动更具效果和影响力。此外，该短剧的情节发展新颖，与众不同，成功吸引了观众的注意。这种创新和差异化的内容设计，使其在众多的营销活动中脱颖而出，成了一个独特的存在。

2. 融合媒体的集成效力，引爆病毒式营销

病毒式营销，作为当今营销策略的重要手段，已经成为许多品牌和机构追求的目标。这种营销模式不同于传统的广告或宣传手段，它依赖于人们之间的互动和分享，使信息在网络中迅速传播。因此，病毒式营销的成功很大程度上取决于内容的创意和吸引力。清华大学图书馆的《爱上图书馆》短剧正是利用了病毒式营销的优势。短剧内容的清新唯美画面和诙谐幽默的对白，深受观众喜欢，从而促使观众主动分享。这种自下而上的传播模式，使得《爱上图书馆》在短时间内达到了广泛的传播效果。这不仅仅是因为内容的吸引力，更重要的是，该短剧能够触动观众的情感，引起共鸣，从而产生分享的冲动。此外，在移动媒体、社交网络和流媒体日益普及的今天，融合媒体的集成效力为爆炸式营销提供了良好的土壤。清华大学图书馆正是抓住了这一点，结合当前的技术环境，制定了合适的营销策略。

参考文献

[1]李春溪.高校图书馆文献信息检索探究[M].重庆:重庆大学出版社,2021.

[2]翟宁.高校图书馆服务与阅读推广研究[M].北京:北京工业大学出版社,2019.

[3]包瑞.高校图书馆服务与资源开发[M].长春:吉林大学出版社,2017.

[4]杨永华.智慧时代高校图书馆服务创新与发展研究[M].北京:中国原子能出版社,2020.

[5]于芳.高校图书馆服务工作与采访模式创新研究[M].长春:吉林出版集团股份有限公司,2018.

[6]杨玉麟.抗战时期国民党统治区的图书馆事业[J].四川图书馆学报,1999(5):59—65.

[7]王波,李静.高校美国研究智库建设优化路径与未来展望[J].社会科学文摘,2021(10):3.

[8]魏克智.高校图书馆深化改革的必由之路:有偿服务[J].图书馆学研究,1994(3):4.

[9]杨熹连.图书馆知识服务模式的实践与设想[J].图书馆工作与研究,2009(5):4.

[10]郭琪,都平平,李雨珂,等.高校图书馆服务地方文化的实践与创新模式探析:以徐州高校图书馆服务本地文化为例[J].图书情报工作,2014(12):6.

[11]张娟.基于用户需求的高校图书馆科学数据服务研究[J].图书馆学研

究，2015（19）：6.

[12]陈丽萍，车晓燕.中外高校图书馆社会化服务比较研究 [J].图书情报工作，2014（8）：6.

[13]周玮璐，张君香.全媒体时代完善高校图书馆读者服务工作的思考 [J].图书馆工作与研究，2018（4）：4.

[14]代安琼.对构建高校校园微博运用体系的思考 [J].中国高等教育，2012（6）：52—53.

[15]高晓晶，雷萍.高校图书馆创新空间服务的实践与探索：以电子科技大学图书馆"创新实验室"为例 [J].图书情报工作，2016（S1）：3.

[16]麻婷婷.新时代高校图书馆创客空间的建构研究 [J].科技资讯，2022（19）：207—210.

[17]栾旭伦.基于联盟链的学科化联合服务机制设计 [J].图书馆研究与工作，2022（9）：38—43.

[18]刘晶晶.新时代高校图书馆社会化服务的提升策略 [J].北华航天工业学院学报，2022（4）：57—59.

[19]张华，零芷婕.地方高校图书馆文献传递社会化服务探索——以北部湾大学图书馆为例 [J].黑龙江教师发展学院学报，2022（8）：146—148.

[20]赵勇.高校图书馆创客空间知识产权问题探析 [J].情报探索，2022（8）：122—127.

[21]郑萍，邱文梅.高校图书馆区域社会化服务探究 [J].吉林工程技术师范学院学报，2022（5）：70—72.

[22]李默，杨彬.元宇宙驱动下高校图书馆虚拟创客空间构建研究 [J].图书馆工作与研究，2023（7）：3—10.

[23]王春霞.面向短视频阅读服务的高校图书馆微信视频号运营策略 [J].图书馆工作与研究，2023（6）：83—88，105.

[24]秦燕.高校图书馆的微博和微信应用对比 [J].兰台内外，2022（14）：67—69.

[25]张林中.高校图书馆开展社会化服务问题探析 [J].办公室业务，2022（9）：165—167.

[26]吾热亚提·玉素甫.高校图书馆社会化服务的顶层设计与动力机制研究 [J].江苏科技信息，2022（11）：37—39.

[27]李青.对高校图书馆创客空间建设的冷思考[J].办公自动化，2022(8)：47—49.

[28]高兰兰.高校图书馆学科化服务方式探究：以英语学科为例 [J].科技资讯，2022（7）：201—203.

[29]董菡.我国高校图书馆创客空间研究现状分析 [J].科技创业月刊，2022（3）：13—16.

[30]樊俊，杨灿明，崔薇.智慧时代背景下高校智慧图书馆服务创新研究[J].河南图书馆学刊，2022（3）：72—76.

[31]徐丹.趋势、现状、定位、路径：高校图书馆社会服务的理性思考[J].宜春学院学报，2022（1）：100—104.

[32]李君燕.高校图书馆创客空间服务环境构建要素及其设计路径研究[J].阜阳师范大学学报（社会科学版），2021（6）：144—151.

[33]李招娣.高校图书馆社会化服务体系构建策略研究 [J].河南图书馆学刊，2021（12）：76—78.

[34]李子臣.高校图书馆服务社会化策略分析 [J].文化产业，2021（31）：124—126.

[35]董菡.我国高校图书馆创客空间运维机制探究[J].科技创业月刊，2021（9）：11—13.

[36]曾韦靖，刘敏榕，陈振标.高校图书馆创客空间知识服务模型研究 [J].情报探索，2021（9）：117—122.

[37]陈婧，谭丰隆，刘洋阳.高校图书馆创客空间建设路径研究[J].图书馆，2021（7）：77—81，90.

[38]江雪云.高校图书馆创客空间嵌入阅读推广的思考 [J].福建技术师范

学院学报，2021（3）：331—334.

[39]王宁.高校图书馆社会化服务管见[J].图书馆学刊，2021（5）：60—62.

[40]苏杭.浅谈新时代高校图书馆社会化服务的创新途径[J].黑河学刊，2021（3）：108—110.

[41]常秀红.高校图书馆开展社会化服务的社会学理论认识[J].甘肃科技，2021（9）：90—92.

[42]郎鹰.普通高等学校图书馆的社会服务价值探析[J].科教导刊，2021（11）：174—177.

[43]唐诗雯.高校图书馆社会化服务策略研究[J].投资与合作，2021（3）：177—178.

[44]刘景亮，刘京京，翟秀凤等.数据技术驱动下的高校图书馆精准化学科服务研究[J].图书馆研究与工作，2023（8）：62—66.

[45]宋晗帅.智慧时代国内高校图书馆服务创新研究[J].江苏科技信息，2020（28）：13—16.

[46]李丽丽.高校图书馆微阅读服务平台推广路径探究[J].河南图书馆学刊，2020（9）：83—85.

[47]韩东旭.以图书馆学科化服务带动学生实践能力培养[J].人力资源，2023（8）：12—13.

[48]贾建瑞，徐恩元，姚向阳."双一流"高校图书馆微博信息服务特征分析[J].四川图书馆学报，2020（3）：67—73.

[49]杨晓玮.智慧时代背景下高校图书馆服务创新研究[J].文化创新比较研究，2020（17）：187—189.

[50]潘远璐.高校图书馆微博服务体系建设初探[J].传播力研究，2020（10）：197—198.

[51]阎俊亭.浅析高校图书馆微服务体系的构建[J].电脑知识与技术，2019（35）：217—218.

[52]刘晶.浅析智慧时代下高校图书馆之服务创新 [J].天津中德应用技术大学学报，2019（1）：62—65.

[53]张雯.高校图书馆基于微信公众号的服务创新研究 [J].采写编，2023（5）：184—186.

[54]艾丽斯娜，史学飞.新媒体环境下高校图书馆微信视频号服务现状与思考 [J].大学图书情报学刊，2023（3）：113—119.

[55]安子栋，余奕，黄明等.新时代高校图书馆创客空间构建研究 [J].办公室业务，2023（8）：152—154.

[56]张翩翩.我国高校图书馆创客空间服务研究 [D].昆明：云南大学，2018.

[57]闫凯丽.基于微信公众号的高校图书馆知识产权信息服务策略研究 [D].太原：山西财经大学，2023.

[58]程越欣.数智时代下高校图书馆自助服务模式研究 [D].镇江：江苏大学，2022.

[59]曹慧敏.高校图书馆微知识服务体系研究 [D].镇江：江苏大学，2022.

[60]陈巧玲.智慧时代国内高校图书馆服务创新研究 [D].福州：福建师范大学，2014.